U0896784

华中村治研究

主编 ／ 赵晓峰

2018年
第 1 期
（总第4期）

农业治理研究

JOURNAL
OF
HUAZHONG
RURAL
GOVERNANCE
(ISSUE 4)

2018
VOL. 1

SSAP 社会科学文献出版社
SOCIAL SCIENCES ACADEMIC PRESS (CHINA)

目 录 Contents

第三篇

农业转型与阶层再造

为谁的农业现代化*

（代序）

贺雪峰**

摘要 中国的现代化和城市化只能是一个渐进的过程。在当前中国仍然有六亿多农村人口、两亿多农业劳动力的国情下，中国农业现代化不可能只是规模经营基础上的农业现代化，而必须是以小农经营为主的现代化。中国农业将长期保持小农经营格局。农业现代化必须首先回应小农生产与生活的需要。当前阶段，中国农业必须同时完成三大基本任务：一是保证粮食安全，二是为数以亿计的农民提供农业就业与农业收入，三是为中国现代化提供农村稳定器。国家政策若能回应小农的需要，解决小农经济中存在的小农户与社会化大生产之间的矛盾，中国农业就可以同时完成以上三大任务，从而为中国整体的现代化提供可靠的农业与农村基础。

关键词 农业现代化　规模经营　小农经济　惠农政策　中等收入陷阱

中国百年来的赶超梦想就是实现现代化，中国实现现代化当然要包括农业现代化在内。新中国成立之初，通过以“农业合作化”为主导的社会主义改造，中国重构了农村的生产关系和社会关系。1964 年，周恩来总理在第三届全国人大第一次会议上提出了“四个现代化”的思想，认为“农业现代化是基础，工业现代化是主导，科学技术现代化是原动力，国防现代化是保障”。1975 年第四届全国人大第一次会议，周恩来再次提出在 20 世纪末实现“四个现代化”的目标。农业现代化既是中国整体现代化的一个组成部分，同时又是保障整体现代化的基础。在 20 世纪下半叶的中国现代化语境中，农业现代化主要是“农业机械化、水利化、化肥化、电器化”，其中重

---

* 本文曾发表于《开放时代》2015 年第 5 期。

** 贺雪峰，武汉大学社会学系教授，研究方向为乡村治理与乡村建设。

点是农业生产环节的现代化，提高劳动生产率，增产增收。

进入 21 世纪，中央重提农业现代化，主要有两个重要方面：一是如何解决小农分散经营与社会化大生产之间的矛盾；二是如何解决小农户与大市场之间的矛盾。当前农业现代化的主流认识更多地强调小农经营的局限性，倾向通过“龙头企业 + 农户”的形式，由农业龙头企业带领小农户提高生产能力和应对市场的能力。在现代化的表述上就是强调农业产业化。问题是，实践证明，中国两亿多户小农规模极小，“公司 + 农户”的实践在全国教训众多、成功很少。2010 年，中央开始提出“三化同步”的战略，即“在工业化、城镇化深入发展中同步推进农业现代化”，在农民大规模进城的同时，试图通过推动农村土地流转，培育新型农业经营主体，并以新型农业经营主体为基础，发展现代农业，致富农民，建设新农村。2015 年中央“一号文件”题为《关于加大改革创新力度加快农业现代化建设的若干意见》，提出“中国要强，农业必须强；中国要富，农民必须富；中国要美，农村必须美”的“强富美”目标。农业现代化因此变成了高标准要求、全方位推进的工程。

进入 21 世纪以来，中央连续发布十多个涉农“一号文件”，对“三农”各个层面的工作进行了系统部署。“一号文件”是有政策含金量的，且其中很多工作部署是要求国家财政支持的。现在国家每年的支农财政资金超过万亿元。高含金量的涉农政策极大地改变和改造了中国“三农”的现状，也有力地推进了农业现代化。不过，在农业现代化这一有巨大号召力的口号下面，当前的“三农”政策也似乎存在若干不明确之处，在农村政策的含金量中，有不少财政资金使用效率不高甚至使用方向不对。其中的重要原因就是缺少对农业现代化本身的分析，缺少对“三农”问题中的主要矛盾和矛盾主要方面的清理。之所以中央连续十多年下发涉农“一号文件”，以及中央每年向农村转移上万亿元财政资金，是因为在“三农”中存在若干短板，这些短板仅靠市场和社会无法解决，而必须要有国家的支持。国家支持“三农”是要解决底线问题，而不是也不可能是要让农村“强富美”。指望靠扶持政策和支农财政资金来实现“强富美”的农业现代化是十分困难的。

在一般认识中，农业现代化往往被现代农业所替代，被用最先进技术装备规模化的美国式大农场农业图景所取代。在地方政府的实践中，普遍出现了靠“堆大户”发展规模经营农业的情况。农业现代化等于“高大上”，越现代、越先进就越好。甚至有地方政府提出要率先实现农业现代化的目标，忽视了农业现代化与中国国情之间的关系，也忽视了农业现代化的目标是什么的问题。

本文主要讨论中央连续十多年发布涉农“一号文件”和每年转移上万亿元支农财政资金以推动农业现代化的目的，讨论农业现代化的目的、重点，讨论农业现代化在当前中国国情下要达到什么目标及要以什么为重点。总体就是“为谁的农业现代化”。

一　农业现代化与国情

农业现代化显然不可能是抽象和绝对的，而只可能在具体历史条件下讨论。中国农业现代化则要在中国国情下讨论。与中国农业现代化相联系的中国国情包括两个部分，一是农业现代化的环境条件，二是农业现代化的内在基础。以下分别讨论。

当前中国正处在现代化的中期阶段，人均 GDP 已达 7500 美元，属于中等偏上收入国家，处在所谓“中等收入阶段”。从 20 世纪以来一百多年全球近两百个经济体的发展实践来看，中等收入阶段是比较危险的阶段。这个阶段，经济增长乏力，而社会利益结构刚性化，各阶层的利益诉求不断增加，社会结构的弹性降低。随着利益结构的日益刚性化，社会冲突增加，工资不断上涨，产业国际竞争力下降，最终越来越高的利益诉求与增长乏力的经济形成对撞，社会冲突乃至政治冲突频发，反过来进一步影响经济成长，从而导致“中等收入陷阱”①。

从中国当前的状况来讲，自改革开放以来，凭借廉价劳动力的优势，“中国制造”天下无敌，成为“世界工厂”，在接近三十年时间里，中国经济持续保持两位数的增长率，创造了世界经济发展史上的奇迹，在很短时间内即由一个低收入国家变成了中等收入国家。中国经济增长到现阶段，劳动力成本开始快速提高，凭借“人口红利”来获得比较优势的“中国制造”已经开始走下坡路。中国经济面临巨大的科技进步和产业升级的压力。未来二十年，若中国可以由“中国制造”向“中国创造”成功升级，由世界产业

① “中等收入陷阱”系世界银行 2007 年一份题为《东亚复兴：关于经济增长的观点》的报告所提出的。转引自蔡昉：《“中等收入陷阱”的理论、经验与针对性》，载《经济学动态》2011 年第 12 期。

价值链的低端向中高端升级，中国就可以走出中等收入陷阱，由一个发展中国家变成发达国家，真正实现现代化。若中国长期无法完成产业升级，其后果可能是，越来越高的劳动力成本使“中国制造”不再具有国际竞争力，而“中国创造”又无法提供足够的就业机会，从而出现产业空心化，中国就可能因此而出现严重的社会不稳定甚至政治动荡。

因此，未来二十年是中国经济发展的关键阶段，其中核心是在继续保持中国制造国际竞争力的基础上成功实现产业升级，将中国产业由目前世界产业价值链的低端向上升级到中高端位置。在激烈的国际竞争中，中国要实现这样一个转变显然是很困难的，尤其是中国是一个有十三亿多人口的大国，这种转变就是要由国际产业分工金字塔的低端向中高端跃进，这样一种跃进甚至会根本性地改变国际产业乃至现存世界体系的结构，显然是风险巨大、困难多多。

要实现这样一种由世界体系边缘向中心或半中心地带的跃进，国家必须既要保持中国制造的国际竞争力，从而获取经济剩余；同时又要将中国制造所获取的经济剩余主要用于支持“中国创造”，实现“中国创造”的稳定扩张。这是未来中国现代化的主要矛盾，是中国一百多年现代化的关键阶段，是充满机会也充满风险的阶段。在由中国制造向中国创造跃进的过程中，整个中国社会必须保持稳定。没有稳定的社会环境，没有基本的政治条件，这样的跃升是不可能完成的。

相对来讲，农业现代化更多只是中国国内市场的部分，是中国现代化中较为次要的矛盾。或者说，农业现代化应该要为中国现代化从“中国制造”向“中国创造”跃升提供基本条件。唯有“中国创造”成功了，中国农业的高度全面的现代化才能最终实现。

从中国农业的内在国情来看，中国现在还有六亿多农村人口、两亿多农业劳动力，进城务工经商的两亿多农民工大部分未能在城市安居，他们进城失败还可能返回农村。更重要的是，当前中国农村已经普遍形成了“以代际分工为基础的半工半耕”家计模式，即农民家庭中，年龄比较大的父母留村务农、年轻子女进城务工的模式。

年龄比较大的父母在城市缺少就业机会，正好务农。在可以预见的未来二十年，中国不能完成产业升级的情况下，城市难以为进城农民提供足够多的高收入的稳定就业机会，进城农民也就很难真正在城市体面安居，被城市淘汰下来的年龄比较大的农民返乡务农，就可以有农业的就业和收人，就可以将退养与务农结合起来。在这个意义上，未来二十年甚至更长一个时期，中国农村将保留数以亿计的需要依托农业的人口，这就决定了中国农业未来很长一个时期仍然会人多地少、小规模经营。

当前中国农村基本经营制度是“以家庭承包责任制为基础的统分结合、双层经营”体制，即按户承包，农村人口每户获得土地承包经营权，从而形成了当前中国农村“人均一亩三分、户均不过十亩”的小农经营体制。小农经营体制当前面临的极大困难是难以与社会化大生产对接。

如果小农户能够较好地对接社会化大生产，在城市缺少就业机会的年龄比较大的农民就可以从农业中获得就业与收入，从而可以通过“以代际分工为基础的半工半耕”实现农民家庭收入的最大化，并因此缓解中国现代化进程中社会结构的压力。过去三十年，中国之所以保持了快速发展中的稳定，很重要的一个方面是中国农民可以同时获得务工收入和务农收入，农民收入持续增加，农村成为中国现代化的稳定器与蓄水池。

未来二十年将是中国现代化的关键时期，若未来二十年中国可以保持稳定，由“中国制造”跃升到“中国创造”，中国将真正走出中等收入陷阱，由一个发展中国家变成发达国家，由世界体系中的边缘国家进入到中心国家行列。这个时候，中国就有条件建设更高程度的农业现代化。而在现阶段，中国农业现代化本身并不是目的，而是要为中国走出中等收入陷阱提供手段。只有在这样一种语境下理解中国农业现代化，才可以比较有针对性地提出“三农”政策，安排支农资金。

二　农业为什么重要

农业显然是十分重要的。为什么重要？在当前阶段，中国农业具有三个方面的基本功能，正是这三个方面基本功能的保底，才使中国有顺利进行现代化建设的条件，才可能保证中国走出中等收入陷阱。这三个基本功能分别是：粮食安全、农民收入与就业、农村社会稳定。下面分别讨论。

农业是基础，其中根本的方面在于：无论经济多么发达，人们都要吃饭。中国十三亿多人口，吃饱饭并不是一件简单的事情。习近平总书记讲，中国人的饭碗必须端在自己手里，这是中国社会的共识，因为一旦中国粮食不够吃，饭碗出了问题，全世界的剩余粮食也无法满足中国人的需要，且一旦中国人无法自己解决粮食问题，粮食就可能被用作武器来卡中国发展的脖子。随着经济的发展、人口的增长，对粮食的需求还会增加，而中国的耕地面积不仅很难增加，而且还会因为城镇化占用土地而减少，因此通过增加农业投入，发展农业科技来提高粮食产量的任务很艰巨。农业现代化的首要任务应该是通过增加投入和科技进步来提高粮食产量、保证粮食安全，从而保证中国人民吃饱饭。

不仅要吃饱，而且应该吃好。不仅要粮食安全，而且要有安全粮食。但总体来讲，在当前乃至未来相当长一个时期，中国农业的首要任务是吃饱。不吃饱饭，饿肚子是不可能实现现代化的。能否吃好则是次要一些的问题。在有条件的情况下，可以通过国内市场甚至国际市场来解决吃好的问题。中国农产品正在形成市场分级，通过有机认证等，一些高品质农产品正被注重安全粮食的家庭所消费，这是市场自发形成的。甚至一些国外优质农产品在中国也有越来越大的市场。中国家庭愿意吃好没有问题且没有止境，国家不能保证所有中国人吃好，但要保证所有人吃饱。一时吃不好可以等有条件时再吃好，一时吃不饱却是要饿死人的，西方可以用粮食作为武器来卡中国人的脖子。

农业的第二大功能是为数以亿计需要依托农业的农民家庭提供就业机会与收入。在当前中国经济发展阶段，城市无法为所有进城农民提供在城市体面安居的就业机会与收入，国家也不可能有财力为进城农民提供在城市体面安居的社会保障。这是一个结构问题，即：当前中国产业在全球价值链中的位置决定了中国进城农民工的收入水平。处在全球价值链低端的产业结构不可能提供农民工在城市体面安居的就业机会。

恰好中国当前农业的基本经营制度是以家庭承包为基础的统分结合双层经营体制，几乎所有农民家庭都有承包地。改革开放以来，随着城市就业机会的增多，农村剩余劳动力从农业中转移出来，进入城市寻找就业机会。其中一些进城农民在城市务工经商发了财，有足够能力将全家搬到城市中生活，他们脱离了农村，融入城市，成为城市居民。但大多数进城农民没有能够通过务工经商发财，也无力将农村的家庭搬入城市，甚至他们年老了还要返回农村。

当前乃至未来相当长一个时期，中国农村都会存在农民家庭中“以代际分工为基础的半工半耕”家计模式。年龄比较大的父母在城市缺少就业机会，他们从事农业可能正好。农业收入虽不高，却可以解决一家的温饱和日常支出，进城务工子女的务工收入就可以积蓄起来办大事。农村不仅有收入机会，而且还有很多自给自足经济的成分，所以农民家庭在农村的生活成本很低。有了年老父母的务农收入，农民家庭的日子就比较好过。反过来，正因为农民家庭有务农收入，进城务工年轻人就可以接受相对较低的务工工资，就可以保持“中国制造”的国际竞争力，从而可以为中国的产业升级、为“中国创造”的成长提供空间。

农业不仅仅是农民家庭必不可少的收入来源，是农民进行自给自足经济以降低生活成本的基础，而且是农民的就业。对于缺少城市就业机会的中老年农民来讲，若在城市生活，没有事情可做，漂泊着，是不会有任何体面尊严感的，也不会有任何成就感。但若种田，春播秋收，随着自然的节奏展开自己的日子，就会有成就感、满足感。农忙有事做，农闲是期待。正是借农业生产而建立起村庄熟人社会的关系，而形成农村社会中的治理。对农民来讲或对任何一个人来讲，没有就业，没有事情可做，人生就等于提前结束了。正是农业就业，使缺少城市就业机会的中老年农民没有成为“等死队”，他们只要能动，就要收收捡捡，有所作为，就觉得自己有用，就不会自寻死路。

当前中国仍然有两亿多农业劳动力，第一代进城农民工也正在返乡途中或已经返乡，在可预见的将来，还会有数以亿计的农业人口和农民家庭要依托农业的收入与就业。在农业占 GDP 比重不足 10% 的情况下，尽可能将农业收入留给农民家庭是十分重要的。将来农民家庭会越来越依靠务工收入，但务农收入不可或缺，尤其是对农民家庭中年龄比较大的父母，农业收入和就业是他们维持基本体面与尊严感的基础，万万不可缺少。

农业现代化显然不能以消灭数以亿计的小农家庭（包括老人农业）为目的，而只应该是服务于小农家庭和老人农业，帮助其克服生产生活中存在的困难，回应其自身难以解决的问题。

农业的第三大功能是为中国现代化提供稳定的后方，使农村成为中国现代化的稳定器与蓄水池。与一般发展中国家不同，新中国成立以来，中国在经济持续发展的同时保持了社会和政治稳定。最近二十多年，西方国家几乎每年预测中国会崩溃，而中国却依然十分稳定。其中一个重要原因是中国农村保持了稳定，且农村为中国应对金融、经济乃至社会政治危机提供了极大的缓冲。2008 年，西方金融危机导致中国 2100 万名农民工失业，但农民工返回农村，按农民的说法，失去打工机会，回到农村，不过是饭桌上添一双筷子的事。失业农民工可以返回农村，就使中国具有极强的应对危机能力。同时，因为农民都有农村的土地，进城失败的农民就可以退返农村，而不至于落入不能体面生存的城市贫民窟。若农民进城失败而不能返乡，城市必然会形成大规模的贫民窟，这些大规模贫民窟一定会放大每次金融、经济、社会危机带来的冲击，令中国社会保持稳定的难度加大。未来的中国现代化道路不会平坦，一定还会遇到各种困难，甚至可能遇到重大危机。但只要农村保持稳定，且农村可以为进城失败的农民提供退路，中国就有消化困难和危机的能力，中国也因此可以有比较充裕的时间来实现产业升级，由世界体系中的边缘国家跃进至发达国家。

从这个意义上讲，农业现代化一定不能搞成进城农民不能返乡的现代化，而需要通过农业现代化为进城失败农民提供更加顺畅的返乡通道。

对于未来二十年甚至更长时间来说，农业必须同时完成三大基本功能，一是保证粮食安全，二是让数以亿计的农民获得农业就业与收入，三是为中国现代化提供农村稳定器。农业现代化就是要服从和服务于以上三大功能，这三大功能也是农业的底线功能。正因为是底线，中央才连续十多年发布涉农“一号文件”，国家每年要拿出上万亿元支农转移支付。

三　当前中国农业的格局

当前中国农业仍然是小农经济的汪洋大海。具体说来，中国目前仍然有两亿多户耕种自家承包地的小农，种植中国大约 70% 的耕地，此外有大约 20% 的农地因为农户全家进城而发生流转。农地流转有两种形式。

一种是农户之间自发流转。这种自发流转，没有正规协议，租金水平也比较低，往往发生在邻里、亲朋之间。全家进城的农民家庭无法种地，将土地流转出去，同时委托流入土地的邻里帮助照看房子或年龄已大的父母。而有一些农民家庭因为各种原因（比如父母太老、子女太小等），而不愿或无法外出务工经商，仅仅种自家承包地，面积太小，农业收入太少，他们也希望通过流入土地形成适度规模经营。因农民进城而出现的村庄内自发土地流转，使村庄内出现了一批年富力强的夫妻留守农村耕种流入土地、可以获得不低于外出务工收入的农户。这样的经济收入不错、年富力强的家庭，就成了农村中的“中坚农民”。正是“中坚农民”加上无法进城的老弱病残人群，可以保持村庄的社会治理。

另外一种土地流转方式是，进城务工农户将土地流转给外来资本，外来资本通过流入农户土地形成规模经营，并从事农业获利。资本流入土地一般需要有正式长期稳定的土地流转，而资本流入土地要有规模，这不仅要流入外出务工农户的耕地，而且要将仍然需要依托耕地的农户的耕地流入。然而，需要依托耕地的农户不愿将耕地流出，资本就只能提高租金。结果就是，资本高价流入农地以形成规模经营，但仅仅种粮食无法盈利，则需要有国家财政的支持。同时，大规模经营的农户与仍然无法进城却又失去土地的村庄老弱病残之间没有利益联系和社会联系。这样两个群体之间有的只是对立与冲突，不可能形成稳定的社会治理结构。

当前中国“三农”政策的重点在于推进农地规范流转，主要是通过政策支持甚至财政补贴来推动农民的土地向所谓新型农业经营主体流转。据网易财经 2014 年 12 月 14 日报道：“随着中国政府的支持力度的加大，国内农民的承包土地流转面积也迎来爆发式增长。……农业部官员今天在创新型土地流转服务体系推介会上透露，截至今年上半年，中国土地流转面积已经达到 3.8 亿亩，占全国耕地面积的 28.8%，达到 2008 年土地流转面积的 3.5 倍。”[①] 这是可怕的。

当前的农业大致可以分为农、林、牧、副、渔业，农作物又主要分为粮食作物和经济作物。当前中国耕地接近 70% 用于种粮，其余耕地种植经济作物。

同时，当前中国农村两亿多农户主要也是种粮，甚至可以说，中国两亿多户农民绝大多数都是粮农。农民的农业收入与就业越来越集中到种粮上来。牧业、副业、渔业收入越来越多地被资本所占去。

当前中国农业收入中的绝大部分仍然通过粮食生产进入到农户收入中。粮食种植的一个重要特点是标准化，即农资标准化、生产技术标准化，甚至粮食产品的销售也是国家按保护价收购，因此种植粮食作物的农户一般不存在与大市场之间的对接困难。

反过来，经济作物种植因为标准化程度低、不耐储藏、市场价格波动剧烈，小农户种植经济作物与市场对接困难，风险比较大。

相对来讲，在农业收入中，之前几乎全部农业产值都是由农户分享，随着农民进城和农民本身的分化以及资本下乡，农户在农业的一些环节中

① 翟瑞民：《全国土地流转面积已达 3.8 亿亩　行政强推问题突出》，网易财经 http://money.163.com/14/1214/14/ADECUDEV00252G50.html，2014 年 12 月 14 日。

开始退出，比如养殖业越来越由资本控制，规模养殖早已超过全部养殖业产值的一半以上，农户已基本退出养猪这一过去主要的副业。

也就是说，从大农业来讲，风险比较大、投入比较多、技术比较复杂、市场化程度比较高的农业领域已经越来越被资本或从一般农户中分化出来的富裕农户所占据。资本无利不往。正是因为这些农业领域中有盈利机会，资本就会进来。这是市场经济的一部分。

相对来讲，粮食是标准化的大宗农产品，国家按保护价收购，市场稳定、技术稳定、价格稳定，利益也十分稳定。同时，又由于粮食生产是自然过程与社会过程的结合，资本种粮很难对雇工进行监管，效率较低，因此种粮是天然适合家庭经营的。在不存在与市场对接且一家一户小农种粮具有天然优势的情况下，农户种粮，精耕细作，可以获得最高的单产。尤其重要的是，粮食生产的标准化及当前农业技术条件可以极大地降低农业生产的体力要求，而使中老年人种粮具有天然的高产优势。中老年农民将种田看作一种事业，从精耕细作中获得乐趣与意义。在种粮的同时兼做副业，既有收入，又有乐趣，还可以由此建立村庄内的熟人社会关系，从而可以让在城市缺少就业机会的中老年农民获得农业就业、收入和生活的意义，一举多得。

也就是说，如果将粮食种植主要留给农户，让中国两亿多农户可以继续耕种自家承包地，一方面能让农民家庭获得农业就业与收入，另一方面因为精耕细作而保证粮食高产和粮食安全，再一方面还可以为进城失败的农民保留退路。当然也允许农民将土地流转出去，以及农民种经济作物，甚至从事其他更赚钱同时风险更大的农业产业。但保证中国农民在自家承包地上种粮食的权利，对于两亿多农户来讲，和对中国粮食安全来讲，则是最为重要的。这个部分应该得到政策保护，中央“三农”政策要支持和保护的就是种粮的土地、种粮的农民和种粮的农业，这是农业的基本底线。至于其他农业，国家既不保护也不支持，市场可以自动调节。市场上经济作物生产少了，市场价格提高，自然就会有资本或敢冒风险希望赚钱的农户响应，扩大生产规模。市场上生产过多则退出。赚钱或亏本都是市场的内在部分，政府不用多管。政府要管的是粮食这一最基本的战略物资的供给，这才是要以保护价收购同时又是要保护农民利益的关键。

从这个意义上讲，所谓农业现代化，恰恰不是要国家通过财政支持来发展现代农业，不是片面地要让农民致富，不是要搞规模经营，不是要组织农户与市场对接，不是要搞“强富美”，而是要解决小农户与社会化大生产之间的矛盾，要解决两亿多农户生产环节中存在的问题与困难。农业现代化应是为两亿多名种粮农民服务的现代化。

四　农业现代化的重点

如果说，国家对“三农”支持的重点是支持近两亿户种自家承包地的粮农，从而达到农业增产（粮食安全）、农民从农业中获取收入与就业，以及农村成为中国现代化的稳定器与蓄水池这三大功能的话，则农业现代化就是要运用新的投入、技术、经营方式来解决小农生产中存在的各种问题，回应近两亿粮农的生产生活需要。具体来讲，以下几个方面尤其重要。

农业生产基本条件的保证。在分散经营的条件下，农民进行农业生产。因土地经营规模太小，地块分散，进行农业生产的基础条件不好，因此需要国家通过转移支付来建设基本的农业生产设施，尤其是改善水利条件，使农田能排能灌。

在改善基本农业生产条件方面，土地整理是一个比较好的办法。当前国家也很重视土地整理，每年用于土地整理的资金高达千亿元。土地整理，通过平整土地以及建立灌溉设施等，改善了农业生产条件，从而方便农民使用机械，便利耕作。

加强双层经营、统分结合中“统”的层次的作用。当前，单家独户分散经营，有大量的一家一户不好办、办不好和办起来不合算的公共事务需要有村社集体组织来办理。比如，水利灌溉中的“最后一公里”，一般水利部门认为是工程问题，即国家投资为农民建的水利工程缺少到农田最后一公里的灌溉渠道，而使农田无法灌溉。其实，水利工程到农田的“最后一公里”是典型的组织问题而不是水利问题，是分散的农户如何与大中型水利设施对接的问题。解决水利“最后一公里”问题的办法有两种，第一种是扩大农户经营规模，例如美国三个农场分一条河流的水来解决灌溉问题。美国三个农场相当于中国三个行政村的规模，三个行政村上千农户来达成分配一条小河水资源的协议，交易成本是极高的，甚至根本不可能达成。但若由三个行政村来达成协议则有可能。因此，第二种解决问题的办法是以村社组织来统筹共同生产事务，回应农户需求，这样就要加强而不是削弱村社组织在农村生产生活事务中的统筹能力。成都市通过自上而下转移资源到村社一级，又通过自下而上的村民参与，在村社层面形成“多数决定”的公共事务统筹机制，是十分重要的成功经验。

小规模农户的优势是种田精耕细作，不足是技术创新和技术运用能力比较弱，因此建立适应小农需要的完善的农业技术研发与推广体系就十分重要。如何适应小农户生产生活需要，为他们提供包括农业技术服务在内的完善的社会化服务，是农业现代化的重点。

要解决农户地块分散的问题。分田到户时，为了做到公平，一般将地分三等，每等地再按人均分，结果是农户承包土地面积小，地块分散。在农村存在大量剩余劳动力的情况下，地块分散的弊病并未凸显出来。进入 21 世纪，城市化速度加快，农村青壮年劳动力大量进城，农忙时劳动力不足，且进城农民将土地流转给留守农民，进一步加剧了农村土地细碎的格局，农民有强烈将耕种土地集中连片的需要。将耕种土地集中连片，可以极大地降低劳动投入、提高农作效率，便利农业生产。遗憾的是，当前的农地政策却试图通过土地确权来固化农民的土地承包权，并指望通过土地经营权的流转，将农户的土地向规模经营主体流转，以解决土地细碎的问题，忽视了未来很长一个时期仍然是以小农为主的中国农业发展的需要。

农业现代化，显然应该回应农民对土地连片经营的强烈要求，为他们设计制度，以解决当前小农经济中普遍存在的“反公地悲剧”。

当前中国农业现代化的重点应该为数以亿计的粮农提供生产便利，回应小农的需要，解决小农的问题，从而真正满足农业在未来很长一个时期必须要完成的三大基本功能的需要。

五　当前“三农”政策中存在的误区

陈锡文认为，我国迫切需要走出一条中国特色的农业现代化道路。加快农业现代化进程，要不断提高耕地产出率、资源利用率和劳动生产率，为农业增产、农民增收、农村繁荣注入强劲动力。① 陈锡文作为长期主导中央农村政策的官员，其表述具有相当大的权威性。按陈锡文的讲法，农业现代化有三大目标，即农业增产、农民增收、农村繁荣。一般来讲，这三大目标是不错的，中央涉农文件反复讲“农业增效、农民增收”，此之谓

① 陈锡文：《中国特色农业现代化的几个主要问题》，《改革》2012 年第 10 期。

也。不过，在市场经济条件下，通过政策支持来达到农民增收似乎存疑。农业增产必然导致农产品供过于求，从而导致农产品价格下滑，农民减收，所以农业越是增收，农民越是减收，这是一个规律。在农业占 GDP 比重有限的情况下，部分农民通过调整产业结构致富，必然导致另外的一部分农民减收。总体上稳定的农业收入在数亿农民之间分配，政府就应顺其自然，而不应通过政策支持，尤其不能通过财政补贴让特定的部分农民增收而让其他农民利益因此减少。国家要保证粮食安全，因此制定粮食收购最低保护价，但不能也不应去管农民致富与否。在市场经济条件下，农民会根据市场信号选择种粮还是种经济作物、是选择从事农业还是进城务工经商。无论如何，增收致富是每一个市场主体的本能，是他们理性选择的结果，而不应通过财政补贴去干预。国家政策要补齐短板和解决市场失灵的问题，而不是干预农民自己的理性决策。

至于为农村繁荣注入强劲活力的说法也值得商榷。中国的经济机会都在城市，农业占 GDP 的比重越来越少，在还有数以亿计农户要从越来越少的农业占 GDP 的比重中获取保底收入与就业机会时，国家不可能通过政府支持来保持农村的繁荣。反过来，随着中国城市化进程的加快，农村的人、财、物向城市流入的速度进一步加快，农村衰落是必然的。现在的问题是，虽然农村衰落是必然的，但因为农村是中国现代化的稳定器，农业仍然为数以亿计的农民提供就业与收入，以及为了粮食安全，国家就必须通过政策支持乃至财政补贴维系农村基本生产生活的秩序。也就是说，政策要解决的不是农村的繁荣问题，而是保底问题。农业现代化不是要达到高度的农村繁荣的目标，而是要在农村的人、财、物向城市快速流动的情况下保持农业和农村的基本秩序。这样的农业现代化是底线建设基础上的现代化，而不是要让农村比城市还要好、还要繁荣。

针对当前中央农村政策和农业现代化所内含的议题，有以下一些问题可作评论。

第一，最近几年，中央政策尤其强调培育新型农业经营主体，为何要培育新型农业经营主体，而不是支持帮助数以亿计的小农，原因有二，一是担心将来谁来种田，二是认为新型农业经营主体可以做到适度规模经营，从而可以致富，可以更便利地采用农业技术装备，可以增产。

问题是，中国两亿多农户彻底脱离农业进入城市体面安居，不可能一时半会儿完成。未来 20 年甚至更长时间，绝大多数农户仍然要依托农业就业与收入来完成劳动力再生产。如此巨大的农业人口，相对于 20 亿亩耕地，户均不过 10 亩左右。而在当前农业生产技术条件下，一对夫妻种 30～50 亩耕地完全没有问题，所以现在乃至将来很长一个时期不会出现无人种田的问题，反过来倒是无田可种。在全国农村，凡是宜耕的土地，几乎没有出现一块耕地被抛荒的情况。至于一些山区高丘地带，因为水利条件太差，或地块过于细碎，而被抛荒。不是无人种田，而是田无法种。这个时候，就应当通过国家投入来整理土地，从而为农民种田提供基本条件。

因此，培育包括资本企业在内的新型农业经营主体实在是没有必要。所谓新型农业经营主体若真的比农民种田更有效率和效益，他们就不需要培育，也不需要政府财政补贴，就可以在市场经济条件下成长起来。当前农村中其实已经自发地分化成长起若干有竞争力的新型农业经营主体。他们成长起来，就祝贺他们的成功；他们失败了，那也得由自己承担责任。市场经济中，每个市场主体都要对自己的行为负责。

当前培育新型农业主体、发展现代农业的结果是，政府出钱培育出了一大批骗取国家财政补贴的骗子企业。这些企业缺少在市场经济大潮中游泳的能力，甚至拿了政府农业补贴就跑路，这些情况可谓层出不穷。

与培育新型农业经营主体相适应的是地方政府推动农村土地流转，从而出现“堆大户”、用财政补贴形成规模经营的情况，这很普遍。几乎所有调查数据表明，规模经营的粮食单产低于家庭经营，既然不能增产，国家为何要通过财政补贴来“堆大户”呢？

第二，中央涉农文件几十年如一日地将农民增收作为政策目标值得商榷。几十年将农民增收作为政策目标，说明几十年都没有很好地解决农民增收的问题。在市场经济条件下，农民增加自己的收入是本能，是理性选择的必然结果。为了鼓励农民增收，国家也出台了很多政策，比如 2015 年中央“一号文件”要求“推进农村一二三产业融合发展”，甚至直接要求“加大对乡村旅游休闲基础设施建设的投入”，要求“研究制定促进乡村旅游休闲发展的用地、财政、金融等扶持政策，落实税收优惠政策”。开发旅游资源，在当前中国城市资本过剩的情况下，只要有利可图，资本当然会去。而以让农民增收的名义给资本政策优惠甚至财政补给来发展所谓“第六产业”，只能说这样的财政资源使用得并不恰当。

国家支持“三农”的目的是要满足农业三大基础功能，是要维持农村底线，而不是为了让农民致富，也不可能让农民致富。在市场经济条件下，允许农民作为市场主体在市场中自由寻找市场机会，或给农民赋权才是根本的。通过财政补贴资本以使农民致富，结果很可能是资本骗取国家财政经费，国家支农资金做了冤大头。

第三，当前全国普遍出现将大量财政支农资金“堆大户”、办典型的情况，谓之“新农村建设”，并且以农村生活环境条件比城市更好作为农村现代化的先进经验，和作为农村建设的目标模式，这也是不恰当的。总体来讲，人、财、物资源流入城市，农村相对衰败和萧条是必然趋势。有些地区的农村，比如华西村，通过抓住市场机遇，在市场中获取利益而富村富民，这个很好，但万难复制。通过国家大量资源投入搞新农村建设并打造出新农村典型，实在是浪费了国家宝贵的支农资源。

六　结语

在当前和未来很长一个时期内，中国现代化的首要任务和主要矛盾是科技进步、产业升级，是中国产业由世界价值链的低端向中高端跃升，是由世界体系的边缘走向中心，是走出中等收入陷阱，其中的根本就是在继续保持“中国制造”国际竞争优势的基础上，快速发育“中国创造”，最终由发展中国家跃升为发达国家。

在这样一个时期，中国必须解决农业的短板问题，因为农业承担着三项基本功能，正是这三项基本功能为中国走出中等收入陷阱提供了缓冲空间和基础条件。而这三大基本功能都是以未来仍然要依靠农业就业与收入的数以亿计小农家庭的底线生产生活秩序的维系为基础的。在城市化的背景下，农村内生秩序的能力不足，正好国家有越来越多的涉农财政转移支付向农村转移。国家涉农财政转移支付是在农业现代化的总名义下向农村转移的，但其应起的作用是维持小农生产生活的基本秩序，从而发挥农业必须要在未来数十年时间承担的基本功能。

从这个角度来看，中国现阶段的农业现代化本身并不是目的，更非不顾国情、不切实际地贪大求洋，追求美国、欧洲或日本办的现代农业，不是越大越好、越洋越好、越现代越好、越集约越好、越高投入越好，而是要通过国家政策支持甚至财政补贴来解决当前中国数以亿计粮农农业生产和农村生活中的基本秩序问题，这个农业现代化是维持底线的，是服务于最为弱势也最为多数的小农（尤其是粮农）的，是低调的、适用的、保底的。

当前“农业现代化”一词存在的问题是脱离国情而变成了各种好词的堆砌，变成了许诺和许愿，变成了“高大上”“强富美”和乌托邦。这样，在农业现代化的名义下，很多本来应当由市场解决的问题却获得了国家宝贵的支农资金支持，国家真正应当支持的小农却被排斥了。

要反思当前农业现代化的话语。笔者认为当前农业现代化的道路已经走偏题了。

第一篇

小农经济与农业现代化

论中国特色社会主义小农经济*

杨 华**

摘要 中国式小农经济既具有传统小农分户经营的特点，又带有中国特色社会主义的性质，是典型的中国特色社会主义小农经济。它赖以存在的基础是集体土地所有制和家庭联产承包责任制、保护型城乡二元结构和新型农村家庭结构。中国特色社会主义小农经济有着独特的结构与重要功能，它是中国现代农业发展的载体，也是当前农民与农村的主要出路。在政策的选择上应该支持小农经济的发展，建立与小农经济相适应的社会化服务体系，抑制大规模土地流转和资本下乡经营农业，推动小农生产的互助合作，在有条件的地方和农业经营领域鼓励建立新型农民合作社。研究中国特色社会主义小农经济，不能忽略中国历史社会条件讨论农业发展趋势，不能就农业谈论农业，不能将农业经营当作小农经济的全部，应该坚持历史唯物主义和辩证唯物论、整体论及系统论的方法论基础。

关键词 中国特色社会主义 小农经济 集体土地制度 半工半耕 老人农业

中国农业已经实现了连续12个年头的增长。中国农业实现了以占世界7%的土地，养活了世界22%的人口。中国的粮食、蔬菜、水果和肉类产品不仅价格便宜，城乡普通人都能够吃得起，而且供应充足。这说明中国农业在最近三十多年的发展是成功的。而之所以成功，与中国的小农经济有关。中国小农经济在土地所有制和经营方式上，带有明显的中国特色社会主义性质，在水利基础设施、农药、化肥、良种、机械等方面具有现代化农业的特征，同时它又是典型的农户分散经营，可以称为中国特色社会主

---

* 本文发表于《农业经济问题》2016年第7期。

** 杨华，武汉大学社会学系研究员，研究方向为农村阶层分化与农业治理。

义小农经济。本文主要论述中国特色社会主义小农经济的概念、基础、结构、功能及出路。在这些讨论的基础上，再讨论研究中国特色社会主义小农经济的方法论。

一　中国特色社会主义小农经济的概念

顾名思义，中国特色社会主义小农经济是三重内涵的统一体，三重内涵是小农经济、社会主义和中国特色。首先，“小农经济”意味着中国特色社会主义小农经济不是其他任何经济形态，它是小农经济，具有小农经济的基本特征和内涵。小农经济与英国大工业、美国大农场不同，它有如下传统：小规模的经营组织方式、精耕细作式的农业耕作、农副业结合的家庭经济、家庭内部的男女劳动性别分工、劳动密集型的生产传统等。其次，“社会主义”表明中国特色社会主义小农经济具有社会主义的本质属性，主要体现在生产资料的土地集体所有制形式和“统分结合、双层经营”的经营形式上。最后，“中国特色”是指它符合中国历史和现实的某些基本要求，带有强烈的中国要素和中国农村传统气息，诸如城乡二元结构制约下“以代际分工为基础的半工半耕”的收入模式与经营结构，在农业类型上主要是老人农业与家庭农场并存，等等。上述三者的有机结合，形塑了中国独特的小农经济，它既区别日韩式合作社小农经济，也区别于东南亚式小农经济，同时与传统中国的小农经济也有本质区别。

一般认为，马克思主义视域下的小农经济是一种旧式的经济形态，小农生产方式是一种过时的生产方式，是注定要被历史淘汰的。马克思认为：“这种生产方式是以土地及其他生产资料的分散为前提的。它既排斥生产资料的积聚，也排斥协作，排斥同一生产过程内部的分工，排斥社会对自然的统治和支配，排斥社会生产力的自由发展。”① 更重要的是，小农经济所代表的生产资料所有制关系，在资本主义所有制下极大地束缚了农业生产力的发展，因为“把土地分成小块耕种的方式，排斥了采用现代农业改良措施的任何可能性”，“一切现代方法，如灌溉、排水、蒸汽犁、化学产品等，都应该广泛地应用于农业。但是，我们所具有的科学知识，我们拥有的进行耕作的技术手段，如机器等，只有在大规模耕种土地时才能有效地

① 马克思：《资本论》第 1 卷，人民出版社，1972，第 830 页。

加以利用……大规模地耕种土地，即使在目前这种使生产者本身沦为牛马的资本主义生产方式下，比在小块和分散的土地上经营农业优越得多”。[①]由此，小农经济陈旧的生产方式最终将被资本主义经济所排挤，小农将变成被人剥削的“农业雇佣工人”或“农业无产阶级”，并受大农场主和土地所有者的双重剥削。那么，为什么小农经济在中国没有趋于灭亡？

第一，马克思在论及小农趋于灭亡时是附加了外部条件的。这些外部条件包括“高利贷和税收制度”对小农的盘剥，“生产资料无止境地分散，生产者本身无止境地分离；人力发生巨大的浪费；生产条件日益恶化和生产资料日益昂贵是小块土地所有制的必然规律；与此同时，农村家庭工业由于大工业的发展而被消灭，小农的土地逐渐贫瘠和地力枯竭；农产品价格下降，另一方面要求较大的投资和更多的物质生产条件，这些也促进了上述土地所有权的灭亡”。[②] 还包括诸如农地可以自由交易与集中，及资本可以自由进出农业领域等。[③] 这些条件在新中国成立以后，尤其是改革开放后一个都没有出现，反而得到了很大的改善，为小农经济在中国的持续、快速和健康发展奠定了基础。

第二，我们也应该历史地来看待中国的小农经济。首先，它的存在具有历史的必然性。从中国的现实条件来看，人多地少、资源匮乏的人地关系一直是中国面临的首要问题，在当前大量农村剩余劳动力无法顺利转移出去的情况下，劳动密集型的小农经济为其在农业就业提供了保障。从国际农业生产来看，西方发达国家普遍通过殖民地扩张和大量屠杀土著人，极大地缓解了它们国内的人地紧张关系，使它们率先实现了农业机械化和现代化。[④]但是，在发展中国家和地区，如印度、拉美国家及东南亚，因为照搬发达资本主义国家的农业发展模式与道路，普遍出现了“耕者无其田”和城市贫民窟化的现象，甚至其农村长期存在武装割据的游击队，成为这些国家和地区不得不面对的严重政治社会问题。所以，选择何种农业发展模式，要借鉴和吸取国内国际的历史经验和教训。

第三，需要辩证地看待小农经济。正如马克思主义及其他观察者所看

① 《马克思恩格斯全集》第2卷（下册），人民出版社，1972，第452页。

② 马克思：《资本论》第1、第3卷，人民出版社，2004。

③ 《马克思恩格斯全集》第41卷，人民出版社，1982，第156页；第26卷Ⅱ，人民出版社，1975，第261页。

④ 温铁军：《解构现代化》，《管理世界》2005年第1期。

到的那样，小农经济具有极大的历史局限性。但是，也不能忽视它的正面功能和历史贡献。从小农自身的特点来看，小农生产的劳动高度集约化，擅长于精耕细作。它可使土地得到充分地利用，提高土地生产力，最大限度地生产粮食，既可以满足农民养家糊口，也能为保障国家的粮食安全做出贡献。从中国快速工业化、城市化所处的阶段来看，现有的小农经济承担着降低工业化、城市化及经济社会发展成本的功能。这主要源于它所发挥的“蓄水池”“缓冲器”作用和社会保障功能。此外，过去我国小农经济以“剪刀差”的形式，降低了工业化的成本。而现在，小农经济正在降低工业化和城市化的成本。①

因此，小农经济在中国不会也不应该快速消失，应该尽量避免其历史局限性，发挥其优势和正面功能。中国特色社会主义小农经济正是这种“趋利避害”的结果，它是中国农业现代化的载体，将长期存在于中国，并发挥重要的经济社会功能。中国特色社会主义小农经济是我们党和国家在长期的历史探索中，结合农业生产的特点，结合社会主义初级阶段的特点和国情，摸索出的一条适合中国历史和现实、符合农业发展规律的现代农业发展道路。正如江泽民在谈到小农经济时所指出的，“家庭承包经营再加上社会化服务，能够容纳不同水平的农业生产力，既适应传统农业，也适应现代农业，具有广泛的适应性和旺盛的生命力，不存在生产力水平提高以后就要改变家庭承包经营的问题”②。

二　中国特色社会主义小农经济的基础

中国特色社会主义小农经济的基础是指构成中国小农经济运行的基本架构，主要包括三个方面，分别是集体土地所有制与家庭承包经营制度、保护型城乡二元结构及农村家庭制度。第一个方面说的是小农经济所赖以依存的生产资料形式，包括土地的所有制形式和土地的具体耕作形式；第二个方面说的是小农经济持续、接力运行的保障；第三个方面说的是小农经济的劳动力主体，指的是劳动力的性质和来源问题。

① 杨成林：《中国式家庭农场形成机制研究》，《中国人口资源与环境》2014 年第 6 期。

② 《江泽民文选（第 2 卷）》，人民出版社，2006，第 212 页。

（一）集体土地所有制与家庭承包责任制

集体土地所有制与家庭承包责任制是小农经济的制度基础与保障。中国特色社会主义小农经济最重要的生产资料是土地。中国农村的土地所有制形式是集体所有。在分田到户之后，村集体并不直接从事农业生产，而主要是提供农业的产前、产中和产后的社会化服务，土地经营实行家庭承包责任制，农户对土地有自主使用和经营的权利。党的十八届三中全会进一步明确提出：按照依法有偿自愿原则，允许和鼓励农民以转包、出租、互换、转让、股份合作等形式流转土地承包经营权。即：在家庭承包责任制基础上，更进一步地实现了土地的所有权、使用权、经营权的分离。集体土地所有制与家庭承包责任制，是集体所有的生产资料（土地）以最适宜的形式与劳动者（农民家庭）实行的最佳结合，也是农村土地权属上的原则性与灵活性的统一，实现了中国小农经济的最大效益。

土地集体所有制是新中国成立以来的宪法秩序，[①] 它否定了封建性的土地私有制，是农村坚持生产资料公有制的实现形式，是中国社会主义基本经济制度的具体体现和基本约束。中国土地承包法规定：只有农村集体成员才能承包集体土地，其他任何个人和组织都没有集体土地的承包权。在这个宪法秩序下，只要是拥有农村集体户口的人，无论当前是否承包到了土地，都对未来能够承包到土地有预期。另外，土地集体所有是村集体和基层组织为农业经营提供社会化服务体系的前提——只有土地归集体所有，村集体和基层组织才有这个义务，也才会形成“统分结合的双层经营体制”。

同时，土地所有权是集体的，作为承包者的农户可以对土地进行转包、出租、转让等形式的流转，并获取土地收益，但其底线是不得买卖土地。也就是说，只要他是土地承包者，在其承包期内就拥有承包权及其收益权，村集体和其他主体不得以任何名义剥夺他的承包权，他本人也不得对土地进行买卖交易。这就使他承包的土地一直“有”在那里，即便抛荒，也是他的承包地。集体土地的这个规定，使农民家庭作为承包者，不能轻易脱离与土地的关系，不会因为短视而随意将土地卖掉，成为无地之人，这就解决了农民的后顾之忧——即便进城、经商失败，也可以返回农村种地。若土地可以买卖，农民就可能因为短期的利益或应急需要而将土地进行买卖处置，而成为无保障之人，等到进城失败，就可能滞留城市，给城市管

---

① 贺雪峰：《中国土地制度的宪法性质》，《文化纵横》2013 年第 6 期。

理带来巨大的困难。

家庭承包责任制是土地集体所有制下农业经营的最有效的方式。家庭承包制之所以有效，是因为它发扬了中国农民的家庭经营优势，并可以实现传统经验同现代农业技术的结合。以家庭为生产经营单位，在我国农村社会延续了数千年，积累了相当丰富的经营技术与经验，它们在集体土地所有制下，结合村集体和基层组织提供的农业社会化服务，可以获得充分的运用和推广。党的十五届三中全会讨论通过的《中共中央关于农业和农村工作若干重大问题的决定》指出："实行家庭承包经营，符合生产关系适应生产力发展要求的规律，符合农业生产自身的特点，这种经营方式不仅适应以手工劳动为主的传统农业，也能适应采用先进科学技术和生产手段的现代农业，具有广泛的适应性和旺盛的生命力，必须长期坚持。这是党的农村政策的基石，任何时候都不能动摇。"[①] 国家为了保障农民的土地承包权利，在分田到户之初就规定承包经营权 15 年不变。20 世纪 90 年代末"第二轮土地延包"规定土地承包关系 30 年不变。2008 年召开党的十七届三中全会进一步规定"现有土地承包关系要保持稳定并长久不变"。这一系列的规定使小农经济这种实现形式将一直稳定下去。

集体土地所有制和家庭承包责任制，是"统分结合，双层经营"农业经营形式的基础。

（二）保护型城乡二元结构

1. 城乡二元结构类型

与欧美日等发达国家和地区相比，发展中国家普遍存在"城乡二元结构"的现象。发展中国家的城乡二元结构有三种类型。

（1）原发意义上的城乡二元结构。它是在近现代以来，发展中国家追逐发达国家的现代化脚步，将发展的重点放在城市工商业和城市基础设施建设上，而忽略农村的发展。在城市化推进过程中，城市无法完全容纳庞大的农村人口，于是便形成了城市人与农村人的区隔，二者在生产方式、生活方式、收入水平、思维方式、价值观念、文化水平、政治权利等方面都存在巨大的差别。农村呈现出一片传统、落后和破败的景象，而城市展示的是现代、先进与欣欣向荣的图景。

（2）在城市内部形成的二元对立结构。原发城乡二元结构促使大量农

---

① 《中共中央关于农业和农村工作若干重大问题的决定》，1998 年 10 月。

民，尤其是年轻农民涌向城市，向城市寻找出路与未来。但是，发展中国家的经济发展，并不能使大量进城农民在城市有着稳定的就业和生活保障，他们大多数人无法在城市体面立足，于是大部分丢掉土地进城农民就不得不生活在贫民窟里。这样，在发展中国家的城市内部就形成了贫民窟与其他居民区构成的城乡二元结构。贫民窟的生活总是与脏乱差、黄赌毒、黑社会联系在一起，既不稳定、不体面、不安全，也没有预期、没有发展、没有前途，同时又因为进城农民早已“丢掉”了农村的土地，而无法返回农村，只能滞留在贫民窟。当国家经济发展平稳的时候，贫民窟的生活勉强能过下去，但一旦遭遇经济波动，贫民窟就极易成为“火药桶”。

（3）中国独特的体制性城乡二元结构。这种体制性的城乡二元结构的基础是新中国成立前原发城乡二元结构。1840 年鸦片战争后，中国的国门渐次被打开，中国的商品经济及资本主义工商业逐步地发展和扩大。随之，中国城乡之间维持了数千年的模糊边界逐渐清晰了起来，城乡分离态势愈发明显，程度越来越深。一直到 1949 年新中国成立前夕，农村不仅成为城市工商业部门的生产要素来源地，也是其产品销售地。这样，中国的城乡二元经济结构就形成了。这时虽然出现了城市人和农村人的差别，甚至“不在村”的“地主”越来越多，但城乡二元结构还主要局限在经济领域，并未向政治和社会领域扩张。

新中国成立后，为了配合优先发展重工业战略，在劳动力流动方面，国家制定了严格的户籍制度，将公民分为农村户籍与城市户籍，对城市招工范围、人口的城乡流动、农转非途径等做了详细规定。一方面将农民捆绑在土地上，将为城市工业部门和城市建设提供积累的任务强压在他们头上。另一方面将广大农民排除在享受城市较高的工资与福利待遇、较充裕的粮食供给、较完备的公共产品提供的权利之外。改革开放后，城乡二元的政治和社会结构也逐渐形成和固化。主要表现为：城乡居民的社会保障状况有较大差异，城乡居民向上流动的渠道畅通程度有较大差异，教育等城乡机会不平等，等等。可以说，这种体制性的城乡二元结构是剥削式的，是城市对农村的剥削和工业对农业的剥削。

然而，改革开放以后，尤其是进入新世纪以后，附着在城市户籍上的利益和福利待遇越来越少，或者与户籍剥离，而限制农民进城的制度藩篱逐渐消除，甚至许多中小城市已取消户籍限制。当 2006 年取消农业税后，运行了半个多世纪的“剪刀差”随之消失，国家对农村的政策、资源输入与反哺越来越多，农村户籍附着的利益和福利越来越多，而且还会更多。大部分进城农民已不愿意放弃农村户籍。所以，对于农民来说，当前中国的城乡二元结构，已经从过去的剥削式结构转变为保护型结构了。[①]

2. 保护型城乡二元结构对于小农与小农经济的保障

（1）保障农民务工和务农的收益。在保护型城乡二元结构下，农民既可以获得进城务工的收益，也可以获得务农的收益和农业户籍收益。这样，一个小农家庭就有两笔收益，这两笔收益相加相当于农村中等收入水平，从而使一个小农家庭的生活能够顺利展开，也能够顺利完成劳动力再生产。

（2）保障农民进城和返乡的权利。过去三十年多年，我们国家不断在打破限制农民工进城的各项制度安排，增进和保障农民工进城的权利，这是社会的巨大进步。但是，鉴于当前中国经济在世界经济格局中的地位和进城务工农民工的工资水平，大部分进城务工农民根本无法在城市安居乐业，即有体面的工作、有保障的生活等。因此，他们中大部分还要在适当的时候回到农村，还要获得务农的收益和农业户籍收益。也因此，要保障他们返回农村的权利，主要就是要保障他们在农村的承包地和宅基地。这就是说，进城务工与返乡务农都应该是农民的基本权利，它使有能力者进城，进城失败者返乡。当前保护型的城乡二元结构提供了这样的权利和保障。

（3）保障土地不被强势群体剥夺。这里的强势群体主要是指城市工商业资本家和城市户籍人口。体制性城乡二元结构的关键是户籍制度。我国相关法律规定：城市户籍人口不能获得农村户籍，不能获得农村的宅基地和承包地，不能享受农民的福利待遇；城市工商业资本有条件下乡经营土地，不能在农村囤积土地。这些规定使得城市强势群体不能对农民建立剥削关系，尤其是不能剥夺农民的土地。这就保障了农民在任何时候都可以回到农村经营土地，获得生活的保障。

（4）保障了小农经济的有序运行。当前保护型城乡二元结构让适合进城务工的农民进城务工，不适合进城务工的农民留在农村经营土地及副业。同时当外出务工农民到了一定年龄以后不再适合务工，便返乡务农，使得小农经济能够接力、有序运行。而城市强势群体不能下乡剥夺农民的土地，则直接保障了小农经济的存在。

---

① 贺雪峰：《城市化的中国道路》，东方出版社，2014。

（三）新型农村家庭结构

家庭经营是最节约成本的农业经营方式。农业经营比较适合以家庭为单位进行，因为农业经营的突出特点是激励效应比较低、管理成本比较高。一方面农业经营难以激励非家庭成员尽心尽力努力工作，无法最大限度地保证农业生产效率；另一方面农业经营对农业工人的管理成本太高，无法实施有效监督，所以世界上很多国家的农业都采用家庭经营方式。相对于资本主义农场，家庭是“责权利”统一的生产单位和经济组织，家庭经营的激励效应显著，而且没有监督成本、协调成本、组织成本和激励成本。家庭承包经营恰恰适应了农业经营的这种特殊性，也符合我国农民的生活习性、心理特征与组织惯性，因而是天然合理而有效率的农业经营形式。[①]所以，在当前我国农村的生产关系状况和生产力条件约束下，小农经济作为一种经营方式有其存在的必然性与正当性。

小农经济符合中国的制度传统和制度习惯。中国社会绵延和发展了4000多年以“家”为本位的宗法制度。在封建领主制时期，“封建”的原则就在于把“家”产逐代逐级分给众庶子。在中央集权制时期，无论是农民，还是官僚地主，都是以“家”为本位来参与经济组织和社会生活。农民的生产、生活、消费、生息繁衍乃至社会交往，都是在“家”的范围内进行和展开。“家”是一个带有封闭性的生产、生活单位，也是一个相对独立的文化空间，每个家庭成员的道德观、价值观和思考问题的方式，都围绕“家”来运转，他们的行为逻辑也以“家”的利益为转移。直到今天，中国仍然是一个“家本位”的社会。家户既是生活单位，也是生产单位。这种“家本位”的制度传统和惯性一直存在并起作用，影响着我国对农业经营形式的选择。

当前中国农村的家庭是经过社会主义改造后的家庭。它一方面祛除了传统家庭的封建性和排斥性，包括家庭内部的等级制度与性别歧视，减少了压制与剥削性质，增加了社会主义的因素，包括男女平权、代际平等与成员协作，已经成为广大农村家庭的基本关系模式。另一方面血缘亲情仍然在家庭中发挥着重要作用，依然是维系家庭的基本纽带，代际关系依然有着较强的情感寄托和价值期待。农村传统以一对夫妇加未婚子女组成的

---

① 徐勇：《中国家户制传统与农村发展道路——以俄国、印度的村社传统为参照》，《中国社会科学》2013年第8期。

核心家庭居多，一般占 60% 左右，而以三代人组成的主干家庭，由父母和多个已婚子女组成的联合家庭较少。随着农村打工经济的兴起，农村逐渐形成了“新三代”家庭，即父母与每个已婚儿子组成一个三代家庭。[①] 这类三代家庭占农村的 90% 左右。“新三代”家庭的第一代即中老年人成为当前农业经营的主体，第二代即年轻夫妇一般外出务工，第三代由第一代在农村抚养。农业的家庭经营模式，其劳动力属于自雇性质，家庭内部的性别分工在农业经营中已经不明显，男女都可以作为劳动力参与农业经营，这就使中国农业的劳动力投入更加集约和有效。

三　中国特色社会主义小农经济的结构

中国特色社会主义小农经济的结构，指的是它的构成要素，主要包括经营形式、分工模式与农业类型。

（一）经营形式：“统分结合，双层经营”

中国特色社会主义小农经济的经营形式是在家庭承包经营基础上的“统分结合，双层经营”，即家庭分散经营与集体统一的社会化服务相结合的双层经营结构。这种经营结构强调，要从农业生产过程不仅受经济规律制约，还要受自然规律影响的特点出发，宜分则分，该统则统，统分结合，相互补充，相互促进。只有把家庭分散经营的积极性与集体统一经营的优越性发挥出来，才能促进农业生产力的发展。

这种经营形式，既不完全按照马克思主义所设想的那样实行集体决定、集体耕作、集体收益和集体分配，又不同于私有制下的完全私人决策、私人耕作和私人收益的情况。它体现了中国特色社会主义的性质，即它既具有社会主义性质，有“统”的一面和集体经营的一面，又符合社会主义初级阶段的基本国情和农情，有“分”的一面和家庭经营的一面，充分发挥农民个体家庭的积极性。

家庭分散经营适合于农业生产，其优点在于“责权利”统一，能够最大限度调动农民家庭成员的积极性，进行劳动集约化生产；其缺点是分散家庭之间无法联产，无法供给农业生产所必需的公共服务和公共基础设施。集体统一经营的优越性则在于提供农业经营相关的社会化服务。健全集体

---

① 杨华：《中国农村的新三代家庭》，待刊稿，2014。

统一经营的职能，可以更好地发挥对家庭分散经营的管理、指导、协调与服务，使家庭分散经营的潜力得到最充分的发挥。

“统分结合”要达到一个平衡点，才能够发挥两者的积极性和优越性。如果“统”得过于厉害，如集体化时期，就会磨灭个体家庭的积极性，使得集体的优越性难以发挥出来；如果“分”得过于彻底，也就是集体经营的层次没有了，集体在土地上的相关权力丧失了，就无法为家庭分散经营提供相关的社会化服务，分散经营的机制就很难运转起来，也就无法发挥它的最大优势和积极性。当前中国农业经营领域的主要问题是，“分”得太厉害，“统”的职能没有发挥好，各地农村都出现了“反公地悲剧”，[①] 尤其在水利灌溉、农业基础设施建设和农技服务体系上体现得很明显，并因此增加了农业生产的成本，降低了收益，使得农民生产的积极性受挫。

因此，当前应重点加强集体统一经营的层次，强化服务功能，健全服务体系，切实担负起为家庭分散经营提供各种社会服务和指导协调的职能，真正解决“一家一户想办办不到”“该办不能办”“能办办不好”的事。要依据农时季节、农产品类型等条件，找准服务的突破口，从农民急需方面抓起，帮助解决农业生产和销售中的问题。当前重点要做的主要是：统一管好用好集体土地，统一规划和组织农田基本建设，村集体统一收取共同生产费，协调统一机耕、机收、良种串换、病虫害防治、土地连片、灌溉、引水抗旱等。另外，在农业转移支付和资源下乡的背景下，农村基层组织要转变职能，由单纯的向上“跑”资源转轨到为农业生产提供服务、协调生产上来。

（二）分工模式：“半工半耕”结构

小农经济历来不是纯粹务农的经济形态，它是“农副”结合的经济形态，因此总是与家庭分工相伴随。也就是说，不仅农业副业、兼业与务工是小农经济的组成部分，甚至家庭成员在农业副业、兼业和务工方面的分工与合作，也是小农经济题中之义。当前农村家庭成员间的分工模式主要是以代际分工为基础的“半工半耕”结构。

改革开放以来，农村家庭的分工模式经过数次演变。经过集体划时代的宣传和改造之后，农村妇女也开始从事农业劳动，性别分工在农业经营上的差别已经不明显，所以改革开放初期，农村劳动力不分性别都投入家

---

① 陈柏峰、林辉煌：《农田水利的“反公地悲剧”研究——以湖北高阳镇为例》，《人文杂志》2011年第11期。

庭的农业经营上。只有少数男子从事工商行业。到 20 世纪 80 年代中后期，农村乡镇企业遍地开花，年轻男子开始在乡镇企业上班，中老年人和妇女在家种地。到 90 年代以后，乡镇企业开始走下坡路，外出务工开始兴起。此时外出务工的主要是年轻男子，妇女在家种地和照看老年人，形成了典型的性别分工与“农业女性化”的局面。自 2000 年以后，农村年轻男女皆大规模外出务工，中老年人在家种地，形成了以代际分工为基础的“半工半耕”模式。该模式经过十几年的发展，逐渐稳定，并再生产。所谓再生产，说的是当第一代外出务工的农民工妇女因年龄大，不再适合于工厂流水线之后，他们就退出务工行列，返乡务农，而他们的子代即新生代农民工则追随父辈的足迹外出务工。

当前以代际分工为基础的“半工半耕”结构，在分工上形成年轻人“务工”与中老年人“种地”的稳定格局。之所以如此分工，主要是中老年人被工厂流水线所排斥，又无法承受建筑工地上巨大的劳动消耗，因而在城市不属于“有效”的劳动力。而在农业上，他们却有着丰富的生产经验，也有耐心耐力，善于精耕细作，是完全有效的劳动力。并且，中老年人也不愿意离开他们熟悉的农村环境和熟人社会的交往圈子。年轻人则手脚灵便，反应快，适合在工厂流水线工作，而且他们充满活力与想往，在农村耐不住寂寞，希望趁着青春时光享受城市生活，自然就被城市所吸引。因此，这种代际分工既合情又合理。“合情”是指符合中老年人和年轻人的心理和生理特征，“合理”指的是它符合农业和工业运转的基本规律。

这种“半工半耕”结构使得一个小农家庭的收入由两部分组成，一部分是务工收入，一部分是务农收入。有全国农村调查显示，普遍情况是务工收入占一个家庭总收入的 60% 左右，务农收入占 40% 左右。年轻人外出务工，除了少数是经商和从事技术工种之外，一般是从事服务行业和做流水线上的普通工。一般来说，一对夫妇务工一年能够积攒 1.5 万 ~3 万元不等。而中老年人在家种地，一般耕种数目到十几亩不等，收入在几千到上万元。这两部分收入加在一起可以达到 3 万 ~4 万元，属于农村中等收入水平。并且，老年人在家种地，更多的可能是隐性收入，包括老年人自己养老，吃喝住行不要钱；老年人在家带孙辈，负担孙辈的吃喝拉撒及就学就医，为子代节省一大笔开支；还能从事某些副业或兼业，赚些零花钱；还能负担家庭的人情开支，维系家庭的人际关系；等等。这些隐性收入很多都没有货币化，一旦货币化就是一笔很大的收入。“务农”不仅仅是耕种土地，对于一个农村家庭来说，重要的是很多事情可以在农村低成本、廉价地完成。

那么，对于一个小农家庭来说，“务工”和“务农”都不可或缺。缺少了务工的收入，家庭的日常生活和大宗货币化开支就无法谈起，尤其是无法在农村建房或在城镇买房、生活，无法顺利完成劳动力再生产，无法应对家庭的应急开支（如生病、考学及其他变故），无法完成诸多人生任务（如婚、丧、嫁、娶），等等。“务工”是小农家庭应对当前农村越来越大的货币化支出压力的主要途径，单靠务农的收入根本不能应对和缓解这种压力。若一个农村家庭没有“务农”，只是“务工”，那么其家庭成员（包括老人和小孩这种“无效”劳动力，都得在城市生活）的日常生活、人生任务和劳动力再生产等，就都得在城市高成本地完成，仅凭一对年轻夫妇的务工收入，是难以胜任的。因为，不再“务农”之后，中老年人种地的收入没有，尤其是隐性的那部分，在城市都得通过货币购买，家庭的货币化压力剧增，一般小农家庭很难承受得了。只有在城市经商成功或从事技术工种的农民工，才可能不需要“务农”的收入而能够全家老少顺利进城。

所以，以代际分工为基础的“半工半耕”结构，既是小农家庭的分工模式，也是小农家庭的收入结构，还是小农经济的核心构成要件。中国当前的小农经济，既包括务农的经济，也包括务工的经济，两部分合在一起才是完整的小农经济。

（三）农业类型：“老人农业”与“家庭农场”

农业类型是指农业的基本形态，农业经营主体不同，经营的农业形态也不同。自改革开放以后，农业经营主体不再是单一色的耕种“人均一亩三分地，户均不过十亩”的农户，而是出现了巨大的分化，它们因各自的资源禀赋和社会禀赋不同，或转出土地，或转入土地，或仅耕种家庭的承包地，因而经营着不同规模的土地，它们的经营逻辑和经营效率都有差异。就调研的情况来看，农业经营主体主要分为三类，一类是小农兼业农户，一类是家庭农场主，一类是资本农业企业主。其中第三类在“资本下乡”的背景下才兴起几年，数量有限，且据我们调查，凡资本下乡从事农业生产环节的企业皆未获得成功，它们更多的是从地方政府处获取补贴。

所以，当前农村主要的经营主体是小农兼业农户和家庭农场主。小农兼业农户就是农村中的中老年人，它们耕作的农业是小规模的“老人农业”；家庭农场主经营的是中等规模的“家庭农场”。老人农业和家庭农场在经营规模、经营逻辑和经营效率等方面，既有相同之处，也有不同点，但他们仍属于小农经济，而不是资本介入的现代农场。

1. 小规模的“老人农业”

在农村“半工半耕”结构背景下，年轻人外出务工，中老年人在家种地。中老年人的年龄一般都在 50～70 岁，他们一般耕种自家的承包地。由于农业机械化和科学种植的普及，农业耕作的劳动强度大大降低，许多环节包括翻耕、犁田、播种、插秧、收割、烘干、运输等都已经实现了机械替代。而没有实现机械替代的环节，如打药、施肥、搬运入库等，则可以请工或请人帮忙，所以即便超过 70 岁的老年人都可以耕种土地。

一般来讲，50～60 岁这一年龄段的农民算是农村中的壮劳动力，他们除耕种自家承包地外，还可能转入一部分土地，耕种规模在 10～30 亩不等。当他们进入 60 岁以后，体力和精力都下降，便开始转出部分土地，耕种规模在 20 亩以下，否则就承受不了。超过 65 岁，耕种规模就要进一步减少，一般耕种在 10 亩左右。到了 70 岁则只能耕种数亩至 10 亩之间的土地。笔者的父亲今年已 71 岁了，在农村仍然耕种约 5 亩水田。

“老人农业”并不像外界所想象的那样落后，它是有效率的农业形态。“老人农业”具有以下几个特点：一是精耕细作。农村中老年人不仅有丰富的耕种经验，而且他们的机会成本较少，没有在城镇务工的机会，因此“有时间”。他们可以把充裕的时间用在农业管理上，实现精耕细作。他们没事就到田里转悠，补补蔸，锄锄草，治治虫，捡捡稗子；他们打药、施肥都十分精细、均匀，掐准时间，掐准量；有的中老年人甚至插秧不用机械，因为机械插秧会影响水稻产量；等等。二是劳动集约。正因为中老年人的机会成本较少，他们就可以在较少的土地上无限地投入他们的劳动力。三是单位土地生产率高。因为是劳动力的无限投入和精耕细作，老人农业的单位土地产出率便可以提高。四是一些环节实现机械或市场替代。一般中老年人家庭不购买机械，由市场提供。少数家庭有一台拖拉机。机械（市场）替代率与耕种规模和劳动力年龄大小成正相关关系。耕种土地越多，机械替代率就越高，土地少，则替代率低；年龄越大，替代率就越高，反之则低。但是主要环节如机耕、收割、运输已基本实现机械替代。五是对新品种、新技术有需求。中老年人主要出于对降低劳动强度和增加产量考虑，对新品种、新技术有需求。但不会主动寻求新品种、新技术，需要相关部门的推介。六是农业经营的目的是自给自足，少量投放市场。因此老人农业不是市场和利润导向的农业。七是兼业农业。中老年人在农闲之余还可以兼业，比如五六十岁的中老年人可以在附近工地上打小工，或者从事饲养、捕捞副业，或者种植蔬菜水果供应城镇市场，等等。八是休闲农业。在农村公共文化生活较少的情况下，中老年人可以通过耕种土地打发时间，愉悦心情，没事就到地里走走，看着庄稼一点点成长，他们心情就很喜悦。这样，既可以避免待在家里无所事事，与儿子、媳妇发生矛盾，又可以使时间容易过去，还可以通过劳作松松筋骨起到锻炼的效果。

2. 中等规模的“家庭农场”

同样是在“半工半耕”背景下，农村中大部分青壮年劳动力外出务工，他们的土地要么留给自己的父母种，要么流转给村里其他人种。后者属于典型的农村土地自发流转。农村自发土地流转分为人情行为和市场行为两种。基于人情的土地流转不需要缴纳土地流转租金，也不需要正式的合同协议，属于短期流转，只要承包户回来耕种土地便可要回土地；基于市场交易的土地流转需要缴纳租金，当前普遍的租金是每亩约200元，也不需要签订正式的流转协议。

在农村自发土地流转中，一些土地会逐渐集中在某些青壮年劳动力手中，他们一般在40~50岁。他们之所以没有外出务工，可能是自家的承包地较多，老年人又耕作不过来；也可能是家庭中有老年人要照顾，有上初中、高中的小孩需要陪读而走不开；也有可能是外出务工失败；等等。总之农村中还有部分青壮劳动力在耕田。通过土地的自发流转和集中，这样的家庭一般耕种30~100亩不等的土地，这个规模的土地在农村属于中等规模。这些家庭占农村总户数的15%左右。

耕种30~100亩中等规模的土地，就相当于一个经营中等规模的“家庭农场”。2013年中央“一号文件”提出：“坚持依法自愿有偿原则，引导农民土地承包经营权有序流转，鼓励和支持承包土地向专业大户、家庭农场、农民合作社流转，发展多种形式的适度规模经营。”家庭农场首次在中央“一号文件”中提及，既是政策导向，也是对农村已出现的家庭农场的承认。所谓家庭农场，是指以家庭成员为主要劳动力，从事农业规模化、集约化、商品化生产经营，并以农业收入为家庭主要收入来源的新型农业经营主体。

农村中等规模的家庭农场不同于美国式的大农场。一是美国式的大农场以追求平均利润为唯一目的，而中等规模家庭农场既追求平均利润，也追求土地单位面积产出率。二是美国式的大农场以雇佣劳动为主要劳动力，具有剥削性质，中等规模家庭农场以家庭劳动力为主，属于自食其力，辅以雇少量短工。三是中等规模家庭农场有规模限制，超过 100 亩的限度就不再扩大生产，美国式的大农场无规模限制，会不断扩大再生产。四是美国式的大农场完全实现了机械化与现代化，中等规模家庭农场既有机械替代，又有人工劳动。所以在性质上，中等规模家庭农场依然是小农经济。

中等规模的家庭农场具有以下明显特点：第一，中等规模收入。耕种 30 ~ 100 亩的土地，一年收入在 3 万 ~ 10 万元，这个收入在农村属于中等偏上水平。拥有这个收入，一个农村家庭完全可以提供日常生活所需，完成劳动力再生产，完成各项人生任务等，而且不需要外出务工，也可以过得很悠闲、宽裕，经济压力不大，家庭生活完整。第二，实现了农业规模化、集约化、商品化经营。耕种中等规模土地，可以实现规模化和机械化耕种，产生规模效益，资本在家庭农场中也实现了集约化。家庭农场的经营目标主要是面向市场，实现粮食的商品化，而不是自给自足，这与“老人农业”区别明显。第三，精耕细作，土地产出率高。笔者的调查统计显示，农村一对青壮年夫妇加一台拖拉机，外加机耕、机收，农忙时请短工，完全可以在 100 亩左右的土地上精耕细作。因此，自雇和自我剥削性质较强，土地的产出率也较高。第四，追求土地生产率与平均利润。中等规模家庭农场，因为种植规模不大，一是追求土地的单位面积产量，有了产量才有收益；二是当家庭农场规模超过 100 亩以后，农场主就开始追求平均利益，例如当平均利润为零时，他们就不会再进行投资。所以，家庭农产既有小农经济的特性，又开始突破小农经济的范围，走向资本经营的道路。第五，扩大再生产。对土地上的投资较“老人农业”要慷慨。耕种规模达到 30 亩，一般都会有一台拖拉机，到 60 亩开始购买插秧机和旋耕机，到 100 亩左右就可能购买收割机，并可能对机械进行合作社和市场化运营。在新品种、新技术上的投资也随着规模的扩大，积极性增加。

综上所述，小规模的“老人农业”与中等规模的“家庭农场”，是我国主要的农业类型，也是中国特色社会主义小农经济的主要实现形式，它们与传统的小农经济形式（如地主农业，自耕农农业，佃农农业等）有相似之处，更重要的是有其自身的特点和当代的烙印，更多地带有现代农业的基本特点，即开始走出“过密化”① 经营的窠臼。

---

① 〔美〕黄宗智：《三大历史性变迁的交汇与中国小规模农业的前景》，《中国社会科学》2007 年第 4 期。

四　中国特色社会主义小农经济的功能

（一）发挥中国特色社会主义优越性

经济基础决定上层建筑。生产资料公有制是中国特色社会主义的一项基本经济制度，它保障了国家政权的人民性和社会主义性质。农村土地集体所有制是生产资料公有制的基本实现形式之一，它否定了私有制，杜绝了土地的买卖与集中，也就杜绝了土地食利者，使得生产资料掌握在农村绝大多数人手中，实现了“地利共享”的基本理念。

在农村集体土地所有制基础上，农村土地实行“统分结合，双层经营”的经营形式，使得村集体和基层组织仍能够在土地上发挥重要的“统”的功能。这既是中国小农经济要正常运转的客观要求，也是发挥中国特色社会主义优越性的基本体现。由集体和基层组织为分户经营的农业生产提供基础设施和社会化服务，解决了农户个体在生产过程中“想办，办不好，办起来不经济”的情况，同时又不干预农户的具体经营，充分发挥农户分散经营的积极性，从而能够发挥小农经济的最大产出率。

（二）发挥生产资料、社会保障与粮食安全功能

1. 生产资料功能

作为小农经济制度基础的农村土地集体所有制，为农民提供了重要生产资料的功能。集体土地所有制使集体成员都享有承包土地的权利，农民可以将承包地作为基本的维持生计和获取收入的手段。尤其是对没有外出务工和其他副业的农民，承包地作为维持基本生计的功能尤为凸显。对于耕种30～100亩的家庭农场主而言，土地是重要的获取收入的手段。在“半工半耕”背景下，中老年人在家种地，获得显性收入和隐性收入。

2. 社会保障功能

由于农民职业的分化和流动加剧，农民获取收入的手段多元化，土地对多数家庭而言不再是生产资料，但土地仍然可以在特殊时期和特殊环境下发挥社会保障和失业保险的功能。在农民有外出务工、经商、兼业机会的时候，可以通过其他手段获取基本的生存资料，那么其家庭的承包地便可以流转给其他农户耕种，收取或不收取一定的租金，此时承包地作为社会保障的功能是潜在的。一旦农户无法外出务工或因其他经营失败，他们还可以返回农村耕种土地，从而获取基本的生计所需。2008年世界金融危

机，大量失业农民工之所以能够返乡，而不是滞留在城市，就是因为他们在农村还有承包地，通过耕种承包地还可以维持基本的生活。

3. 粮食安全功能

美国前国务卿基辛格博士说过，“如果你控制了石油，你就控制了所有的国家；如果你控制了粮食，你就控制了所有的人”。粮食安全是一个国家最基本的非传统安全，中国要保障自己“吃”的问题不被人家控制，就得选择适当的农业类型。小农经济是精耕细作的农业类型，虽然人均产出率不高，但是土地产出率高。调查发现，无论是“老人农业”，还是“家庭农场”，其土地产出率都比美国式的大农场要高出许多。在中国人口众多，土地资源稀缺的情况下，选择美国式的大农场农业类型，显然无法保障粮食安全。小农经济是最佳选择。

（三）具有“蓄水池”与“稳定期”功能

1. “蓄水池”的功能

小农经济接连不断地为中国输入大量廉价劳动力。一方面小农经济的存在，农民家庭就可以在农村低成本、廉价地完成劳动力再生产，因而外出务工农民就能容忍较低的工资和较恶劣的工作环境，为中国成为世界工厂提供了可能；另一方面由于中老年人在农村种地，他们的最大优势是劳动力不计价，因而他们生产的农产品就相当便宜。当大量这样的农产品进入消费市场，就会起到整体上降低国内物价水平和生活成本的作用，提高人们的生活质量，也因此中国工人在世界劳动力市场上可以接受较低的工资水平，进而提高了中国在世界市场上的竞争力，为中国经济持续、快速发展注入动力。

2. “稳定器”功能

一方面农民有承包地在农村，农村就可以成为城市化、工业化和现代化的大后方。农民工在城市找不到合适的工作，就可以返回农村种地，而不是滞留在城市需要城市政府救济，而使城市成为火药桶。只要农民有承包地在农村，就还有大量农民留在农村种地，农村就还有生机与活力，它就能够消化城市的过剩产能，缓解城市经济危机。当前政府推行的“新农村建设”“家电下乡”“汽车下乡”等，都是这个道理。总之，农村可以消化城市发生的大量危机（如农民工失业、经济过剩、社会救助等），为政策的调整争取了时间和留有回旋余地。另一方面小农经济造就了数量庞大的农村中等收入群体，成为农村政治社会稳定的重要基础。由于当前农村有超过 80% 的家庭是“半工半耕”家庭，务工收入与务农收入是他们基本的收入构成。调查表明，这两笔收入相加，一般可以接近或超过3万元，这个收入在农村属于中等水平。也就是说，农村有超过80%的家庭是中等收入家庭，他们一般对现状比较满意，心态比较保守，同时也是现有政策的受益者，因而对党和政府较为支持。可以说，这批中等收入家庭的存在成为中国农村稳定的中坚力量。

（四）保障大部分农民家庭分享农业增加值功能

在当前农民工工资相对较低，且在可以预期的将来不可能大幅度提高的情况下，一个农民家庭要想顺利完成劳动力再生产，完成基本的生活和人生任务，必须有务工和务农两部分收入。也就是说，虽然小农经济的剩余较少，但分享农业增加值对于大部分农民家庭来说至关重要。在当前的农村制度框架内，只有小农经济能够保障大部分农民家庭分享农业增加值。调查发现，地方政府推动大规模土地流转，推进资本化大农场经营，农民被迫不再耕种土地，只获得土地租金收益。但是农民不再耕种土地以后，小农经济的许多隐性收益就没有了，生活的货币化开支剧增，而中老年农民又无法进城获得务工收入，于是家庭生活的质量必然下降。

五 中国特色社会主义小农经济的出路

在中国农业经营上，当前学界的主流是摒弃小农经济，发展资本主义农场，或者否定家庭承包责任制，实行完全的集体化。地方政府则正在推动大规模土地流转，建立适应资本经营农业的社会化服务体系，为资本下乡经营农业铺平道路。这些做法都是在摧毁小农经济的根基，消灭小农经济，是不足取的。在当前中国的历史社会条件下，中国特色社会主义小农经济仍然具有巨大的优势和存在的必要性，应该为其存在和优势的发挥创造条件、提供出路。

（一）建立强有力的基层组织和社会服务化体系，推动农民的互助合作，为小农经济提供组织保障

分散经营的农户既无法单个提供生产所需的基础设施，也难以克服农业生产合作中的“搭便车”问题，[1] 甚至无力在市场上购买农业社会化服

① 罗兴佐、贺雪峰：《论乡村水利的社会基础——以荆门农田水利调查为例》，《开放时代》2004年第2期。

务，这些问题必须由基层组织来承担和提供。因此，在农业生产上，基层组织不仅不能弱化，还要加强，以发挥其积极的“统”的功能。为此，要在以下三个方面下功夫。一是在以农补工、资源向农村输入的大背景下，基层组织要建立承接自上而下的国家资源输入与自下而上的农民需求表达的能力，将国家输入的资源用到农村的实际需求中。这个能力的建设主要是通过基层干部、村组干部走群众路线来完成。根据调查，当前许多地区的农村在农业生产方面主要是建立完善的水利系统，尤其是“最后一公里”要畅通；解决土地细碎化问题，推动土地调整与连片，以利于机械化耕作；机耕道修建；等等。二是建构适应于小农经营的社会化服务体系。小农经营的特点是分散，与千家万户的小农对接是建立社会化服务体系首先面临的组织问题。此外，小农经营具有资金少和收益少的问题。分散农户没有动力在市场上购买相关服务，及在良种、农药、机械等方面进行投入，这些方面都应该由基层政府来提供。三是推动农民的互助合作，加强农民在产前、产后环节的合作，在有条件的地方和农业经营领域建立新型农民合作社。只有如此，小农经济才能适应社会生产力的发展和农村的实际情况而不断发展。

（二）鼓励农村土地自发流转与中等规模“家庭农场”经营

随着农村劳动力进一步转移、农村职业进一步多元化，农村土地自发流转现象会越来越普遍，越来越频繁。土地自发流转是农村自发市场秩序，它的特点是将农村土地会逐渐转移到没有外出务工、愿意在农村种地，且往往是种地能手的农户手中，他们慢慢地成为耕种中等规模的家庭农场主。家庭农场主一般年龄较轻，属于农村的青壮年劳动力，既能够在土地上精耕细作，又能够运用现代化的技术和手段耕作土地，从而使得其劳动产出率和土地产出率都较高，走出了农业的过密化经营。同时这些青壮年农民耕种中等规模土地，能够获得中等水平的收入，不需外出务工，因而常年在村，且闲暇时间较多，他们走家串户活跃村庄社会关系，调节村庄的矛盾纠纷，为“三留守”提供帮助，等等。也就是说，他们不仅经营农业，也在经营农村社区。土地自发流转的另一个特点是其流转是可逆的，即它是短期的流转，承包者可以随时要回土地。也就是这种流转使得农民在能够进城时顺利进城，进城失败时可以返回农村种地。因此，政府应该鼓励和规范农村自发土地流转，不去破坏这种自发秩序，支持中等规模的家庭农场经营。

（三）警惕地方政府推动大规模土地流转与资本下乡经营农业

与农村土地自发流转相对应的，是地方政府推动的大规模土地流转。地方政府在现代农业的驱动下，运用政府权力强制推动农村土地大规模流转给农业资本企业经营。这种大规模土地流转会带来以下几个社会后果，一是它的流转是不可逆的，农业企业与农户签订数年到几十年的租约。在这段时间内，农民被赶出土地，大量属于城市无效劳动力的农村中老年人既不能务农，又无法在城市找到工作，因而在农村无所事事，无聊至极。而在城市务工的农民，即便他们厌烦了务工想回来种地，也无地可种，进城失败的农民也难以再回到农村种地。这种不可逆的土地流转使农民既不能充分就业，进城又无保障，剥夺了农民返乡务农的权利，同时也会带来农村社区的衰弱。二是大规模土地流转为资本下乡经营农业、打败小农开路。事实上，资本下乡经营农业的生产环节，是最不经济的，即大规模农业经营的土地产出率较低，而生产成本较高。农业企业一般难以在生产环节获利，唯一获利的渠道是政府的补贴。若无政府的扶持，资本下乡是无法与小农经济竞争的。那么，既然资本下乡既不能保障粮食生产，又要花费政府的巨额补贴，而小农经济既有效率，又不需政府的额外补贴，地方政府实无必要支持资本下乡而挤走小农？因此，应该扭转地方政府推动大规模土地流转和鼓励资本下乡的局面，资本要有条件下乡，且不应该进入农业生产领域，而应该进入农业加工和销售领域。

六　余论：中国特色社会主义小农经济研究的方法论

（一）唯物论

对中国特色社会主义小农经济的研究，不能停留在马克思主义经典作家的一些细枝末节的判断上，也不能仅仅将眼光盯在以美国农场为代表的资本主义大农场上，而要有历史唯物主义和辩证唯物主义的视角。既要看到小农经济的缺点、它的落后性，又要看到它的优势所在；既要看到农业发展的基本历史趋势，又要看到中国农业发展的历史条件与限制。不能从应然和理念上透视中国的小农经济。以历史唯物主义和辩证唯物主义的视角，落实到研究中就是要一切从实际出发，要理论联系实际，要以“实践”作为考察小农经济的唯一标准。

中国的小农经济在经过社会主义改造和承包制改革之后，已经与传统小农经济和东南亚小农经济有了本质区别。它以土地集体所有制和家庭承包责任制为基础，实现了所有制形式的彻底变革，及与家庭经营的最佳结合，实现了集体提供社会化服务与家庭分散经营的有机统一，从而能够发挥家庭与集体的两个优越性和两个积极性，也就否定了传统小农经济所特有的保守型和落后性，实现了与现代农业科技的对接，是中国农业实现现代化的基本道路。

农业经营是自然条件与社会条件综合的产物。除了在我国许多山区农村无法实现美国式的大农场外，对我国进行美国式农场改造的基本制约是“人多地少”的基本矛盾。美国农业以“地多人少”为优势，可以在“人均产出率高，土地产出率低”的模式下运行。而中国农业人口庞大，无法在短时期内转移到其他行业。因此既要保证庞大的农业人口就业，又要保证他们在无其他就业的情况下有饭吃，就不能实行美国式农场模式。同时，私有制下的小农经济也不符合我国的历史条件。一旦土地私有化，农民能够完全处置土地，就可能在“短视”情况下非理性地卖掉土地，从而失去土地的保障。若庞大的农业人口都失去了土地的保障，成为城市“流民”，对农民、对中国的政治社会稳定都不是好事情。

所以，在“统分结合，双层经营”模式下的小农经济是当前历史条件下比较妥当的选择。

（二）整体论

当前中国主流学界看待中国小农经济的视角是单一的“现代化”视角，无论自由派，还是左派，都持否定小农经济的论断。自由派认为土地集体所有制限制了土地最大效益的发挥，阻碍了中国农业现代化，应该推进土地私有化和市场化，激活农业生产要素，实现农业资源的有效配置。左派也认为小农经济是落后的经济形态，是现代农业的反面，应该通过推进集体化来推进农业的现代化和机械化。这两派的方向一致，路径有差别，但是视角都是单一的农业现代化的视角。事实上，中国的农业从来就不是单一的农业问题，它总是与农村问题、农民问题联系在一起。如果说美国式农场的农业问题，是与大社会、大市场对接的问题，是纯粹市场关系问题的话，那么中国的农业，首先要处理的是与农民、与农村的关系问题，而不是与市场的关系问题。因而考察中国特色社会主义小农经济，应该有整体的、综合的视角。

单从农业的视角看农业，农业问题就是效率问题，是产品质量问题。

农业效率问题就是人均效率还是土地产出效率问题，当前被普遍认可的是人均效率，是去过密化的农业生产。优质产品问题是指农产品本身的质量问题。普遍认为，资本化大农场的产品质量容易控制，质量有保障，而千家万户的小农经济，由于监督和信息不对称等问题的存在，无法保证农产品质量，因而是个问题。[①]

若从农民的视角看农业，农业问题则是农民出路的问题。在中国无法实现庞大的农村人口顺利进城、体面地在城里生活下去的结构性约束下，如何保障农民的基本生存、保障农民返乡务农的权利，是必须追问与回答的问题。这个问题不解决好，再有效率的农业、再现代化的农业、再健康有品质的农业，也不过是画饼充饥，不是中国的最优选择。因而，从农民角度来看农业，就是农民有没有生存保障和有没有退路的问题。

若从农村的视角看农业，农业问题就是农村向何处去的问题。既然大部分农民不能在短时期内转移到城市，就得为他们在农村留有退路。要保持农村的稳定，就不能任由农村衰败下去，而是要将农村建设成宜居的、有人情味的、农民能够感受到归属的、农民能够在其中获得承认和意义感的熟人社会。要做到这些，除了基本的基础社会建设、文化建设、人文气息培育等方面外，很重要的是农民要有土地耕种，即小农经济要继续存在。在当前“半工半耕”背景下，只要有一部分农民还在种地，他们的利益关系还在土地上，那么他们的社会关系就还在农村里，他们就会主动经营农村，建立和维系农村社会关系，关心农村建设，在意农村社区氛围的营造，等等。那么，这样建设的农村就还是值得向往的农村、还值得留恋的农村、还能够继续待下去的农村。总之，它可以为无法进城或进城失败的农民提供一个比城市贫民窟要好得多的归属。

所以，从整体论的视角来看中国的农业，中国没有单纯的农业问题，只有“三农”问题。而要解决“三农”问题，发展和完善中国特色社会主义小农经济是目前的必要选择和必由之路。单一视角下否定中国小农经济，都可能适得其反，走向歧路。

（三）系统论

美国式大农场是完全自我决定、自我经营和自我收益的生产单位，即

① 有研究已经表明，西方资本主义大农场的大规模生产在保障农产品质量问题上，不一定比小农生产更得力。

便是在公共服务购买和基础设施提供上，也由农场主一个人说了算。而相当于美国一个中等规模农场的中国村庄，却有着几百户、上千人，他们的农业生产无法完全实现自我意志，需要有集体中“统”的过程，否则农业生产就会乱套。这就说明，中国的小农经济不是一个逻辑自洽、完全自主的经营形式，更不仅仅是“家庭作业”，它是一个系统工程，有自己的一整套支持系统。这些支持系统是中国小农经济的重要组成部分。因此，研究中国特色社会主义小农经济，要有系统论的视角，不能仅就耕作、收割、产品销售论农业，不能将农业具体经营过程当作小农经济的全部。

中国特色社会主义小农经济的支持系统，包括农村基层组织和基层农业服务体系，它们主要发挥小农经济中“统”的功能。具体而论，农村基层组织包括乡镇和村级组织，它们的主要功能是指导、协调和管理农业经营，主要抓好农业的基础设施建设，包括土地平整、土地连片、植保、水利设施和机耕道修筑，还要协调好统一连片、机耕、选种、机收、销售等环节，同时充当保护小农权益的法人代表角色。基层农业服务体系，主要为农业的产前、产中和产后提供农机、农技、新品种及市场等服务。若没有这些支持系统，中国的小农经济就无法正常运行，更谈不上现代化农业。

总之，只有系统地看待中国小农经济，才能看得全面，也才能理解集体土地所有制和家庭承包责任制的特色与优势，也才能理解“统分结合，双层经营”的必要性和必然性。

论农村土地集体所有制的优势*

贺雪峰

摘要 经过新民主主义革命和社会主义改造，形成了具有鲜明特色的中国农村土地集体所有制。中国农村土地集体所有制具有很强的适应性和发展性。人民公社时期，“三级所有、队为基础”的体制为中国顺利实现工业化做出了贡献。改革开放时期，通过分田到户，土地所有权属于集体，农户具有承包经营权，统分结合的双层经营体制较好地发展了农业生产力。当前，在快速城市化背景下，农村集体土地的承包者与经营者发生分离，并因此造成农业的效率损失。解决问题的办法是充分利用中国农村土地集体所有制的制度优势，对农地产权进行重新设计。正是农村土地集体所有制，使得中国具有克服土地私有制国家在农地使用上存在的种种弊病，提高农地使用效率的制度优势。

关键词 土地制度 集体有所有制 城市化 用益物权 制度自信

习近平总书记讲“四个自信”，其中“制度自信”十分重要。而对制度的自信，显然不只是在政治上表达态度，而是需要对制度的深入分析。改革开放以来，中国现代化取得了突破性进展，经济发展取得了举世瞩目的成就。中国经济发展奇迹的创造表明，改革开放以来，中国的制度安排适应了经济发展的需要，促进了生产力的发展。从改革开放以来的制度安排与新中国所建立制度的关系上看，有两种完全对立的说法，

第一种说法是对已不适应生产力发展需要的生产关系的调整，以及对不适应生产关系要求的上层建筑的调整，改革开放以来的制度安排极大地促进了生产力的发展。改革开放以来取得的经济发展成就来自对已不适应生产力的旧有生产关系和上层建筑的改革，否定。改革就是否定，正是否

---

* 本文发表于《南京农业大学学报》（社会科学版）2017 年第 3 期。

定了不适应生产力发展的旧有生产关系和上层建筑，中国经济才获得了快速发展，中国才创造了举世瞩目的经济发展奇迹。

第二种说法是中国之所以创造出举世瞩目的经济发展奇迹，是因为改革开放以来，中国充分利用了新中国建立的先进制度的制度红利。新民主主义革命和社会主义改造彻底清除了封建制度，建立了一个适应现代化需要的社会结构、政治结构以及经济结构，从而使新中国具备了其他发展中国家所没有的发展经济的巨大制度优势。改革开放以来，新中国制度优势充分发挥，制度红利充分释放。中国连续二十多年保持两位数经济增长，由一个世界上最不发达的国家在不长的时间就变成了世界上比较发达的国家。改革开放以来的改革不过是充分利用了新中国奠基的各种制度，释放出制度中的优势，从而实现了伟大发展。改革开放不是对新中国的否定，而是继承与完善。改革开放以来取得经济发展奇迹的秘密不只在改革开放以来的制度里面，而是在新中国奠基的社会主义制度里面。改革开放后三十年的发展与改革开放前三十年的建设不是对立的关系而是前后相继的两个阶段，是相互依存的。改革开放以来的制度安排是对改革开放前的社会主义制度的完善，是对之前制度潜力的发掘与释放。

以上两种说法从逻辑上讲都没有错误。显然，对中国改革开放前与后两个阶段关系的讨论不能停留在逻辑层面和哲学讨论上，而必须真正深入对具体制度的具体分析中。只有在对具体制度的分析中，才容易理解不同时期制度之间的联系，才可能进一步发掘制度潜力，释放制度红利，实现制度自信。

一　中国农村集体所有制是怪胎吗？

中国社会主义实践是当前制度安排的基础。讨论制度自信就必须讨论中国社会主义制度安排。新中国先后进行了两场革命，一场是资产阶级性质的新民主主义革命，在土地制度上主要是进行了土改，平均了地权，将集中于地主阶级的土地分给了广大农民，实现了农民耕者有其田的梦想。土改不仅彻底改变了旧中国农村的经济关系，平均了地权，释放出农民极大的农业生产积极性，而且在社会结构和政治结构上建立了完全不同于旧中国的新结构。其中最重要的有两个方面，一是地主阶级被消灭，二是地主乡绅集团失去了农村社会政治文化上的领导权与主导权。第二场革命是在20世纪50年代进行的三大社会主义改造。农村最重要的是合作化运动，表现在土地制度上，就是土改分给农户的土地入社，成为集体生产资料。随着高级社和人民公社的建立，逐步形成了按劳分配的社会主义制度，土地等生产要素不再纳入农民分配之中，且生产资料公有化，土地私有制被消灭。到1962年“人民公社60条”出台，人民公社实行“三级所有、队为基础”的制度，土地实行集体所有。土地集体所有制一直延续到现在，成为中国农村最基本的制度。

经过新民主主义革命和社会主义改造所形成的当前农村土地集体所有制，是一种十分具有中国特色的制度。这一制度是在中国革命与社会主义建设实践中形成的，是中国共产党人将马列主义理论与中国革命与建设实践相结合而探索出来的，是与世界上其他国家的农村土地制度有很大差异的制度实践。这个实践了半个多世纪的农村集体土地制度已经形成了与之相适应的社会心理结构、利益分配结构，是进行土地制度改革的基础。

当前中国农村土地集体所有制既不同于未经历资产阶级性质革命的印度、拉美等国家以地主占有土地为主的私有制，也不同于经历了资产阶级革命的欧洲土地所有制，还不同于同样经历了资产阶级性质土地改革的日韩等东亚国家或地区的土地所有制，更是与殖民地国家的美国、加拿大、澳大利亚等国的土地制不同。总体来讲，未经历社会主义革命的国家，无论是否经历了资产阶级革命，土地尤其是农地都是以私有制为主，资产阶级革命通过土改平均了地权，从而形成了占有土地比较平均的小规模农场主（小农），欧洲的主要典型国家如法国，小规模农场主至今仍然是农业主力军；东亚国家和地区的日本、韩国和中国台湾，占有小块土地的小地主占有绝大多数农地，只不过因为东亚国家和地区人地关系比欧洲更为紧张，东亚地区土改所形成的地权比欧洲更为分散；殖民地国家，如美国、加拿大、澳大利亚，因为殖民者消灭了土著居民，占据了广袤的土地，人地关系十分宽松，土地仅仅是生产资料，是生产要素，而没有形成村庄和故乡，土地相对集中于少数农场主手中，用于从事高度现代化、商品化的农业生产；广大的亚非拉国家，大部分未经历真正意义上的资产阶级革命，未能真正做到平均地权，农地因此主要集中在少数地主阶级手中。

简单地说，从全世界看，无论是否经历了比较彻底的资产阶级革命性质土地改革的原住民国家和地区，还是殖民地国家和地区，都是以土地私有制为基础的。其中差异是，殖民地国家和地区的土地资源比较多，土地主要是生产要素，而不具有社会性和价值性，因此土地更容易进行市场性交易。而原住民国家和地区，土地上的主人是世世代代居住于其上的村庄中人。土地不只是生产要素，而且是这些土地上主人们的生活场所，是他们的家乡故园，土地不仅具有经济性，而且具有社会性和价值性。这些原住民国家和地区的差异在于，经历了比较彻底土改的国家和地区，所有农村居民都可以分到土地，土地权利因此会相对平均，未经历土改的国家和地区其农地则仍然由地主阶级占有，大部分农村居民没有或只有很少的土地。

经历了新民主主义革命和社会主义改造的中国农村，农地属于村社集体所有。农民不具有土地的所有权，但有土地的使用权。土地作为生产资料服务于农民的生产生活和国家的粮食安全。中国农地集体土地制度是世界上十分独特的制度。

正是因为中国农地制度的独特性，从全世界其他国家来看，中国农地制度不同于其他国家。因此，有人认为中国土地集体制是怪胎[①]。问题不在于特殊，不是道德判断，而在于对这样一种已经实践半个多世纪的农村集体土地制度本身的逻辑及其中优势与劣势的具体分析。下面我们进行初步分析。

二　中国农地产权安排的逻辑

当前中国农村土地集体所有制的形成有一个过程。土改之后，之前土地不平均占有的情况大为改变，所有农民都分到了土地，耕者有其田，依靠地租生活的地主阶级被消灭了。土改之后，为了更好地发展农业生产力，也为了更加有效地从农村抽取资源进行工业化的原始资本积累，国家在一些地方自发出现的农业互助组基础上引导农民建立初级农业合作社，再逐步过渡到高级合作社和人民公社。高级社与初级社有了本质不同，因为高级社土地要入社且不再按入社土地进行分配，土地成为集体所有的生产资料，不再是属于私人所有的生产资料。高级社和人民公社的建立意味着社会主义农业改造基本完成，中国农村进入生产资料公有的社会主义阶段。

人民公社建立之初，因为进行社会主义建设的经验不足，一些地方片

---

① 关于集体所有权是怪胎的说法，参见刘承韪：《产权与政治——中国农村产权制度变迁研究》，法律出版社，2012，第 41～42 页；秦晖：《农民地权六论》，《社会科学论坛》2007 年第 5 期。

面理解生产关系的重要性，出现了片面追求人民公社“一大二公”、生产和分配单位越大越好的情况，并因此加剧了三年困难时期的农业形势的恶化。1962 年开始进行调整，并以“人民公社 60 条”进行规范，将人民公社确定为“三级所有、队为基础”的体制，生产队这样一个自然村熟人社会范围的基层组织成为农民共同生产与分配的单位，从而在调动农民积极性与组织农民进行超出一家一户公共工程建设之间形成了均衡。自然村内熟人社会的监督约束，在一定限度内可以防止社员出工不出力的搭便车行为，而以生产队为基础的人民公社体制具有极强的调配资源的组织能力，这样一种强大的组织能力，集中表现在水利建设等一家一户无法完成的大型工程建设上面。人民公社体制强大的动员能力极大地改善了几千年来的农业生产条件。

人民公社体制也存在大锅饭的问题，根本原因是，在集体生产中普遍存在“出工不出力、干多干少一个样”的问题。尤其是到了人民公社后期，“抓革命、促生产”，因为政治运动太多，出现了政治运动效能下降的问题。各种生产责任制都很难调动农民劳动生产积极性。安徽小岗村“大包干”，“交够国家的、留足集体的、剩下都是自己的”村社集体分田到户。实行“大包干”，让农户重新获得了土地剩余索取权，从而极大地调动了农户投入生产的积极性，在很短时期内就获得了农业的大发展。小岗村“大包干”经验很快被推广，以家庭承包为基础的农业经营体制改革在短短一两年的时间即在全国普及，分田到户，土地所有权归集体、使用权归农户。农户土地产出除上缴以外剩余全为自己所得，农户有了投入农业生产的积极性，农业得到了发展，巨大的农业生产力释放出来。

分田到户之初，中国农村人多地少，且农民缺少土地以外的获利机会。为了保证村社范围内农户所经济平等，以生产队为单位的村社集体所有的土地使用权按公平原则进行分配。一般先将所有集体土地分成不同等级，再按不同等级进行均分（一般按人口，少数地方按劳力），这样农户从集体分配到的具有使用权的土地就十分细碎分散，往往一户有十亩地却可能分布在村庄不同方向达七八块。在农村劳动力有剩余、农业机械化水平不高，且人民公社时期建立的水利设施依然完善的情况下，地块细碎分散对农业生产的效率影响不大。相反，在农户主要收入来自土地的情况下，所有农户都会要求土地使用权的公平分配，土地分等分级再按人均分，满足了农户平等占有土地的要求。

村社集体所有的土地使用权分配到农户，农户就要在土地上进行投入，包括地力培肥，基础设施建设。如果一年一调整土地，农民就可能会掠夺性地使用土地。为了让农民对土地有更大预期，以及愿意在土地上投入以提高土地生产能力，就要给农户相对稳定的土地使用权。因此很快就有了将之前没有承包期限的第一轮土地承包经营期限定为 15 年不变。15 年不变既有承包责任制不变的含义，又有具体承包地块不变的意思。不同地区的实践基本上各取所需，有的地方依然不断地调整土地，主要目的是“增人增地、减人减地”，还有一些地方自土地承包以来就没有调整过土地。进入 1990 年，第一轮 15 年承包期即将到期，国家为了进一步调动农民进行农业投入的积极性，提出“赋予农民长期而稳定的土地使用权”，并很快就提出第二轮土地延包 30 年。在第二轮土地延包的 1998 年前后，因为农民负担太重，粮价太低，农民缺乏进行农业生产的积极性，普遍出现了弃田抛荒不要承包地的情况。直到 2001 年开始进行农村税费改革试点，2006 年彻底取消农业税和附着在农业上的各种收费，土地承包经营权的价值显现出来，从而在全国普遍出现了农民争夺土地承包经营权的矛盾，以至全国相当一部分省份在 2004 年前后进行了完善第二轮土地延包的改革。

第一轮土地承包到期之前，国家的普遍认识是，给农民越稳定的土地承包经营权，农民就越是会在土地上增加投入，从而就越是可以发展农业生产，释放农业生产力。贵州湄潭 1987 年进行的“增人不增地、减人不减地”改革很快就被相关政策乃至修改的法律吸收，并且于 2006 年出台的《物权法》将农民土地承包经营权界定为一种特殊的“用益物权”，承包经营权实体化、物权化了。

也就在第一轮土地承包到期前后，新中国工业化发展的成果开始显现，其中最直接的后果是，城市第二、第三产业为农民提供了大量就业机会，大量农村劳动力开始离开农村进入城市第二、第三产业就业。农民家庭收入来源由此改变了过去单纯依靠土地的情况，而出现了收入的多元化，而且，城市第二、第三产业收入很快超过农户家庭的农业收入，农村出现了大量不再依靠农业收入的农民家庭。

同时，在农业领域也出现了诸多新的情况，其中最明显的有两个。一是到了世纪之交，人民公社时期修建的水利设施开始老化失修，农村水利条件恶化。而取消农业税的同时取消了农业共同生产费，导致村社集体退出农业共同生产环节，一家一户小农生产与之前的大中型水利设施对接出现了严重困难。很多地区尤其是南方丘陵水稻种植区，农户不得不通过打井和挖堰来应对干旱。之前人民公社时期旱涝保收的大中型水利设施要么被破坏要么无法使用，农户进行农业生产的条件恶化。二是随着大量农村年轻人进城务工经商，农业生产中开始了快速的机械化，机耕、机种、机收代替了过去的肩挑人扛。

在以上因素的综合作用下，即大量青壮年农民进城、农民家庭收入多元化、大中型水利的解体、农业老龄化、农业机械化以及承包户与经营户的分离，使之前为了公平而分得十分细碎分散的土地使用权需要整合起来。表现出来就是一户十几块地若集中为一块，连成一片，农业投入可以减少1/3以上，劳动投入可以降低一半以上。农民就有强烈的解决农地细碎化的动力。或者说，进入21世纪，农地细碎化成为阻碍农民进行农业生产、释放农业生产力的严重障碍。

中国农地是集体所有制，村社集体具有土地所有权，之所以在20世纪80年代初将土地使用权交给农户，是为了调动农民进行农业生产的积极性，释放农业生产力。21世纪，农业生产力发生了重大变化，过去为调动农民进行农业生产积极性，而赋予农民长期而稳定的土地使用权下分散而细碎的农地使用权，变成了影响农业生产力和农民投入积极性的主要因素。依据分田到户的逻辑，国家土地产权安排就应当有所调整，具体就是允许村庄集体按照生产便利将仍然种田农户的土地调整为一块地，以减少农业投入和劳动投入，增加农业产出，释放农业生产力，发展农业生产。

问题恰恰在于，当前农村土地已经确权，已经被界定为用益物权的农户分散细碎的每块承包地的承包经营权，都被国家确权为用益物权。用益物权不可侵犯，即使村社集体是土地的所有者也不能随便侵犯土地的承包经营权，既不能调整土地，更不能收回土地。也就是说，分田到户时，给农户更大土地权利就可以调动农户投入农业更多积极性、释放出更多的农业生产力。进入21世纪后，由于农业生产力的巨大变化，农户过多的分散细碎地块上的权利会严重阻碍农业生产力的释放。按20世纪80年代分田到户的逻辑，当然就应当减少农户承包经营权，以为进行农业生产农户提供生产便利发展农业生产。现在的问题是，依据《物权法》的规定和当前各项关于农村土地承包经营权的法律政策规定，土地承包经营权是农户的用益物权带有财产性质，这个权利是村社集体不能随便收回的。

如此一来，中国土地集体所有制就遭到严重侵蚀，而陷入了土地私有化国家所普遍存在的农业困境。

三　农地私有化之弊

土地私有化的东亚国家和地区如日本、韩国和中国台湾，经过土地改革平均地权以后，农户都获得了小块土地的所有权。与中国大陆不同，日本、韩国和中国台湾没有经历农业的社会主义改造，农地一直是私有化的。

日本、韩国和中国台湾在 20 世纪五六十年代迅速工业化，大量分配了土地的农户进城，农业份额越来越小，农户人数越来越少。在大量农民进城过程中，农户几乎都不会将土地所有权转让出去，或不会卖地。刚开始时，农户通过兼业同时获得农业和城市第二、第三产业收入。随着越来越多农户家庭整体进城，进城农户逐渐不再兼营农业，而将农地租给仍然留村种地的农户。几乎没有进城农户会卖掉自己的土地，因为对于日本、韩国和中国台湾这样的原住民国家和地区来说，土地不只是生产要素，而且是村庄社会成员的基础，是家乡故园、祖祖辈辈生活的地方。而且，土地资源是有限的，货币超发是普遍的，进城获利的收入存入银行就会贬值，以土地形态存在就可以保值。因此，在日本、韩国和中国台湾农村人口快速城市化背景下，农村土地买卖并不活跃，大量进城农户保留了在农村的土地所有权，农村土地分散在大量进城“小地主”手中。

进城“小地主”有土地所有权，这些土地流转给仍然留村种地的种植户。种植户要种好地，就需要对地块进行调整，对土地进行基础设施建设。但进城小地主一般不同意种植户（佃农）动地，何况租地佃户的土地租金不可能太高。也就是说，在农业生产力快速发展的情况下，土地产权分散在城市小地主手中，造成了农业生产力的巨大损失，农村种植户不仅存在难以扩大种植规模以形成适度规模经营的难题，而且存在土地产权整合难所导致的严重的生产不便利问题。日本、韩国和中国台湾当局为了发展农业生产力而加大了对农业的投入，但受制于城居小地主的土地所有制，农村土地细碎化问题难以解决，农业效率较低，农业生产力不足。中国台湾自 21 世纪初以来一直强力推进“小地主大佃农”的政策，十多年过去了，收效甚微。日本、韩国和中国台湾都通过纵向的综合农协来形成垄断性的农产品供给体系，以提高农产品价格，保护农民利益，维护农业生产力。日本、韩国和中国台湾当局为农业提供了大量补贴，但其农业仍然相当不成功，典型的表现就是粮食自给率普遍只占需求的 1/3 左右，农产品价格远高于国际市场。日本、韩国和中国台湾农民人数只占总人口的10%左右，在大量国家农业补贴下面农民家庭收入仍然普遍低于城市。

日本、韩国和中国台湾是幸运地在20世纪进入现代化的极少数国家和地区，却因其农地私有制，至今无法解决农业效率问题。亚非拉其他发展中国家则更是严重受制于农业土地私有制之害，由于地主阶级的剥削，佃农在农村日渐无立锥之地而进入城市，却缺少在城市化就业与收入机会，从而落入城市贫民窟中。

简单地说，在土地私有制条件下，随着大量农民进城，这些进城"小地主"对土地的所有权会极大地影响土地经营者（佃农）的生产便利。这些影响大体包括以下几个方面：一是难以扩大经营规模，二是难以整合租入的细碎土地，三是很难在租入土地上进行基础设施建设，四是难以克服较小规模土地上过多土地权利所带来的"反公地悲剧"，五是土地流转中遇到钉子户而不得不支付高额租金，从而让农业经营陷入更大风险之中。在城居小地主保留土地所有权且农地十分细碎分散的情况下，租入土地耕种的佃农的农业生产就一定是高投入而低产出的，农业生产力严重受制于土地私有制这一生产关系的制约。

四　农地集体所有制的优势

经过资产阶级性质平均地权改革的日本、韩国和中国台湾农业困境，与其农户均分的小块土地所有权有关。在大量小地主进城的情况下，留村种地的佃农无法有效率地耕种土地。中国大陆农村分田到户所形成的地权较日本、韩国和中国台湾更为细碎分散，如果指望通过对农户土地承包经营权物权化基础上的确权，再通过三权分置，流转土地经营权，形成适度规模的有效率的农业经营，几乎没有任何可能。

也就是说，试图通过将村社集体土地的权利分解为所有权、承包权、经营权，不能解决当前农业生产中因为生产力巨大变化所带来的农业不经济、无效率的问题。因此，回归到中国农村土地集体所有制本身中来。

土地集体所有制的核心是土地集体所有，这个集体是村社所有成员。土地集体所有不同于土地私有。集体所有之所以要分解出越来越稳定的承包经营权，是为了调动农户从事农业生产的积极性，释放农业生产力。现在的问题是，越来越多的农民全家进城去了，他们不再种地，但他们仍然拥有分给自己具体地块土地的承包经营权。他们是城居小地主，不关心农业收入，更不关心农业生产。但他们要享受具体土地的权利，要保持属于自己长久不变的具有承包经营权地块的稳定。他们可能从这些具体地块中获得租金，寄托乡愁，甚至可能进城失败了再返回家乡种地。所以这些具体地块就变成了城居地主的保障，心理安全感，价值性与社会性的来源。还有农地卖不出好价钱，而货币超发是必然的，贬值是必然的，不可再生的土地是财富最好的储存手段。随着越来越多的农户全家进城变成城居地主，这些城居地主拥有物权化了的具体地块的承包经营权，越是无法随着农村生产力的变化进行适应性调整，就越是无法对细碎分散的农地产权进行便利生产的整合。由此，导致种植户不得不面对严重阻碍生产力释放的土地产权关系，不得不多流汗与泪。农业生产关系首先是土地产权安排严重制约了农业生产力的发展。

这时候，我们也许可以回到中国农村土地集体所有制。之所以赋予农民长期而稳定的土地使用权，以及将农民土地承包经营界定为用益物权，是为了调动农民生产积极性，释放农业生产力。既然当前在农民进城背景下，农民更大的土地权利反而阻碍了农业生产力的释放，我们就应当对农村土地集体所有权的内涵进行重新设定。

当前村社土地集体所有制中，土地对农民来讲，大体有两种权利：一是在土地上进行生产的权利，这是由土地是生产资料及土地属于村庄集体所有的性质决定的。所有村社集体成员都有分配到土地并在土地上进行生产以获得劳动收入的权利。二是一定程度的土地收益权，即村社集体将集体土地出租的租金应当分配给村社集体成员。如果农户进城了，不再需要在土地上进行生产，这样的农户就不应当再获得耕地。如果进城农民回到村庄，需要土地耕种，则村社集体有责任按份分配土地给需要土地农户（村社成员）耕种。不种地就不再有土地使用权，但可以获得土地一定比例的经营收益。若如此，在当前农户大量进城、承包户与经营户分离的背景下，村社集体土地所有制就可能有效地解决当前制约农业生产力发展的诸种困难。

或者说，农村土地集体所有制可以以保护农民的土地劳动权利、土地收益权利、土地保障权利和便利农业生产的目标出发进行重新设计。这个设计的要点是为村社集体愿意留村务农的成员提供便利于农业生产的地权制度安排，而凡是不再种地的进城农户虽然可以获得作为村社成员所应得土地租金，却不再有土地使用权包括转让转包土地的权利。只有当进城农民回到村庄，自己种地，才可以向集体申请土地耕种。这样就形成了一个新的土地集体所有制的双层设计：第一层是村庄成员是村社集体土地的共同所有者，并因此有从土地上获取收益的权利；第二层是只有当农户家庭自己种地时，农户家庭才能申请具体土地的使用权。进城不再种地农户的土地使用权要退回村社集体，村社集体将收回土地使用权分给仍然留村种地的农户，以形成适度规模经营。随着越来越多农村人口进城，就有越来越多土地使用权集中到仍然留村从事农业生产的农户。留村从事农业生产的农户不仅可以扩大经营规模，而且可以从便利生产角度进行土地连片及建设农业基础设施。

以上两层设计完全符合土地集体所有制性质。村社集体土地是最基本最重要的农业生产资料，不是农民的个人财产。村社集体成员只有在土地上投入劳动才能占有土地产出的劳动成果。进城务工经商不再从事农业生产，就不应当占有土地使用权。而进城农民退出土地使用权，使村社集体可以依据农业生产本身需要将收回土地使用权重新发包出去。发包土地收获的租金一方面用于补偿退出土地使用权农户的土地收益权，一方面用于农业基础设施建设。

当前，中国正处在史无前例的快速城市化时期，大量农民进城务工经营，不再从事农业生产，但他们进城又不稳定。可能在遇到经济周期或家庭特殊情况或年老失去城市收入机会时，再回到农村从事农业生产。他们因此普遍会在进城时保留土地承包经营权，倾向于以低租金、无固定合同期限在村庄亲朋邻里之间流转，以便于随时回来要地自种。因此，一方面越来越多农民进城务工经商不再种地，就有越来越多农地转移到仍然留村务农的农户耕种，从而可以扩大农业户的经营规模；另一方面总有少数农户可能进城失败，还要返回农村种地，因此造成进城农户不愿意将土地长期租出，而保留土地可以随时收回自种的权利。

对于仍然留村务农的农户，随着越来越多的农户进城不再种地，留村农户可以扩大经营规模。不过，留村务农农户所流转进来的无固定合同期限的具体地块的耕地。一方面地块十分细碎分散，几十亩地可能分布成几十块，耕种起来极为不便；另一方面因为流入具体地块土地承包经营权是属于进城务工经商农户的，在这些地块上搞建设是不可能被允许的。由此导致农业效率的极大损失。

若按农村土地集体所有制的本质进行土地集体所有制的新的两层设计。一方面所有村社集体成员都有获得土地自种的权利，以及从集体土地上获得收益的权利，则进城不再种地的农户就退出承包的土地，所有村社集体土地由仍然留村务农自己种地农民来经营。进城农户越多，留村务农农户就会越少，这些留村务农农户就可以分到更大规模的土地进行适度规模经营，从而就可以提高农业收入水平。并且，村社集体可以每隔 3 ~ 5 年对留村务农农户的土地进行调整，以便于按户连片、集中耕种，以解决土地细碎分散的问题。且当有进城农户返回村庄时也可以调地让返乡农户耕种。另一方面进城不再种地农户不再享有具体地块的土地使用权以及具体地块土地使用权的转包收益权，但具有作为村社成员对村社集体土地租金的收益分享权。

这样一来，在当前快速城市化和农业机械化背景下面，就可以发生以下效应。

第一，因为进城农户在进城失败时回村可以随时要回土地自种，且进城后可以获得土地收益，他们进城时就愿意将具体承包地块的土地让出来，以让留村务农农户耕种。

第二，进城农户越多，留下的土地就越多，较多的土地和仍然留村务农的较少农户就可以从农业生产便利的角度来分配土地进行耕种。一个较好的办法是每 3 年将村社（村或组）土地调整一次，所有需要种地农户都可以申请土地，村社集体收取一定土地租金用于土地基础设施建设，以减少土地基础设施差异，保证种地农户的土地按户连片。农村农户大量进城、不断进城，留村务农农户可以耕种的土地就越多。通过 3 年一次的土地调整不仅可以保证土地的连片，而且可以依据农户实际需要进行土地使用权的重新分配。

第三，城市有更多就业与获利机会时，就会有更多的农户进城。城市化是时代大趋势，农业份额越来越少，更多人的就业与收入来自城市。农村大量人口进城获得就业与收入，农村人口不断在城市获取利益。而大量农村人口进城，他们将土地留给仍然留村务农人口，留村农户就可以扩大经营规模。加之可以通过土地调整来克服土地细碎分散问题，从而就可以提高他们从农业中获得的收入，更高的农业收入也为一部分农户留村务农提供了可能。由此，农户宜工则工，宜农则农。有能力进城的农户就安心进城获取就业与收入机会，进城失败后还可以顺利返回农村。因为种种原因（不能或不愿）仍然留村的农户可以通过扩大农业经营规模，借助按户连片的土地作业便利，以较少的投入获得较多的农业产出，从而安心务农。

第四，因为将农村集体所有的土地回归到生产资料这一社会主义的本质，彻底改变了土地属于农户财产的性质，就顺利解决了东亚国家和地区农业现代化过程中普遍出现的土地所有权与经营权的矛盾，以及土地细碎化的弊病。

第五，因为进城农民可以随时返回农村，中国城市就有了强大的应对各种经济周期的能力。

第六，进城农民年老也完全可以回乡退养。一方面他们的宅基地还保留着，可以在房前屋后搞庭院经济；另一方面也完全可以从村社集体要到一小块土地从事农业生产。在机械化背景下，低龄老年人种田就成为一种休闲，正是劳动使他们的生命具有了与农业季节相一致的节奏感。

五　结论

综上所述，在当前中国正在发生史无前例的城市化和农业机械化背景下，村社集体土地所有制进行调整以适应新形势需要发展农业、满足农民需要的能力。正是土地集体所有制使中国可以克服东亚国家和地区农业现代化进程所陷入的困境，可以有效适应农村人口城市化的需要，可以解决土地细碎化的弊病。

集体土地所有制不是怪胎，而是我们进行制度设计的基础，是进行改革的凭借，是中国大陆走出东亚小农经济困境的制度优势。

中国的农地制度不是学习其他国家和地区的经验，而是要充分理解中国农地集体所有制的性质，将土地集体所有制的内在优势发挥出来。

小农经济现代化的社会主义道路*

王海娟**

摘要 学界从均等分配角度揭示了家庭承包经营制后农业发展的“社会主义”性质及其制度合理性，本文尝试从农业生产角度揭示1980年以来中国社会主义道路实践，探究小农经济现代化问题。家庭承包经营制改革后的小农经济采取双层经营体制，集体经济以集体统一经营的方式存在。在不同生产力阶段，集体经济分别以资金整合、地权整合和土地集中的方式，促进小农经济现代化。从集体经济扩大农业经营单位，克服小农经济局限性的角度，中国在资本化的私人大农场农业、社会主义式集体大农场农业、小农家庭农业之外，探索出具有中国特色的第四种农业现代化道路，即社会主义式小农家庭农业。中国农业发展有走向社会主义道路的制度空间，但中国政府的政策选择使得中国农业发展正在走向小农家庭农业。

关键词 小农经济 社会主义道路 农业现代化 集体统一经营

一 社会主义道路的延续还是否定

选取何种农业发展道路关乎社会稳定和现代化大局。一般而言，学界在分配层面，将是否采取生产资料公有制及均等分配作为农业发展道路的衡量标准①；在生产层面，将是否采取集体规模经营或大规模集体农庄作为农业发展道路的衡量标准。本文讨论小农经济现代化问题，主要从生产层面讨论农业发展的道路实践。

---

* 本文发表在《中国乡村研究》2017总第14辑。

** 王海娟，中国地质大学公共管理学院博士后，研究方向为农村土地制度和农村社会学。

① 经典理论将“以公有制为主体、按劳分配为主”的社会制度定义为社会主义。现在人们更宽泛地将生产资料公有制及其均等分配作为社会主义相对于资本主义的优越性，本文采取后一种定义。

新中国成立后不久，我国在全国范围进行了土地改革，实现了“耕者有其田”的制度。但由于土地改革并没有改变传统社会的小土地私有制和小农经营形态，农村社会仍然摆脱不了几千年来农民普遍贫困及两极分化的现象。因此对私有制基础上的小农经济进行改造成为我国三大社会主义改造任务之一。农业合作化运动和人民公社化实现了农业集体化，将个体小农经济改造成为社会主义集体经济。在分配层面，农业社会主义改造改变了生产资料所有制形式，确立了农村土地公有制和“按劳分配为主”的社会制度，实现了农业发展的均等分配；在生产层面，农业社会主义改造改变了农业经营方式，形成了社员共同经营土地的“集体经营”制度。

1980年前后，家庭承包经营制度改革将集体经营的土地按人均分配承包给分散的小农户。在人多地少的资源禀赋下，家庭承包制又导致了小农经济形态。不过家庭承包经营制改革并没有改变生产资料公有制，学界普遍认为土地公有制保留了中国的社会主义性质。[①] 家庭承包制是一种政治性资源配置制度，农民均等地获得了小块承包地，并且土地禁止买卖以保证农民不会因任何原因失去土地。这为庞大的农村人口提供了基本的社会保障[②]，使农民在农业资本化过程中并没有“无产化”并避免了农村社会的两极分化。[③]

上述研究从均等分配以及保护弱势农民群体利益的角度揭示了集体经济制度的作用。一些研究者则从更宏大的视野剖析集体经济制度对中国农民和现代化的积极作用及制度优越性。贺雪峰认为，平等而稳定的小农经济不仅降低劳动力再生产成本，为“中国制造”提供廉价劳动力从而增强了国际竞争力，而且为缺少进城务工就业能力的农民提供就业机会，为进城失败的农民提供返乡的保障，为中国最可能在现代化进程中失败的最为庞大的群体提供了底线生存条件，从而为中国现代化提供了稳定器和蓄水池。[④] 这种道路优势尤其体现在城市化进程中。由于进城农民在农村还有承包地，可以返回农村生活，这种可逆的城市化模式可以避免中国落入“拉

---

① 陈锡文：《关于家庭经营与集体经营的几个理论问题》，《党校论坛》1992年第2期。

② 温铁军：《农民社会保障与农地制度改革》，《学习月刊》2006年第10期。

③ 黄宗智、高原、彭玉生：《没有无产化的资本化：中国的农业发展》，《开放时代》2012年第3期；孙新华：《农业企业化与农民半无产化——工商企业流转农地对农村生产关系的再造》，载《中国研究》秋季卷，社会科学文献出版社，2016。

④ 贺雪峰：《农业问题还是农民问题?》，《社会科学》2015年第6期。

美陷阱”。[①] 温铁军指出，城市化加速时期始终没有伴随出现大规模的贫民窟化，在全球发展中人口大国仅中国一例。[②] 中国在没有农民贫困化的基础上实现城市化，形成了既不同于欧美等发达国家，也不同于亚非拉等发展中国家的第三种类型的城市化道路，这是中国城市化道路的优势和特色所在。[③]

学界在分配层面肯定了我国家庭承包经营制度改革后的社会主义道路及其制度优势，而在生产层面否定了社会主义道路的存在。既有研究普遍认为，家庭承包经营制度改革虽然没有改变农村土地集体公有制，但土地的占有权和经营使用权却发生了实质性的变化。[④] 家庭承包制的实质是集体仅在名义上仍然是农地的所有者，土地的使用权则是在满足国家和集体的税费要求的合约下属于农户所有。[⑤] 不少研究者指出，1980 年以后我国实际上退回到了传统时期个体化的小农经济状态，集体所有制是一种意识形态和政治保障，在生产制度上并不具有实质性的经济意义。[⑥]

在农业生产层面对社会主义道路的否定，看似有着事实层面和理论层面的双重支持。在事实层面，1980 年以来集体的作用不断弱化，尤其是农业税费的取消以及政策上不允许集体调整土地，集体几乎完全退出了农业生产领域。在理论层面，中国从计划经济向市场经济转变过程中，以“个体经济”激励为核心的产权经济理论，为转型经济的研究和讨论提供了话语框架，发挥了重要的理论指导意义。在理论研究层面学界不断强调家庭经营的重要性，在实践过程中集体经济不断被弱化，让我们产生了集体经济不重要或者集体经济不具有生产功能的认识。

然而，根据笔者及所在研究团队的调查，从农业发展实践来看，质疑农业发展的社会主义道路，忽视了集体经济在农业生产中的重要作用。本文根据 1980 年以来的农业发展过程，揭示集体经济在农业生产中的作用机制及其重要意义，阐释集体所有制的生产效率以及促进小农经济现代化的制度优势，辨析中国农业发展的道路。本文首先从制度设置角度简要介绍

① 李家祥：《进城农民逆向回流及对中国城市化进程的影响——兼与拉美城市化相比较》，《求实》2007 年第 1 期。

② 温铁军：《为什么我国不能实行农村土地私有化》，《红旗文稿》2009 年第 2 期。

③ 贺雪峰：《城市化的中国道路》，东方出版社，2014 年，第 45 页。

④ 陈锡文：《关于家庭经营与集体经营的几个理论问题》，《党校论坛》1992 年第 2 期。

⑤ 周其仁：《中国农村改革：国家和所有权关系的变化》（下），《管理世界》1995 年第 4 期。

⑥ 赵阳：《共有与私用》，生活・读书・新知三联书店，2007 年，第 17 页。

1980 年后的农业生产制度以及集体经济的内涵和由来，然后剖析集体经济发挥作用的内在机制及其经济效果，解释集体经济如何以及为何能够促进小农经济的发展，最后讨论我国的农业发展道路及其面临的问题。

二 集体经济的内涵及其表现形式

家庭承包经营制改革产生两个重要变化，一是土地均分承包导致地块分散细碎、经营规模小的小农经济形态，这是我国农业发展的基本事实和基础性前提；二是形成“以家庭承包经营为基础，统分结合的双层经营体制”。相关政策法规对这种农业经营体制进行了清晰的说明：“家庭承包经营不是‘分田单干’，集体统一经营也不是‘归大堆’。这两个经营层次相互依存、相互补充、相互促进。”[①] 从制度设计上来说，在这种农业经营体制中存在两个农业经营主体，即农户保留一部分生产环节，集体承担一家一户无法完成的生产环节。由此可以认为，家庭承包经营制后的农业经营体制不是计划经济时期的集体经营，也不是完全的个体家庭经营，而是集体统一经营与家庭分散经营按照“宜统则统、宜分则分”原则的有机结合。“集体所有、家庭经营”并不能准确概括这种农业经营方式，更为准确的概括应该是“集体所有、双层经营”。

双层经营体制在维持原来集体所有制经济框架下推行农户承包经营，家庭承包经营制度改革是通过土地承包的方式调整农户与集体的经济关系。“承包经营关系，从本质上说是一种发包人与承包人之间的内部关系，其目的是通过给予承包人一定的经营自主权和与经营成果相联系的预期报酬，来实现发包人的经营目标。”[②] 承包制规定了农民与集体的责任和义务关系，即土地是集体的公共生产资料，而不是农民的私有财产。农民只拥有部分使用权和一定程度的经营自主权，集体也有占有土地并进行使用的权利，这即是集体所有权的经济功能。集体经济是双层经营体制的一个组成部分，其内涵不仅仅是一般意义上的集体资产经营，更主要的是集体在集体土地

① 《中共中央关于进一步加强农业和农村工作的决定》，1991。

② 陈甦：《土地承包经营权物权化与农地使用权制度的确立》，《中国法学》1996 年第 3 期。

上进行统一经营。从这个角度来看，1980 年以后的“集体统一经营”[①] 层次是对原有集体经济的继承、改革和发展。学界一般只注意到家庭承包经营制改革把农户重新变成了农业生产的基本单位，却普遍忽视了其对集体经济的延续。

从历史变迁角度来看，“集体所有、双层经营”的农业经营体制是中国根据具体国情和农情长久探索的结果。土地改革后我国形成了“农民所有、家庭经营”的农业经营体制。由于以个人占有为条件的个体经济仍然是一种落后的生产方式，我国在私有制基础上探索“合作经营”方式。但组织起来、提高生产力与个体分散占有土地的生产关系，在发展中成为一种新的矛盾而发生了问题。[②] 其中，一个主要的矛盾是农业生产合作与农民自由退出权的问题。一些劳动能力较强和拥有较多生产资料的农民认为，自己付出的劳动和投入较多，但获得的收入并没有相应增加，因此退出农业合作社。[③] 由于土地具有不可移动性，一两户退出合作或者“搭便车”就会彻底瓦解合作。[④] 由于承认私人财产权及自由退出权利的合作经济遭遇“产权壁垒”，我国在农业合作化运动的后期进行“所有权革命”。[⑤] 我国将生产资料的个体所有制改造成为土地公有制，但与所有制改革一起形成的集体经营体制存在监督难题和激励不足问题[⑥]，直接导致集体农业难以为继。之后的家庭承包经营制度改革将集体经济的优势和个体经营的优势结合起来，形成了目前的双层经营体制。经过 30 多年的探索，我国形成了适合自身经济社会条件的集体经济形式。

这一演变过程揭示了集体所有制与农业经营体制的内在关联。互助组和初级社时期“农民所有、合作经营”体制的失败表明，在农业生产环节保留彻底排他性的私人土地产权并不能形成有效的合作，需要赋予集体一

---

① 显然，1980 年后的集体经济与计划经济时期“集体生产、按劳分配”的集体经营模式不同，本文在论述过程中使用“集体统一经营”概念与集体经营概念区分开来。

② 杜任之：《中国农业社会主义改造的辩证法问题》，《山西大学学报》1981 年第 1 期。

③ 老田：《韩丁笔下的张庄——中国乡村变革中的自组织困境》，三农中国网，http://www.snzg.net/article/2009/0923/article_15646.htm，2009 年 9 月 23 日。

④ 比如，一个村民组的农户合作修建机耕路。如果有一两户不愿意参与合作，就无法占有他的土地，机耕路就无法修建。同样，水利合作并不能将农民排斥在水利灌溉体系之外，如果有农户“搭便车”，其他农户的合作也将彻底瓦解。

⑤ 胡靖：《毛泽东的“所有权”革命》，三农中国网，http://www.snzg.net/article/2013/1210/article_36220.html，2013 年 12 月 10 日。

⑥ 林毅夫：《制度、技术与中国农业发展》，格致出版社、上海人民出版社，2008，第 32 页。

定的土地经营权利才能发挥集体经济的功能。[①] 温铁军对此有深刻的认识，他认为土地制度反映的是以集体和农户对农村土地的共同占有为前提，以两权分离为基本特征的、集体与农户之间如何使用资产的一种产权关系，集体和个体对土地都不拥有完全排他性产权，这是集体和农户个体共同进行某些经营的基础。[②] “共有私用”[③] 观点片面地从农户个体出发，没有认识到集体土地“共有”性质与农业经营的内在关系，也没有认识到在集体所有制基础上形成的集体统一经营功能，从而将农业经营体制误认为个体经营体制。

本部分从制度设计层面揭示了双层经营体制和集体经济的内涵，下文将从实践层面论证集体经济的运行逻辑及其经济效果。

三　集体统一经营的实践形式及其经济效果

在现代经济增长过程中，现代农业已经由资源型产业转变为科学型产业，技术投入以及与之相关的人力资本成为农业产出增加的主要源泉。[④] 农业技术的有效使用需要与相关生产制度的配套。毛泽东对此有清晰的认识：“我们现在不但正在进行关于社会制度方面的由私有制到公有制的革命，而且正在进行技术方面的由手工业生产到大规模现代化机器生产的革命，而这两种革命是结合在一起的。”[⑤] 本部分将剖析集体经济促进农业技术有效使用的内在机制。[⑥] 集体经济是否能够有效发挥作用与多方面的因素有关，本部分的主要目标不在于论证 1980 年以后集体经济实际发挥的经济作用，

---

① 本文区分了农业生产领域合作经济与集体经济的不同。合作经济建立在私人产权基础上，或者认为农民享有完全的自主经营权。集体经济建立在公共产权基础上，集体享有（部分）土地经营权利。在农业生产层面，合作经济与集体经济的主要差别是集体是否拥有经营土地的权利。

② 温铁军：《三农问题与世纪反思》，生活·读书·新知三联书店，2005，第 37 页。

③ 赵阳：《共有与私用》，生活·读书·新知三联书店，2007。

④ 〔美〕舒尔茨：《改造传统农业》，梁小民译，商务印书馆，2013，第 151 页。

⑤ 《毛泽东选集》第五卷，人民出版社，1977，第 181 页。

⑥ 农业技术种类繁多，很难对所有农业技术进行分析。本文重点讨论不同阶段农业发展的主要技术问题，分别是公共品供给问题（包括公共工程技术、良种、化肥等生物技术等）、农业机械化发展问题以及土地规模经营问题。实际上，在农业现代化中，农业发展的主要问题是水利化、良种化、化肥化、机械化、规模化。从这个角度来看，本文对农业生产进行了较为全面的研究。

而是强调在现有的制度框架中集体经济能够如何发挥作用，以及为什么可以发挥作用。

（一）资金整合与农业公共品供给

20 世纪 80 年代至 90 年代中期中国农业机械化水平不高，小规模分散经营对机械化的负面影响不明显。这个阶段小农经济面临的主要生产问题是水利灌溉等公共品供给问题。在户均不过十亩地，且地块零碎的条件下，农业公共品供给存在较大的外部性。单个农户无法内化公共品收益，投资农业的积极性较低。农户合作投资的成本无法按照收益平均分摊到不同的农户，容易出现“搭便车”以及交易成本过高的问题。①

农业税费时期的公共品供给不需要占用农民的土地建设公共工程，因而不需要进行大规模的产权调整。这一时期农业公共品供给的主要问题是需要一定的公共资金维系公共工程的运行。20 世纪 80 年代至 90 年代中期，村集体有收取农业税费的权利，通过收取共同生产费将农民分散的资金整合起来，为农民统一提供公共品。农村通过集体经济的资金整合功能，形成了集体公共品供给模式，区别于个体供给模式和国家供给模式。

国家农业税具有强制性，村集体将共同生产费与农业税放在一起收取，增强了村集体收取共同生产费的强制力。由集体统筹农业公用设施的建设和运行，解决了公共品供给中的“搭便车”行为，降低了农民间的交易成本。集体公共品供给方式能够有效解决土地分散占有条件下小农户的合作难题，提高了电机、泵站、电力、道路等公共工程技术的使用效率，为农民从事农业生产提供了基础性条件。

农村公共品的有效供给也促进了以化肥和良种为代表的生物技术的使用。20 世纪 80 年代前后，我国建立起了健全的工业经济体系和科研机构，为农业发展提供化肥、农药和良种等。化肥和良种等生物技术的大量使用，既依赖于农民投入的积极性，也依赖于水利灌溉等公共品供给条件。一方面家庭承包经营制改革赋予农民剩余索取权，从而刺激农民投资化肥和良种等的积极性。另一方面集体统一经营维系公共品供给尤其是水利灌溉，使得生物技术得到最大效用的发挥。有研究表明，1995 年之前农业发展的

---

① 桂华：《项目制与农村公共品供给体制分析》，《政治学研究》2014 年第 4 期。

主要内容是增加化肥使用和采用科学选种以增加产量。[①] 依靠较为有效的水利灌溉等公共品供给，全国各地的农业单产水平跟随化肥投入的增加而相继上升，先后在粮食种植上达到了“饱和产量”。[②]

林毅夫在研究中国1978～1984年的农业发展时分别计算了制度改革与化肥投资的贡献及其比例。[③] 实际上，化肥等现代技术投资依赖于水利灌溉等公共品供给制度，其与制度因素的贡献比例很难进行清晰区分。从化肥使用来看，农业生产中有“水肥管理”的说法。只有依赖于有效的水利灌溉制度，化肥才能充分发挥作用。笔者在山西运城的农村调查发现，由于20世纪80～90年代水利灌溉条件较差，即便使用了化肥和良种，当地农业产量并没有显著提高；21世纪初由于当地水利灌溉条件改善，使得化肥和良种得到有效使用，小麦产量大幅度提高。有研究者在国际比较研究中也发现，东南亚水稻单产低于东北亚，除了自然条件差异、大米价格低外，更为重要的原因是政府和社会在水利等农田基本建设方面投入不足。[④] 如果没有有效的公共品供给体制，不能提供有效的水利灌溉，即使改良品种、增加化肥投入也不可能充分发挥其效能。因此，在某种程度上化肥、良种等生物技术是在集体水利供给方式支持下才促进了我国的农业发展。

（二）地权整合与机械化发展

20世纪90年代中期以来，随着大量青壮年劳动力外出务工，农民家庭劳动力结构性不足以及农业经营主体老龄化为农业机械技术发展提供了空间。根据农业部的数据统计，2015年农作物耕种收综合机械化率达到63%。[⑤] 机械化发展构成我国农业现代化发展的重要内容。

在小规模分散经营条件下，农业机械化率也许能够达到很高的水平，但机械使用效率不一定很高。以日本的农业发展经验为例，日本在1967年基本上实现了农业机械化，该年全国机耕面积达到66%，其中水稻机耕面

---

① 〔美〕黄宗智、高原：《中国农业资本化的动力：公司，国家，还是农户?》，载黄宗智主编《中国乡村研究》第10辑，福建教育出版社，2013。

② 老田：《中国式现代化道路：合作组织＋现代技术》，《绿叶》2008年第2期。

③ 林毅夫：《制度、技术与中国农业发展》，格致出版社、上海人民出版社，2008。

④ 〔日〕速水佑次郎、神门善久，《农业经济论》，沈金虎等译，中国农业出版社，2003，第124页。

⑤ 刘彤：《我国农田有效灌溉面积比重达到52%》，新华网，http://news.xinhuanet.com/2016－06/01/c_1118971451.htm，2016年6月1日。

积为 90%，[①] 日本机械化在很多方面高于英美等西方发达国家。日本农业机械的使用无法实现规模效应，或者根本无法利用效率高的大型技术装备，使日本农产品的生产成本远远高于其他国家。这表明，基于农业机械化的规模效应的实现，需要以一定的经营规模为前提。因此，这个阶段农业发展的主要问题是以机械化为代表的农业大生产与土地的小规模分散占有相冲突。

近年来不少农村地区进行了相应的制度创新，在不改变小规模家庭经营的基础上发挥集体产权整合功能，形成利用规模经济要求的生产组织形式，提高机械使用效率。例如，以湖北省沙洋县“按户连片”为代表的制度创新，将农户家庭内部分散的地块调整为一片，解决地权均分所导致的细碎化问题；[②] 以安徽省繁昌县“虚拟确权”为代表的制度创新，将外出务工农民的土地集中连片流转出去，解决人地分离和地权转移导致的细碎化问题；[③] 以江苏省射阳县“联耕联种”为代表的制度创新，打破农户间的田埂，将若干农户分散的土地统一耕种和收割，解决小规模经营问题。[④]

在这些制度创新中，村集体并没有取消分散的土地使用权，而是将分散的使用权整合起来，以便使用机械服务，在一定程度上促进了农业规模经营。以笔者所调查的湖北省沙洋县为例，单个农户家庭的土地连片耕种，至少能够将机械化率提高 10%、机械使用效率提高 40%。即使不去掉田埂和扩大地块面积，仅仅是将农户分散的地块集中，就能够极大地降低机械行走成本和空行率。耕种相同面积的土地，农户土地连片后，生产投入可以降低 1/4，农业投入时间可以减少 1/3。提高机械使用效率不仅能够降低生产成本，化解农业生产“老龄化”危机，而且机械使用带来的深翻、精量播种等技术还能够增加粮食产量，从而促进我国农业发展。

上述制度创新并没有剥夺农民的地权和更换农业经营主体，在农户分散占有土地的基础上实现了一定程度的规模效应。从这个意义上讲，农业

① 卢荣善：《经济学视角：日本农业现代化经验及其对中国的适用性研究》，《农业经济问题》2007 年第 2 期。

② 王海娟、贺雪峰等：《农地细碎化的公共治理之道——沙洋县按户连片耕种模式调查》，华中科技大学出版社，2017。

③ 夏柱智：《虚拟确权：农地流转制度创新》，《南京农业大学学报》（社会科学版）2014 年第 6 期。

④ 刘洋等：《以农民为主体的农业现代化——射阳县联耕联种调查》，华中科技大学出版社，2017。

经营规模不一定要扩大单个经营主体的土地规模，可以在土地分散占有的条件下实现服务集中和规模效应。韩长赋就此区分了土地集中和服务集中两种类型农业规模经营方式。[①] 在现阶段，大部分农民仍然需要依靠土地获得就业和社会保障，中国难以在短期内实现大规模的土地集中，服务集中型规模经营有更为广阔的前景。从农业发展实践来看，服务集中型规模经营的实现取决于集体经济能否发挥产权整合功能。在这个意义上，是否能够发挥集体经济的地权整合作用，已经成为我国农业能否在小规模家庭经营基础上实现现代化的关键。

（三）土地集中与土地规模经营

随着我国工业化发展和城市化推进，大量农村人口将实现非农化转移，农业发展不再受土地的就业和社会保障功能的约束，土地集中与土地规模经营具有了资源空间。我国东部沿海发达地区很早就出现了土地规模经营现象，在未来将成为全国范围内的共同现象。换言之，土地规模经营是我国农业未来发展的趋势，这是农业发展的又一次增长点。

在家庭承包经营制度中，农民拥有占有和使用土地的权利。土地规模经营的实现，需要将分散在农民手中的土地集中到经营者手中。从日本、韩国和中国台湾等小农经济国家和地区的经验来看，城市化完成后，这些国家与地区以扩大单个农业经营主体的土地面积为目标制定农业政策。以日本为例，1970 年城市化率就达到 70% 以上，之后农业政策的重点是推动土地流转以实现规模经营。[②] 由此可见，在小农经济国家，当经济发展不再受土地的社会保障功能制约时，土地规模经营的最大问题是如何将分散的承包地从农民手中集中起来。

我国农村土地归集体所有，土地是集体的公共生产资料。村集体可以在充分保障农民收益权的前提下将分散的承包地集中起来，再按照农业生产的要求进行适度的规模划分，将土地集中连片供给新型农业经营主体经营，或者采取集体农场经营方式。在这种农业经营模式中，关键的是将配置土地资源的权利赋予村集体，而不是农民个体。实际上，资源配置是行

---

① 韩长赋：《土地“三权分置”是中国农村改革的又一次重大创新》，《农村工作通讯》2016 年第 3 期。

② 〔日〕关谷俊作：《日本的农地制度》，金洪云译，生活·读书·新知三联书店，2004，第 10～11 页。

政性的还是市场性的取决于资源配置规则，一些文献将资源配置主体作为资源配置方式的衡量标准，进而认为将配置资源的权利赋予集体是一种行政性资源配置方式的观点并不准确。这就是说，集体也可以采取市场性的资源配置方式，通过市场方式将集中连片土地流转出去。

由村集体连片供给土地，可以避免经营者与数量众多且拥有承包经营权的农民讨价还价的问题。真正耕种土地的经营者可以比较容易地获得规模适度、农地连片的条件，可以更有效、更便利地耕种土地。因此“离农人口的耕地能够不断向继续务农者集中，形成一种能够使经营规模不断扩大的制度”,[①] 从而实现土地规模经营。

反观其他国家和地区，在小块土地私人所有条件下难以实现土地集中和规模经营。一些东亚小农经济国家和地区很早就实现了农村人口的非农化，但因为是土地私有制度，到目前为止仍然没有实现土地集中，而且没有解决土地集中问题的可能性。以日本为例，日本 1961 年制定《农业基本法》后走上了放宽管制和促进土地流转的道路，1970 年前后又对农地制度及其相关制度进行了大幅度、综合性的修改，并且政府持续投入大量财产资金，包括现金补贴、低息贷款以及税收优惠等，试图形成“小地主、大佃农”[②] 的农业经营模式。2011 年，日本农业劳动力占总劳动力人口的比重为 2.5%，但户均耕地从 1950 年的 12 亩仅增加到 22 亩（北海道地区除外）。[③] 日本小规模经营的长期化和刚性化，使农业规模经营问题几乎成为无法解决的难题，这是日本农业现代化的最大制约因素。日本的经验表明，在农民分散占有土地的条件下，借鉴“小地主、大佃农”的做法是无法实现“小承包、大佃农”农业发展模式的。

当我国农村人口非农化转移之后，农业发展的主要问题是细碎化土地难以集中。中国是以集体所有制为基础的农业经济，村集体有经营土地的权利，能够很容易将土地集中起来。相对来讲，其他小农经济国家和地区，因为土地是农民的私有财产，将分散在农民手中的土地集中起来的成本很

① 张路雄：《耕者有其田——中国农地制度的现实与选择》，中国政法大学出版社，2012，第 39 页。

② 台湾地区于 2008 年明确提出了“小地主、大佃农”的政策目标。实际上东亚地区和国家试图推动所有权买卖促进土地大规模经营失败后，一直以来实施的农业政策都是推动使用权流转形成土地规模经营的“小地主、大佃农”政策，台湾地区只不过是将这一做法明确化。

③ 程郁、张云华：《日本持续强化农地规模经营制应对农业问题》，《发展》2015 年第 3 期。

高乃至土地集中成为不可能。

（四）农业发展的社会主义道路及其经济效果

市场经济时期我国工业化建设完成和农业科学技术的发展，公共投入（包括工业技术和资金等）对农业增长有更为重要的作用。农业技术的使用超出了个体经济的范围，农业现代化发展的根本矛盾是现代技术使用与土地小规模、分散占有的冲突。在不同的发展阶段，小规模分散经营的问题出现在不同的农业生产环节，以不同的农业发展问题表现出来，如表现为公共品供给问题、机械化发展问题等。集体经济制度能够形成与之匹配的更大规模的集体经营单位，并以不同的方式解决小规模分散经营的问题，从而表现为不同的实践形式。家庭承包制改革以后，集体经济分别以资金整合、地权整合和土地集中方式促进农业化学化、机械化和规模化，使小块土地的经营者可以广泛、高效地使用各种现代生产要素。中国以集体生产这种经济组织方式，将更多的现代投入运用到农业生产中，并实现规模经济效益，可以弥补小农经济小规模分散经营的不足。这一农业发展道路可以称为“集体经济+现代技术”。并且集体经济在发挥作用的同时并没有取消家庭经营，避免了“集体所有、集体经营”制度的弊端。由此可见，我国对计划经济时期“集体生产、按劳分配”经营制度进行改革，探索和创造了适应生产力发展要求的集体经济形式。

从现代化生产的概念来看，现代化生产是一种社会化生产。一般而言，社会化大生产具有生产集中化、一体化、大型化的特征，更为本质的意义是社会分工与互相依存的社会关系。从我国农业发展来看，小生产者逐步适应现代化大生产，以家庭劳动力为主的自耕农业完全是现代农业经济形态的一种。这可以从现代生产要素（化肥、科学选种以及机械化）投入和商品化率来说明。从现代投入来看，2012 年我国化肥年使用量达 5838.8 万吨，全国农药年使用量近 180.6 万吨。[①] 化肥的超标使用造成地表水富营养化和地下水污染，以及农田遭受不同程度的农药污染，从侧面反映了化肥、农药等现代生产要素的大量投入。从商品化来看，当前我国农民早已脱离满足基本口粮需要的阶段，农民农业生产的主要目的是进行市场交换。根据统计，2012 年全国三种粮食（水稻、小麦、玉米）的商品率达到 85.4%，棉花

① 国家统计局：《中国农村统计年鉴》，中国统计出版社，2013，第 3～11、44 页。

和大豆的商品率分别达到 99.41% 和 95.87%。[①] 总体而言，当前中国的小农经济生产过程实现了商品化，种子、肥料、耕作和收割的社会化率几乎接近 100%，生产环节与社会、市场紧密联系在一起。小农经济在现代生产要素投入量、商品化程度等方面早已超越了“规模细碎、依赖家庭手工劳动及自给自足”的传统小农经济。并且小农经济通过现代生产要素的投入和被卷入现代分工体系，能够不断地实现更高水平的增长。

社会主义不仅仅是把生产资料平均分配给生产者或者公共占有，更为重要的是能否解放和发展生产力。中国农业发展道路被称为“社会主义”性质的原因在于，集体生产作为一种超越家庭生产单位的制度安排，以集体规模效应和公共利益弥补个体经济的不足，以此提高整个社会的生产力，并使农民群体能够享受现代技术进步带来的好处。因此农业发展的社会主义道路并不是意识形态的固守，而是有其效率意涵。

正是在这个意义上，可以揭示我国 60 多年农业社会主义道路的内在关联。土地改革和生产资料公有制改革解决了土地均平分配问题，之后的合作化运动和人民公社体制探索的是农业发展问题，所强调的是“解放生产力”和“为工业化铺平道路”。1953～1956 年的社会主义改造形成了社会主义经济制度，1956 年至今则是农村社会主义经济制度改革。[②] 从“集体所有、集体经营”制度演变为“集体所有、双层经营”的内在逻辑来看，家庭承包经营制度改革只是改变了“集体经营、按劳分配”经营制度，并没有否定集体所有制，而且正是在这一制度基础上形成了双层经营制度。很多人认为分田到户后集体经济并没有发挥作用，中国农村实际采取的是家庭经营方式。这种认识将集体经济等同于计划经济时期的“集体生产、按劳分配”，忽视了集体统一经营功能以农业税费的形式发挥作用，也忽视了集体统一经营在部分农村地区发挥地权整合和土地集中的作用。

四　小农经济现代化的中国道路

本部分将我国的农业发展道路与其他农业现代化形式进行对比，揭示小农经济现代化社会主义道路的独特内涵及制度优势。笔者将在此基础上

① 国家统计局：《中国农村统计年鉴》，中国统计出版社，2013，第 255～259 页。

② 文迪波：《对我国农村两次重大变革的重新认识》，《农业经济问题》1988 年第 9 期。

进一步分析中国政府的道路选择及其面临的问题。

（一）农业现代化的第四条道路

小农经济具有小规模分散经营的弊端，农业规模经营是小农经济现代化的主要瓶颈。即使采取“节约土地型”农业发展模式的日本，实现农业规模经营仍然是其最主要的制度目标。在土地家庭承包还具有合理性并在短期内不会改变的情况下，我国农业现代化发展需要克服小农户与大生产的矛盾。从我国农业发展实践来看，我国集体经济能够扩大农业经营单位，承担需要较大规模组织的环节，在没有土地流转和改变小农经营主体的条件下也能实现农业规模经营。可以认为，我国自 1980 年以来的农业发展探索了一条在保留小农经济基础上的农业现代化道路。

根据农地制度和农业经营方式的不同，可以划分为三种农业现代化形式：土地私有制基础上的私人大农场农业、土地公有制基础上的集体大农场农业、土地私有制基础上的小农家庭农业（见表 1）。中国探索出第四种农业现代化的道路，即土地公有制基础上的小农家庭农业，这可以称为农业现代化的“中国道路”或“中国模式”。当然，当农村人口非农化转移后，小农家庭经营农业可以转化为大农场农业。

表 1　四种农业现代化形式

所有制形式	雇工经营/集体经营	小农家庭经营
土地私有制	资本主义式大农场农业	资本主义式小农家庭农业
土地公有制	社会主义式大农场农业	社会主义式小农家庭农业

陈锡文划分了两种类型的农业，以南北美洲和澳洲等为代表的新大陆国家，农业的基本特点是开发时间短、人少地多；以亚洲、中东和西欧等地区为代表的传统国家，农业的基本特点是开发时间长、人多地少。[①] 在农业现代化过程中，第一种类型农业发展成为以雇工和大机器为经营形式的资本主义式大农场农业，第二种类型农业发展成为以家庭劳动和小机器为经营形式的资本主义式小农家庭农业。其中，日本、韩国和中国台湾等东亚国家和地区采取综合农业协作发展模式，农业现代化成就显著，被称为“东亚模式”。与资本主义式私人大农场通过市场手段实现横向一体化和土

① 陈锡文：《我国城镇化进程中的“三农”问题》，《国家行政学院学报》2012 年第 6 期。

地规模经营的方式不同，以苏联和中国为代表的社会主义国家曾经采取行政手段形成集体大规模农场，也探索了一种重要的农业现代化形式。

与大农场农业一样，我国小农家庭农业也实现了农业规模经营。不同的是，我国的农业规模经营并不是一个农民雇佣他人或者机器进行土地大规模经营，而是众多农民为自己的共同利益自己进行大规模经营，并且在不同的生产环节采取不同的农业规模。另外，中国将小农家庭经营引入到集体经济中，与取消家庭经营的社会主义式大农场农业也不同。也就是说，资本主义式和社会主义式大农场农业都通过消灭小农和小农经济的方式消解小农户与大生产的矛盾，与中国目前的农业现代化模式显著不同。

资本主义式小农家庭农业尤其是“东亚模式”的农业资源禀赋和社会发展历史与中国相近，不少人认为我国农业发展道路与之相近①，或者建议我国农业发展采取“东亚模式”。但仔细剖析发现，我国与“东亚模式”的农业现代化形式都是小农家庭农业，都存在小规模分散经营问题，但农业现代化的路径完全不同。

“东亚模式”的内在机制主要有两点。一是在政治上将农村信用、供销、农事推广等几乎所有与农业经营有关的业务统一交由农协办理，并且在政策和财政上大力扶持农协发展，坚决阻止任何形式的外部资本介入农业和涉农领域。更准确地讲，农协是政府政策的执行者和影响者，乃至战后作为主要的压力集团和最大的政治游说集团，能够提高农民在国民经济分配中的政治地位。二是在经济上通过生产—加工—销售纵向一体化，将政治压力和财政补贴扩展到第二、第三产业，实现了从政治垄断向经济垄断的转化，增加农民在非农领域的收入。从日本农协的运作来看，农协的主要经济业务并不是解决小农的农业生产难题，而是通过流通和金融业务的收益弥补弱势小农在农业生产领域的不足，因此日本农民 60% 的收入来自农协运营的第三产业。以金融为例，日本种植业的总产出为 3.4 万亿日元，农协运作的金融总量达 82 万亿日元，非银行金融占金融总体的 28%，主要由农协运作，即占人口 5% 的农民分享 28% 的资本收益。② 可以认为，

---

① 张玉林：《“现代化”之后的东亚农业和农村社会》，《南京农业大学学报》（社会科学版）2011 年第 3 期；王文龙：《农业现代化东亚模式对当前中国农业改革的启示》，《经济学家》2015 年第 9 期。

② 温铁军：《综合性合作经济组织是一种发展趋势》，《中国合作经济》2011 年第 1 期。

日本农业经济效益主要不是来自农业增长，也不是纵向一体化引致的农产品增值，而是由政治垄断引致的经济垄断。

也就是说，农业的高经济效益主要来自于存量利益的再分配，农民成为相对而言的“特权群体”。这种农业发展方式决定了东亚地区农业现代化面临的主要问题是范围经济及由此产生的小农户与大市场的矛盾。东亚地区通过合作经济为农民提供了纵向一体化服务，有效地解决了这个问题。东亚地区的农业发展规避了小农户与大生产的矛盾。但无论是从机械使用效率来看，还是从土地流转来看，东亚地区并没有有效解决农业小规模分散经营问题。小规模分散经营始终制约着农业发展，这使得东亚地区的农业现代化永远包含着部分非现代化成分。在这个意义上，东亚地区解决了农业发展问题，但没有有效解决小农经济的现代化问题。相比较而言，中国农业发展的经济效益主要源于生产力发展，这是经济增长的根本。这种农业发展方式决定了中国农业现代化面临的主要问题是规模经济及由此产生的小农户与大生产的矛盾。从上文的分析来看，中国通过集体经济①促进农业规模经营，有效克服了农业小农经济的小规模分散经营问题。因此，本文将中国农业现代化称为“小农经济现代化”。

通过对农业发展模式的比较，可以对小农经济的局限性有了更深刻的认识。“人少地多”国家的农业现代化并不存在小规模分散经营问题，依靠个体经营就可以实现社会化大生产，集体经济没有存在的必要。“人多地少”的资源禀赋结构决定了农业发展的小农经济形态，农业现代化的核心问题是小规模分散经营问题。在土地私有制基础上的个体经济和合作经济并不能有效解决这个问题，集体经济可以有效解决小农户与大生产之间的矛盾，由此形成农业现代化的第四条道路。这是一条与横向一体化的土地规模经营和纵向一体化的“东亚模式”都不同的农业现代化道路。这既超出了经验范围，也超出了理论想象，这即是“中国特色”所在。正是在这个意义上，我们才能深刻认识到集体经济的重要性，以及社会主义道路的客观必然性及其制度优势。

---

① 由于土地的不可移动性，农业生产附着在土地上，承认私人财产权利及自由退出权的合作经济会遭遇“产权壁垒”，因此无法解决小农户与大生产的矛盾。而农资和农产品流通并不固定在土地上，流通领域的合作并不会遭遇“产权壁垒”，因此合作经济可以解决小农户与大市场的矛盾。在集体经济中集体经济组织有产权整合的权利，可以克服“产权壁垒”，因此可以解决小农户与大生产的矛盾。

当然，在不同的农业发展阶段，小规模分散经营导致的问题不同。双层经营体制可以根据不同时期面临的生产力与生产关系矛盾，调整集体统一经营功能的使用范围，以与家庭分散经营有机结合。中国可以对土地制度和农业经营体制进行设计或改革本身，与社会主义集体经济制度有关。由于经过了新民主主义革命和社会主义革命，中国消灭了附着在土地上的各种既得利益，使农业经营体制可以灵活性调整，以最大限度促进农业发展。[①] 在土地私有制国家，土地是农民的私有财产，在土地上面附着有强大的既得利益，要进行制度调整十分困难。要使土地资源难以得到充分利用，或许只有革命才能真正强制性地调整既得利益。

（二）中国农业发展的十字路口

中国在农业生产中发挥集体经济的作用，探索出一条农业发展的社会主义道路。但不可忽视的是，由于多方面的原因，集体公共品供给模式被瓦解，集体经济越来越难以有效发挥作用。笔者及所在研究团队在全国农村的调查资料显示：虽然农业税费取消后农村公共品主要由国家供给，但国家大规模公共工程建设却陷入无法整合农民分散地权的困境，农业基础设施建设难以进行；大部分农村地区无法有效地整合地权，导致农业机械化使用效率降低；并且随着越来越多的农民离乡离土，耕地不连片问题越来越成为难以克服的障碍。

这与当前中国政府选择的农业发展道路有关。政府农业部门普遍认为，通过土地流转实现土地集中型规模经营是世界各国发展现代农业的路径选择，也是中国农业现代化的必由之路。[②] 这种思路的具体操作方式是先将承包经营权确权，再赋予农民土地财产权利，通过市场流转农民的土地使用权，推动土地适度规模经营和实现农业现代化。这种思路在具体政策上表现为，中央政府将承包经营权确权和物权化作为农村中心工作，将推动土地流转作为最重要的农业政策。这种农业发展道路实质上是要充分发挥规模经营主体的积极性，取消集体经济的作用。农业经营体制从双层经营体制转向单一家庭经营体制，中国政府选择的这种农业发展道路与资本主义

---

① 贺雪峰：《中国农地制度需要全盘推倒么：其实是中国奇迹》，三农中国网，http://www.snzg.net/article/2015/0922/article_41301.html，2015 年 9 月 22 日。

② 农业部经管司、经管总站研究组：《构建新型农业经营体系　稳步推进适度规模经营》，《毛泽东邓小平理论研究》2013 年第 6 期。

式大农场农业没有区别。

在土地分散占有且农民土地权利不断强化的背景下，中国试图通过推动土地向规模经营大户流转以发展现代农业的思路，却可能因为土地流转僵局而难以实现。东亚等小农经济国家和地区的经验教训证明了这一点。这种农业发展思路更为严重的后果是瓦解集体经济。如果政策部门越来越强调赋予农民长期而稳定的土地使用权乃至财产权，将导致集体经济无法有效发挥作用。中国农业发展只能像日本一样被锁定在小规模分散经营状态。或者说，在政策推动下中国农业发展正向资本主义式小农家庭农业的方向突飞猛进。

在集体所有制度框架下，中国有实现小农经济现代化的制度优势，有走社会主义道路的制度空间。但中国农业政策不断弱化乃至消除集体经济，在否定这一道路的同时不断滑向资本主义式小农家庭农业的道路。土地私有化或变相私有化（如各种永佃制）改革思路，无法克服小农经济的局限性，也无异于放弃农业社会主义改造的制度性成果。这对于我国农业发展而言是一种历史性倒退，并会给农业现代化设置更大的障碍。可以认为，中国农业发展站在十字路口，一方面中国农业发展正在走向危险的境地，另一方面中国在社会主义经济制度的框架下还有调整道路的制度空间。

五　结语

本文从农业发展实践出发，分析我国家庭承包经营制度改革后的农业发展模式。在集体所有制以及双层经营体制下，集体经济通过资金整合、地权整合和土地集中功能的发挥，可以促进农业规模经营和现代化发展。在某种程度上，集体经济的实践方式是否与技术条件相匹配，是决定农业生产效率的根本原因。集体经济制度不仅可以弥补小农经济小规模分散经营的局限性，而且由于消灭了土地上的既得利益，可以最大限度地促进农业发展。这种农业发展模式发挥集体经济的作用，在保留小农经济的基础上促进了农业发展，可以称之为小农经济现代化的社会主义道路。

在西方理论视野中，小农经济是一种落后的农业生产方式，农业现代化就是消灭传统农业和构成传统农业基础的“小农经济”。中国以集体部分占有土地为条件的集体经济，通过资金、土地等的整合也可以实现农业规模经营和现代化发展，从而使农民走向新生或者现代化。当在生产层面认识到集体所有制的经济效益以及制度优势，我们能够认识到小农经济与农业现代化并不相悖。因此不能一味地将小农经济视为与现代农业不相容的、必须与之决裂的传统生产方式。

中国在现代化过程中通过社会主义经济制度为农民提供制度性保护，并通过集体经济将农民组织起来形成社会化大生产，使得中国农民和小农经济进入现代工业社会。中国立足于本国经验探索出具有中国特色的农业发展模式，与同样保留小农经济的“东亚模式”并不相同，与排斥小农的大农场模式也不相同。社会主义式小家庭农业道路丰富了农业经济学理论，中国现代化的社会主义道路也拓展了现代化理论。

以小农为主体的农业现代化道路探索*

——江苏射阳县联耕联种的启示

袁明宝**

摘要 土地细碎化、家庭分散经营成为当前制约农业现代化发展的主要障碍。针对这一难题，地方政府也在探索创新农业经营的新形式。与推进土地规模流转方式不同，射阳县探索出了不改变农民土地经营权的联耕联种农业经营模式，通过发挥村级组织的统筹功能和农技部门的技术下乡，实现了分散农户的小生产与社会化大生产的结合。联耕联种经营模式是一种不排斥小农、包容小农的模式，真正做到了让小规模家庭经营分享到技术推广的现代化成果，并重塑和再造了基层组织的治理责任。本质上，联耕联种是对当前农业基本经营制度的坚持和完善，是发展以分散小农户为主体的农业现代化道路的有益探索。

关键词 家庭分散经营 土地细碎化 联耕联种 经营方式再造

一 问题提出

家庭承包制改革确立了农村一家一户的小农经营状态，这调动了农民种田的积极性，促进了农村生产力发展。但同时也造成了土地的细碎化和农户分散经营，中国农村形成了“人均一亩三分，户均不过十亩”，且地块分散的小农经济状况。① 家庭分散经营格局与改革初期的土地公平分配原则

---

* 本文曾以《家庭分散经营条件下农业经营方式的再造与创新——基于江苏省S县联耕联种的调查》为标题发表于《中州学刊》2016年第6期，编入本书时进行了少量修改。

** 袁明宝，西南大学教育学部中国乡村建设学院讲师，研究方向为农业转型、基层治理和农村社会学。

① 贺雪峰：《关于中国式小农经济的几点认识》，《南京农业大学学报》（社会科学版）2013年第5期。

有关，即按照地力肥瘦、地点远近分配土地，“好田家家分，孬田户户摊”，便形成了“一田多户”和“一户多田”的情况。而近年来的农地制度改革使得农户分散的地权更加固化，土地承包期限由 30 年转变为土地承包关系“长久不变”，使农户个体的土地权利不断扩大，村组集体经济组织的权利被虚置①，村组两级逐渐退出农业生产环节，农业生产成为一家一户的事情。

随着农业机械化水平的提高和农业生产力发展，土地细碎化、家庭分散经营已经成为农业现代化发展的主要障碍。家庭分散经营的弊端主要表现在两个方面，一是面临着与社会化大生产的矛盾，因为土地细碎化、耕地规模过小限制了农户规模化经营，对于农田水利建设、农业机械化水平、农民劳动强度和粮食生产都造成负面影响，② 劳动生产率低下、农业技术更新的成本较高。二是面临一家一户“不好办或办不好”的公共事务难题。小农分散经营使许多生产环节难以独立完成，如统一品种、统一播种时间、统一农田植保以及农田水利建设、机耕道修建等，这些都是超出小农经营范围带有共同性的生产事物。③

针对土地细碎化和家庭分散经营现状，当前的主流观点是实现农户经营的高度集约化、商品化和产业化生产，具体路径是推进土地流转，发展大户的市场化、组织化流转，认为土地流转和规模经营是农业现代化的唯一道路。目前中国土地流转率虽然已经达到 30%，但小规模经营自家承包耕地的普通农民仍占大多数并将长期存在，因此解决农户家庭分散经营或实现农业现代化仍然要从小农户立场出发。射阳县在农业现代化发展过程中探索出了“联耕联种”农业生产经营模式，即土地经营权不流转，而是推进农民家庭合作，通过提供周到、便捷的社会化服务来降低成本，提高小农户的规模化经营水平，实现了千家万户的分散农户小生产转变为社会化的大生产。

二 地方实践：联耕联种的探索与兴起

探索农业现代化的实现形式一直是个持续的过程。随着当前农村人口

---

① 桂华：《项目制与农村公共品供给体制分析》，《政治学研究》2014 年第 4 期。

② 万广华、程恩江：《规模经济、土地细碎化与我国的粮食生产》，《中国农村观察》1996 年第 3 期。

③ 贺雪峰：《小农立场》，中国政法大学出版社，2013，第 38 页。

流动和打工经济的兴起，农村青壮年劳动力进入城市，农村社会出现老弱留守、空心化的现象，表现在农业生产上就是农村劳动力缺少，老人、妇女成为农业生产的主力军。而土地分散、细碎化的状态更加大了新机械和新技术推广的难度。这些也是射阳县农村所面临的现状，再加上近几年面临秸秆禁烧的压力，为了防止秸秆焚烧和抛河，就需要使用大机械深耕以做到秸秆还田，而机械化深耕就需要农户之间打破田埂界线实行统一耕作。在这种背景下，射阳县探索出了联耕联种的农业经营模式。

从字面意思上看，联耕联种突出了“联”这个核心。在射阳县的联耕联种模式中，“联”是指在持续稳定家庭联产承包经营的基础上，农户自愿的前提下，由村组统一组织，破除田埂，以打桩等形式确定田间界址，将碎片化的农地集中起来，实现有组织的连片种植，再由服务组织提供社会化服务，推进生产环节上的联耕联种。这种经营方式类似于通过生产环节外包来实现规模经营的模式，在这个过程中不改变土地的承包权和经营权。

“联耕联种”模式从2013年秋播开始实践后，得到了迅速推广。射阳县河镇共有25万亩土地，2013年秋播参加联耕联种的面积有2.3万亩，2015年增加到7.5万亩。联耕联种经营模式得以推广开来满足了种田农户的需求，适应了农业生产力发展的客观现实。同全国农村地区一样，射阳县农村也同样是老人农业的现状，种田群体的平均年龄接近60岁，甚至有很多70多岁的老人仍在种田。老人农业虽然可以种田，但仍然面临劳动力下降与农忙时间高强度劳动作业的矛盾。而联耕联种则通过机械的使用降低了劳动强度，缓解了劳动力紧张的状态。同时，因为统一机械作业的效率提高，农忙时间也随之缩短，“过去要一个月，现在多的用半个月，快的就用十天”。对于年龄大、体力小的种田群体来说，自然会欢迎这种联耕联种经营模式。

三　统筹组织：联耕联种的实践机制

联耕联种是射阳县农委主导的行政力量所推动的农业经营方式创新，决定的关键因素是发挥各级行政组织功能，尤其是村级组织的统筹功能。联耕联种的巧妙切口虽然是打破田埂，实行统一耕种，但这项工作的核心角色是代表村集体组织的村干部，正是村干部统筹功能的发挥，才使得联耕联种的“联”具有了实质意义。在具体实践中，联耕联种涉及的主要主体有农技部门、村级组织、合作社等社会化服务组织和农户，而村级组织的统筹和农技部门的技术下乡成为联耕联种得以推行的重点。

（一）村级组织的统筹

1. 变“一田多户”为“多户一田”，再造土地规模市场

“一田多户”呈现的是土地分配的细碎化格局，“多户一田”是指在不变动地权、经营权不流转的前提下实现规模经营，就是将集中在一块大田里的田埂打破，消除实际的土地边界，建立虚拟边界。这就具备了在生产力上进行联耕联种和规模经营的基础。

射阳县位于盐阜平原东部，土地平坦肥沃，再加上前几年进行的土地平整项目，当地的农田生产条件大大改善，很多田块都实现了“条田化”。“小的条田有二三十亩，大的有上百亩”，“条田化”大大方便了农民的农业生产。但随着机械化水平的提高，条田中每家每户的田埂限制了机械化大生产作业，机械化的优势并没有体现出来。联耕联种则是要打破田埂，实现以条田为单位的统一机械化作业，这就需要村干部做农户的思想工作和组织工作，只有在一个条田里的农户全部同意打破田埂后，才具备联耕联种的基础。

联耕联种通过打破田埂以形成“多户一田”和连片成块的格局，改变了之前土地细碎、零散的状态，从而为农业生产的机械化耕作提供了条件。在农户分散经营的时候，每家每户都是使用自有小机械或雇请大机械在小块土地里耕田、整田，大机械的使用效率较低。而联耕联种后则是对接连片成块的规模土地，大机械可以在一块相对较大面积的农田里耕作，作业效率大大提高。所以，规模土地市场的形成也促使本地农机市场和农机服务市场的发育。虽然之前村庄中有很多小机械，但并不能满足土地经营规模扩大后的需求，这就促使农机手、合作社等主体更新机械，用大型农机替代小型农机，从而为农户提供专业化服务。

2. 关键环节的“统”，再造农业经营方式

联耕联种不仅体现在土地规模面积上的“联”，更体现在经营方式上的组织统筹，其中最关键的环节是种植品种的统一。在实行联耕联种前，射阳县当地农户选择的小麦品种和水稻品种都比较多。联耕联种后，小麦和水稻品种趋于统一，现在当家的小麦品种是郑麦 9023，水稻是淮稻 5 号。品种的统一与农技部门的实验、示范和推广工作密不可分，而且这些品种大都是在乡镇农技中心或种子公司销售，能够保证质量和品质，从而能够

得到村民的信任。再加上联耕联种后，村干部统一为农户购置种子，即通过行政组织实现了品种的统一，也改变了当地种子市场的混乱状态。

品种统一意味着农业生产过程标准化的开始，使众多流程在分散的农户中具有了一致性和同质性。品种统一首先可以实现种植环节上的时间统一和程序统一。在时间统一上，因为种植了相同的品种，就会在施肥、化学除虫、病虫害防治等时间管理上具有了相似性，统防统治也就有了可能性。耕地、整地和收割时间也是统一的，改变了过去分散农户种植时间上的差异性。程序统一主要是农业生产环节上的一致性，即分散农户在种植管理上都会面临相同的田间管理环节，如集中耕作、集中收割环节以及统一灌溉用水环节。

品种统一使得种植结构简化，机械化程度得到提高。在一个框田里种植相同的品种，就意味着可以统一使用机械进行耕田、整田和机条播、机插秧，收割时间的相同也为农机手的机械作业提供了方便，可以在一个框田或一个条田里集中高效的作业。品种统一还可以为农业生产环节统一的技术服务提供基础。因为品种统一，新技术和新品种得以统一推广，如塑盘育秧技术和测土配方肥的推广。因为种子统一，农技部门就要在技术服务上跟进，如预测虫情并提供相应的技术指导，这是村干部和参加联耕联种的村民对农技部门的客观要求。总之，关键环节的品种统一，使得农业生产经营产生了质变，单家独户的农业生产形式开始具有了“统”的因素。

3. 协调组织，再造社会化服务体系

村级组织的统筹功能不仅体现在对分散农户的组织上，还要成为联系农户和社会化服务的第三方，并在其中起到协调组织的作用。联耕联种之前，农户与社会化服务的关系是单纯的市场关系，而且农户与社会化服务主体都是分散的。而联耕联种使得村级组织嵌入两者之间，在农忙时间要整合全村的农机手或合作社，形成统一的指挥生产；或者以小组为单位，由小组长来牵头，配一两个农机手，以此来协调组织农户对社会化服务的需求。

因为有联耕联种形成的土地规模市场，农机手和合作社在提供机耕、机插服务时，就不再对接分散的农户和细碎的小田，而是对接连片成块的大田。而且，在提供农机服务时还会有村干部的整体协调，不需要农机手亲自联系，“有很多村干部在农忙时间都是在凌晨三四点钟起床，晚上很晚才睡”，主要工作就是负责组织农机，以更快更好地完成农户对耕田、整田和插秧等环节的需求。

在联耕联种的当前阶段，村级组织的统筹不只是将农户组织起来，还要组织社会化服务主体，充当中介联系人，改变过去村民与合作社的直接市场关系。在这个阶段，村级组织帮助农户组织起来并开展服务，在未来退出的这一环节，村干部不应成为推动者，而只应是组织者。这就需要农机手自己组织合作社，农户自己组织起来，村社组织在这中间只起到协调组织作用。

（二）农技部门的技术下乡

在联耕联种的具体实践中，如果没有农技部门的农技推广，联耕联种也很难成为现实。

1. 变指导为指挥，再造农技部门的治理责任

联耕联种要实行统一供种、统防统治，进行机条播和机插秧，而这些新品种和新技术对农户、合作社和村干部来说都是最新的，所以就会主动对农技部门有要求和期望，倒逼农技部门做好农技服务。如农技部门要对上毯下钵式育秧技术、机条播、机插秧技术进行指导，要对病虫害进行预测等，从而能够真正介入农户的农技需求中来。

在以前，农技部门的技术推广属于技术指导。而这种技术指导本质上是一种弱指导，具有笼统性和模糊性，即不会明确指导农户使用何种新技术和新品种以降低自身的责任风险，但农技体系在政府体系和农户生产体系中都极为重要。联耕联种使农技部门的技术指导增加了行政指挥的内容，也就意味着介入农业生产的程度和责任度提高。农技部门治理责任的形成为农技推广“最后一公里”难题的解决提供了基础。

具体来说，联耕联种首先要求统一供种，这就要求农技部门要对相应的种子播种和育秧技术进行指导，主要是机条播、机插秧和塑盘育秧技术。这对于农机手、合作社和农户来说都是新鲜事物，只有通过农技部门的指导才能掌握。射阳县高平村实行联耕联种后，县、镇两级农技人员到村庄进行指导的次数都相应增加，这不仅对接了社会化服务上出现的技术问题，还对接了分散农户在日常田间管理上遇到的病虫害等问题。

2. 激活农技体系，再造技术下乡的通道

联耕联种首先强化了农技部门的治理责任，使其介入农业生产环节中的力度不断加大，同时也激活了各层级农技推广体系，使得技术下乡的通道得以贯通到农户手中。农技推广体系本身具有公益性和公共性，也属于

公共品供给的一部分，在技术推广过程中就需要有与其对接的组织载体。[①]而当面临分散农户的时候，农技部门就遭遇到新技术和新品种推广的困境，因为分散农户的需求差异性极大，很难提供统一的技术指导。当实行联耕联种时，分散农户就具有了组织性，在农业生产中也具有了同质性，从而就具备了技术下乡的基础。以育秧技术为例，联耕联种需要实行机插秧，这就需要发展塑盘育秧技术，农技部门只需要重点抓住几个育秧基地，就可以将新技术推广到每一块农田。对农户来说，也提供了一个可以参观学习的样板，有的农户到育秧基地看两三次就学会了塑盘育秧技术。

农技推广始终存在“最后一公里”的难题，而联耕联种实现了土地的规模经营，就使得自上而下、自外而内的技术通道得以建立。最为重要的是，射阳县的农技推广不只是对接家庭农场、合作社和大户等新型经营主体，更是借助联耕联种与大多数分散农户的技术需求结合起来，真正做到了让小规模家庭经营分享到技术推广的现代化成果。这其中的关键是农技推广对接的并不是之前真正分散的农户，而是组织起来并让渡部分生产权和经营权的农户，从而使村级组织能够发挥“统”的功能，农技部门也由此能够参与进来。村干部与农技部门的紧密联系，使农业技术通过这个体系进入，实现了在小农经济基础上的质变。

四　实现以小农为主体的农业现代化：联耕联种的经济社会效益

联耕联种起因于对秸秆焚烧问题的治理，要通过使用大型机械实现稻麦秸秆的深耕和全量还田，这就需要将土地整合成连片成块的格局。在后期的实践中，联耕联种却产生了远大于此的经济社会效益。

（一）联耕联种达到了节省人工和降低生产成本的目的

联耕联种之所以在推行过程中受到村民欢迎，主要因为其具有一定的经济效益。射阳县农村在近几年呈现出中青年劳动力外流、留守群体经营农业的现状。而老年人和妇女在农业生产中面临着劳动力的限制，即难以应付小麦、水稻种植管理环节中的重体力活，尤其是随着年龄增大而难以使用自家小机械进行耕田、整田。而联耕联种在村级组织的统筹下，实现

① 贺雪峰：《农技推广不可“以钱养事”》，《探索与争鸣》2012 年第 11 期。

了规模土地面积上的统一机械作业，从而减轻了劳动力的自我投入，而只需负责施肥、打药、看水等日常田间管理。

在降低生产成本上，主要因为联耕联种可以实现大机械规模化作业，如在一个条田或一个框田中进行统一耕作，就减少了大机械转移、掉头的非作业时间和油耗，使得农机使用效率提高，也就会降低收取农户的作业费用。如使用大机械进行深耕、耙田的费用是 70 元，农户分散种植的相应费用则需要 100 元左右。用种量和肥料也有所减少，联耕联种所需要的小麦种子一般是 30 斤/亩，而一般农户则需要 50 斤/亩。在小麦种植中，施肥是跟条播机同时进行的，每亩需要复合肥 15 斤左右，而一家一户的撒播需要 30 ~ 40 斤。

（二）解决了农技推广“最后一公里”的难题

联耕联种为农技推广提供了一条对接农户需求的通道，使得新技术、新品种和新装备等进入农业生产过程中。联耕联种扩大了土地规模，激发起当地农机市场的发育，从而实现大农机对小农机的替代，更好地为农户提供专业、高效的社会化服务。近几年，射阳县农机市场基本饱和，主要是用大农机更换小农机，在农机拥有量上排在江苏省前列。机插秧技术的快速发展也是联耕联种的重要内容，2013 年射阳县的机插秧面积是 30 万亩，2015 年就达到了 60 万亩。在整体上，机插秧面积已经超过水稻直播和抛秧面积。相对于直播和抛秧，机插秧通风、光照好，病虫害也相对较少，从而能够达到稳产的效果。机插秧的推行也有利于实现病虫害管理中的统防统治。

射阳县高平村近两年的联耕联种发展很快，机械化水平不断提高。以前是“犁等田，田等水”，如果有个别田块没有整出来，就要等着统一上水。现在用机械耕田整地的效率就很高，“原因也在于以前都是小机械，机械动力少，跟不上，农忙时间就会拖得很长”。现在有大机械就会跟得上，从而能够将适时播种时间提前一个星期左右，而这个时间的提前对粮食产量有重要影响。因为如果过了适播时间，小麦和水稻的生长周期就会缩短，造成产量下降。据射阳县农委介绍，播种期如果推迟 10 天，每亩产量就会下降 40 ~ 60 公斤；推迟 20 天，产量下降达 80 ~ 100 公斤。

（三）为老人农业提供了空间，延缓了其将土地流转出去和退出农业生产的时间

射阳县 2014 年的数据显示，射阳县总人口是 96.64 万人，农业人口有

72.85 万人。农村老龄化人口有 18.3 万人，占全县总人口的 18.9%，占全县农业人口的 25%。老人种田成为当前和未来一段时间的基本现实。联耕联种使原本相对年龄较大的群体能够种得了田、种好田，不仅老人农业可以保持，而且很多六七十岁年龄的群体也能耕种中等规模的土地，成为“中农”。因此，联耕联种使得中农的整体年龄结构得到提高，即由以前 55～60 岁的人可以成为中农，能够耕种二三十亩地、做一些副业，到现在 70 岁的老年人也可以在联耕联种的条件下成为中农。

老人农业之所以更能种得好田，主要因为村级组织介入农业生产的组织协调中，能够为分散农户统一购置种子和秧苗，也能为其协调机耕、机整和机插秧作业，农户只需要负责田间管理就行，种田结构简化，农户不需要再去操心购买何种品种的种子、农药和化肥等问题，也不需要自己去联系农机手去耕作小而分散的地块。

因此，联耕联种就为农村中的老年人群体提供了从事农业生产的保障，而且在体力下降的情况下仍然可以亲自参与进来。这样，参加联耕联种的农户就不愿意将土地流转出去，主要是因为流转租金远远低于自己种植的收入。射阳县土地流转费用一般是每年 1000 元/亩，农户之间自发的流转费用一般是三四百元，而如果自己耕种的话，一亩地两季的纯收入能有 1500 元。只有当农户完全没有体力时才会将土地流转出去，或将土地交给子女耕种、退出农业生产。老年人群体继续从事农业生产，很好地构成了“以代际分工为基础的半工半耕”家庭经济模式[①]，通过农业生产获得农业收入以满足自我需要、实现自我价值，还能对家庭生活形成经济支持。

（四）联耕联种使村干部嵌入农业生产中，重塑和再造基层治理责任

联耕联种是以村干部为中心来连接农户与服务组织。连接农户主要是到农户家收取费用，包括购买种子的费用、秧苗费等；连接合作社、农机手主要是代表农户与合作社、农机手等社会化服务组织签订服务合同，并在大忙时间与其协商调配农机耕作，尽快耕整土地、插秧。简言之就是组织农民，组织合作社。

联耕联种使村干部的行为嵌入农民的生产生活中去，而不是之前简单的收取养老金、医保费，为农户盖章等事务。在推动联耕联种的时候，村

---

① 贺雪峰、印子：《小农经济与农业现代化的路径选择——兼评农业现代化激进主义》2015 年第 2 期。

干部首先面临的是“钉子户”问题。因为每一个条田里都会有村民不愿意参加联耕联种，这就需要村干部不断去做村民的思想工作。做通农民的思想工作后，接踵而来的就是要对农户的生产负责，“如果搞不好，村民就会不满意”。

村干部治理责任的形成来自于两个方面的压力，一是压力型体制，二是来自农户的压力。联耕联种不可能由村民自发组织进行，而必须由行政力量推动，并纳入行政考核体系中，从而使村干部有了推动联耕联种的压力和动力。例如，县乡政府对高平村的考核任务是联耕联种面积每年都要翻一番，高平村第一年联耕联种的面积是 600 亩，今年就要达到 1200 亩，明年则要发展到 2400 亩。贺新村因为属于全县十佳示范村，村干部面临的压力就更大，而且要在三年内形成联耕联种的整村推进、全覆盖。在村民观念中联耕联种是由政府推动的，遇到问题理应由政府解决，所以村干部就被赋予了无限责任。“渠道、道路不好，老百姓就会来找干部，村干部就去找挖掘机给他挖路、挖沟。收割的时候干部要到边，秸秆还田、深翻时，帮助农机手来协调。”所以在大忙时间，很多村干部都比一般农户忙，不仅要忙着自家的农活，还要为农户种田操心，“凌晨三四点起床，晚上很晚才睡”也是常见的现象。

总之，联耕联种通过村干部发挥统筹作用而改善了干群关系。在以前，村干部不会主动去找村民，现在村干部则要为群众服务，而且成为联耕联种过程中的重要角色。村干部要为每家每户的农业生产操心，帮助解决联耕联种中出现的问题和困难，使得基层组织与农民的农业生产捆绑在一起。而当村干部想通过土地流转来解决农业问题时，实质上就是消解了村干部的治理责任。[①] 如果土地全部流转给大户或农业企业后，村干部就不需要对接农户的农业生产生活需求，也就成为名不副实的存在。

五 统分结合双层经营体制：联耕联种的性质和特征

联耕联种是行政力量推动农民以合适的方式组织起来对接大生产的农业现代化过程。在这一过程中，村级组织发挥统筹功能将分散农户的小生

① 杨华：《重塑农村基层组织的治理责任》，《南京农业大学学报》（社会科学版）2011 年第 2 期。

产与社会化大生产相结合，以此来释放生产力的经营模式和经营体制。

（一）联耕联种是在不改变土地经营权的条件下实现土地规模经营和生产力的提高

联耕联种不需要经过土地流转而形成规模面积，仍旧保持着分散农户的小规模家庭经营，只是在耕作环节实现有限的统一，如统一供种、统一机耕机整等。这样就将家庭分散经营的优势（精耕细作）和一家一户办不了、不好办的规模化经营、规模化服务结合起来，进而就为实现以小农户为主体的农业现代化提供了可能。

（二）联耕联种的本质在于农业生产环节中村级组织统筹功能的发挥

联耕联种是一种真正的双层经营责任制。村级组织“统”的表现主要是，为分散农业提供大生产和社会化服务的条件，如统一购种、统一协调机械等。有农户认为“联耕联种跟自己之前种田差不多”，还都是由自己找农机手、负责日常田间管理，但这忽视了村级组织在农业生产整体环境上所做的工作，如负责种子的统一，在农机不能正常满足农户的需求时进行全村协调。这些工作并不能体现在每家每户的农业生产中，但却是依靠村集体去对接大生产，改变了单家独户农民进行农业生产的独立性，而嵌入农业生产的整体环节中去。

村级组织统筹功能的发挥，不仅体现在农业生产的部分环节中，还使得社会化服务和新技术、新品种等农技推广都被吸纳进来。正是依靠这种统筹，国家与农户间的技术空间、组织空间都被连接起来了。

（三）联耕联种经营模式是一种不排斥小农、包容小农和老人农业的模式

主流的农业现代化话语是支持大户等新型经营主体，而排挤所谓“保守”“落后”的小农经济，联耕联种则正是为大多数分散农户提供的路径选择，为小农提供精细的农业技术，如大机械的使用、机条播、机插秧技术以及测土配方肥等。

在此基础上，联耕联种还解决了农民问题和农村问题。农业现代化不仅仅是为了解决农业问题，更要解决农村和农民问题。联耕联种是为大多数小农提供的服务，使老人农业能够分享到技术下乡的成果，从而能够在体力不足的情况下通过联耕联种继续从事农业生产，进而就将农业利润留在农户家庭中，稳定了“以代际分工为基础的半工半耕”家庭经济结构。[①] 此外，联

① 贺雪峰：《论中坚农民》，《南京农业大学学报》（社会科学版）2015 年第 4 期。

耕联种需要村级组织嵌入农业生产的各个环节当中，就重新激发了村干部的治理责任，要不断解决农户面临的各种难题，从而使基层治理与农民的生产生活紧密关联起来。

（四）联耕联种经营模式不同于规模经营和合作社经营模式

当前被地方政府积极支持和推动的以社会资本为支撑的农业规模经营，大多数是通过土地流转形成规模土地面积，并提高机械化和现代化水平。大户的规模经营是一种农业现代化的实现形式，不仅达到土地连片成块的目标，还有利于新技术、新品种和新装备的技术推广。联耕联种经营模式只是在面积上的集中，是在生产力层面上的大生产，而不是生产关系层面上的大生产。

从本质上看，农业规模经营只是扩大了的小农生产，仍然是分散的小农式经营，在本质上并没有改变传统小农一家一户的经营方式。因为大户的规模经营就是单个的个体扩大了土地经营面积，从而具备了进行机械化作业的条件，提高了机械化水平。规模经营仍然处于量的层面上，没有在生产关系上具有“统”的层面。联耕联种不是在量上扩大的小农经济，因为其加进了“统”的一面，就可以将组织起来的农户与大生产和大市场发生互动，从本质上改变了家庭经营的组织形态和经营形式。乡村基层组织的统筹功能将分散农的户组织起来，改变了农户的独立经营状态，能够统筹解决农业生产环节中的部分问题，也就实现了在生产关系上的大生产。

联耕联种在表面上与合作社经营相类似，合作社可以为社员提供产前、产中和产后环节的服务，如产前购买生产资料上的统购和优惠，产中提供机械化服务，产后提供统销服务等。联耕联种虽然为分散农户统一供种，提供机耕、机插秧等服务，但不是简单的合作社经营，联耕联种因为有“统”的因素存在就使其在组织形态上产生了飞跃。“统”有两个方面的内涵，一是村级组织与农户的互动，如开会、替农户预定和购买种子秧苗、收取费用；二是与农机手、合作社的互动，如签订作业合同，规定作业标准和质量，并在全村范围内协调农机。而合作社经营虽然在技术和流程上跟联耕联种相似，但并没有村级组织统筹因素的介入，其与农户的关系是单纯的市场关系。

在农技推广上，联耕联种与规模经营和合作社经营也存在差异。大户的规模经营和合作社纵然可以接受新技术和新品种，成为农技推广的重要载体，但这仍然改变不了农技推广难以与分散农户对接的困局，必须主动寻求对大型机械等新技术的使用。而联耕联种则是在整体上解决了农技推广“最后一公里”的难题，分散农户主体没有改变，土地经营权没有流转，但通过农技部门与村级组织的联合，以统一购种为平台，实现了自上而下技术推广体系的贯通，并且使大多数农户都能分享到技术推广的成果。

国有农场对农村经营体制改革的启示*

贺雪峰

摘要 国有农场的土地国有制和农村土地集体所有制是两种不同的土地公有制形式，都是完全不同于土地私有的制度安排。改革开放之初，农村实行分田到户的责任制，极大地释放出农业生产力，国有农场普遍学习农村分田到户的经验。进入21世纪后，国有农场农业经营体制与农村农业经营体制发生了重要分化，其中农村经营体制越来越强调农户承包经营权，而国有农场坚持农地生产资料公有制的性质。在21世纪快速城市化和农业机械化的背景下面，国有农场通过调整土地关系和生产关系，很好地适应了农业生产力变化的需要。相对来讲，农村经营体制因为过于强调农户承包经营权，导致农业生产力严重受制于现行农村土地关系的束缚。国有农场的经营体制和土地制度安排为农村经营体制改革提供了重要启示。

关键词 国有农场 农业经营体制 土地公有制 产权制度

一 引论

最近一段时间调研国有农场，有一些发现，值得讨论。其中最为重要的是，国有农场的经营体制对农村经营体制有着相当重要的启示作用。因为国有农场大都很好地克服了当前农村经营体制存在的诸种弊病。国有农场的土地属于国有，农村土地属于集体所有，国有与集体所有是两种有所差异的公有制，都不同于土地私有制。1983年，全国农垦系统普遍学习实行农村分田到户的经营体制。进入新世纪，农村取消农业税及附着于农业税上面的各种收费，农场没有取消之前向职工承包土地的收费，而改为收取租赁费，从而走上了与农村经营体制不同的道路。

---

* 本文发表于《华中农业大学学报》（社会科学版）2017年第3期。

当前全国农垦系统共有9000多万亩耕地，数百万职工。有关资料显示，全国农垦系统共用约占全国4.37%的种植面积生产出全国5.88%的粮食，2015年农垦系统的粮食亩产达到476公斤，高出全国平均水平120多公斤。[①] 以江苏垦区为例，江苏农垦2013年用占全省1.45%的耕地生产了全省3%的粮食。[②] 农垦的耕种收综合机械化水平达到86%，高于全国平均水平29个百分点。[③] 几乎在全国所有省区，国有农场的农业机械化程度、科技水平、农业组织化程度、农业综合服务能力都好于地方。

当然，全国农垦系统内部差异也很大。其中新疆建设兵团直属中央，农垦与戍边两项职责使新疆建设兵团与一般农垦具有很大差异。黑龙江农垦耕地面积极大，职均耕地远远超过全国农民人均耕地，也远远超过全国农垦系统职均耕地面积。在种植结构上差异也极大。其余大部分省份国有农场人均占有耕地面积与一般农村差异不大。不过，各省份的国有农场有一项却是相同的，即国有农场土地属于国有，正是土地国有形成了当前国有农场的独特经营体制。以下我们重点以安徽农垦调查为例，讨论农垦体制及可能对农村经营体制的借鉴意义。

二　国有农场农业经营体制的形成

农垦系统的国有农场是20世纪50年代国家组织垦荒形成的，一般的垦荒对象是湖、岗、山、岔等不易农耕的土地，其中少数国有农场在垦荒之前已经有农户甚至村庄，就出现了以场带村的情况。大多数国有农场是在人迹罕至的土地上垦荒，由此形成了农垦体制。除新疆建设兵团等极少数仍然保留比较严格的团场体制以外，改革开放以后，全国绝大多数国有农场内部实行了各种形式的责任制。

改革开放之初，全国农村经营体制改革，实行以家庭承包为基础的责任制，村社集体土地承包给农户，“交够国家、留足集体的、剩下都是自己的”，农村实行以“大包干”为主要特点的分田到户体制调动了农户的生产

① 根据2016年国家统计数据计算得出。参见中华人民共和国国家统计局：《中国统计年鉴2016》，中国统计出版社，2016。

② 江苏农垦集团有限公司：《全国农垦重大问题调研汇报提纲》（内部资料）。

③ 周琳：《农垦有望率先实现农业现代化》，《经济日报》2013年10月31日。

积极性，推动了农业生产力的发展。1983 年前后，全国绝大多数国有农场学习农村经营体制改革经验，实行了类似农村家庭承包制的土地承包责任制，甚至有些国有农场将土地承包期定为与农村同样的 15 年不变。不过，总体来讲，国有农场学习农村经营体制时保留了国有农场部分特点，一是土地承包期限大多较短，且缺少对土地承包经营权的物权化界定；二是农场保留了比较强的干预职工家庭农场的能力，尤其是在诸如共同生产事务诸方面，农场有较强干预能力。

分田到户之初，家庭承包责任制极大地调动了农民进行农业生产的积极性，发展了农业生产。不过，到了 20 世纪 90 年代，因为粮价低迷，农业税费负担日渐加重，农民收入增长速度下降，农业、农村、农民逐渐成为“三农”问题。解决“三农”问题成为中央工作的“重中之重”。在 20 世纪 90 年代，有些地区农民视土地承包经营权为负担，弃田抛荒的情况不断发生，农业税费收取成为“天下第一难事”。与税费收取困难相一致的是村社集体为农户提供共同生产服务的能力快速下降，农业生产基础条件越来越差。进入 21 世纪，中央下决心进行农村税费改革，从规范农民负担减轻农民负担，到 2006 年彻底取消农业税和附着在农业税上专门面向农民的各种收费。之前成为农民负担的土地承包经营权立即变成了真金白银，之前坚决不要承包的土地农户向村社集体要求要回自己土地的承包经营权。而因为村社集体不再向农户收取税费，村社集体也失去了为农户提供共同生产服务的能力。且因为不再收取税费，农户也不再可能借村社集体收取税费来提出生产生活诉求要求村社集体及其之上的县、乡政府必须解决。农户不再承担农业税费，土地承包经营权只有权利而无义务，在一些政策法律规定中，农户土地承包经营权变成了用益物权，乡村组织与农户之间的关系变得松散。结果就是：村社集体丧失了统筹农户进行农业生产的能力，农户只能单家独户各自应对农业生产事务。在很小规模农地上形成密集而分散的土地权利，造成普遍的“反公地悲剧”。

学习农村经营体制的国有农场在 20 世纪 90 年代，同样遇到了因为农产品低价及土地负担较重所造成的困境。不过，在农村进行税费改革并最终取消了农业税的情况下，国有农场开始走上与农村经营体制不同的道路，即国有农场仍然保留了对承包给职工家庭土地收取税费的权利。只是农村税费改革取消了农业税费，农垦系统的国有农场将之前向职工收取的附着在土地上的税费改称租赁费，并进一步明确了国有农场与职工家庭之间的土地承包关系与农村是不同的，准确的关系应当是土地租赁关系。国有农场将国有土地租赁给农场职工家庭进行农业生产，职工家庭就必须承担土地租赁费。国有土地与农村集体土地是不同性质的土地，所以国有农场不可能将土地无偿地长期承包给职工。正是因此，国有农场开始了完全不同于农村的经营体制建设并取得了重要成果。

三　国有农场农业经营体制的特点

从全国农垦系统的农业经营体制来看，农垦的主要模式是大农场套小农场。大农场就是国有农场，小农场就是租赁国有土地进行农业生产的职工家庭农场。

一般来讲，农场所有职工都有从农场租赁土地进行农业生产以获得就业与收入的权利。因为农场职工是纳入城镇社会养老保险的，职工是农场的职工，与农场签有劳动合同，职工要缴8%的养老保险金，农场作为劳动合同聘用单位要缴纳20%的养老保险，农垦系统普遍通过给职工分身份田来代替农场缴20%的养老保险金。身份田不用缴纳租赁费，一般每个职工4～6亩。身份田以外的农场耕地也要让职工来耕种，这些身份田以外的国有农场耕地就以招标形式租赁给职工家庭，一般都是按职工人数平均分配租赁田，而不完全是市场招标。租赁费一般比市场土地租金低。每个职工家庭以身份田+招标田形成了国有农场下面的职工家庭农场，职工家庭农场自主经营。

与实行土地承包制的农村不同，国有农场实行的土地租赁制基础上的大农场套小农场有以下几个重要特点：

第一，土地所有权是国家的，职工家庭只有土地使用权。土地是由农场租赁给职工家庭的，职工家庭租用国有土地必须缴纳租赁费。

第二，一般情况下，职工家庭租赁土地只能自己耕种，不能转让、转包，职工家庭自己不种地，就要将租赁土地退还农场，农场再进行招标，一般是在农场内部进行招标。先内后外。只有当农场职工都不愿租赁土地时才对外招标。

第三，除身份田以外的招标田，一般也是按农场耕地数除以愿要土地耕种职工数所得均数进行招标租赁，每个职工都有相等的获得农场招标土地的权利。

第四，农场土地租赁合同一般为3～5年。合同到期后并非一定要调整耕地，在土地分配基本合理的情况下，租赁土地合同可以顺延。换句话说，职工家庭对租赁土地只有有限期限的土地使用权，这与农村集体土地农民家庭具有长期而稳定的土地承包经营权完全不同。农村村社集体不可能收回农民土地承包经营权，而农场职工家庭不愿承担租赁费时，国有农场可以收回租赁给职工家庭的土地使用权。

第五，正因为农场租赁给农场职工家庭的土地是有条件的，农场就可以要求租赁农场土地职工家庭承担共同生产费，以及进行农业生产的各项义务，比如统一植保、统一品种，甚至统一耕种、统一收割。黑龙江建三江农场搞农业生产的“六统一”，对生产环节事务要求甚多。安徽农垦对职工家庭农场生产环节的统筹则相对较少。

第六，正是可以收取租赁费，可以收取共同生产费，以及可以在生产环节进行统筹，农场就与职工家庭农场之间有密切的联系，就要承担一家一户职工农场所办不好和不好办事情上的工作，就要为职工家庭农场提供生产环节的各种服务，以及有能力为职工家庭农场提供各种服务。

这样一来，国有农场就通过租赁土地制度有效解决了职工家庭农场在农业上存在的各种问题。例如，公共服务、技术推广、统一服务、土地分散细碎、生产自救、水利灌溉、机耕道、社会化服务和反公地悲剧等等。

同时，由于土地使用权不是用益物权更非财产权，仅仅是使用权，因此需要承担租赁费，且只能自己耕种土地，就使得那些不愿种地愿进城务工经商的职工家庭就不再租赁土地，退出了土地，进城去了。他们进城失败回来种地，就可以再向农场租赁土地耕种。这样一来，在农场职工进城与从事农业生产之间就可以形成一个均衡。因为不存在进城失败就不能返回租赁土地的问题，所有对从事农业生产不太满意、觉得农业收入不高、希望到城市务工经商碰碰运气的农场职工和他们的家庭就敢于也愿意进城务工经商。大量农场职工和他们的家庭进城务工经商不再种地，他们之前租赁的土地就退回给农场，农场再通过招标的形式，先内后外，将土地租赁给留场务农的职工及家庭。进城不再种地的职工家庭越多，留场种地的职工及家庭就越可以有更大的种植规模，就可以有更佳的适度经营条件，就可能从农业中获得更加稳定且更高的收入。一旦从事农业生产有利可图，进城务工变得艰难的职工及家庭就可能返回农场种地。这样，在城市和农场之间，在务工和务农之间，在国家经济形势比较好和比较差之间，以及在不同的家庭生命周期和家庭策略之间，就会形成一种动态的均衡。

随着中国城市化进程的加速，越来越多进城务工经商的农场职工及家庭在城市体面地安居下来，他们逐渐脱离了土地，成为在城市稳定就业的人群，逐步摆脱了与农场和农业的关系。而农场部分职工及家庭在逐步扩大经营规模的基础上成为高水平的农业种植户。

四　国有农场农业经营体制与农村农业经营体制的比较

农场租赁制度有三条特别重要，一是招标田必须缴纳租赁费；二是租赁的土地只能自己种，不能转包；三是租赁合同一年一签，租赁期限一般为3~5年。正是这三条，清晰明确地界定了国有农场国有土地的公有性质及其作为生产资料的性质。也正是这三条使国有农场国有土地使用权与农村集体土地所有制中的农民土地承包经营权区别开来。虽然农场的国有土地与农村集体土地都是公有制的土地，按《宪法》都只应当是生产资料，但分田到户以后，因为不断出台的农村土地政策和修改相关法律尤其是《物权法》和《土地承包法》，而使同为公有制的国有农场的国有土地与村社集体的集体土地有了极大差异。

对应国有农场土地租赁制，农村村社集体土地承包制有以下三条。一是承包经营集体土地的农户不缴纳任何承包费，也不承担农业税；二是农民承包土地可以转包、出租、转让；三是农民具有长期而稳定的土地承包经营权，这样一种长期而稳定的土地承包经营权，强调“确权、确地、确四至”，土地所有者的村社集体不能调整土地。甚至，农户可以用土地承包经营权进行抵押融资，《物权法》直接将农村土地承包经营权界定为“用益物权”，农村集体土地的生产资料性质就逐步具有了财产权的性质。从农业生产角度来看，国有土地与集体土地具有相当不同的权利设置，因此就会产生完全不同的资源配置效果，就会产生其他相当不同的系列效应。

第一，国有农场职工租赁土地必须缴纳租赁费。一是土地使用权只是一种有限的土地权利，是一种在土地上劳动从而获得劳动收入的权利。土地使用权不是财产权，租赁使用国有农场的土地必须付租赁费，则进城务工经商不再种地的农场职工就不会强烈要求获得土地使用权。进城务工经商有务工经商的收入，宜进城就进城。相对来讲，因为农村土地承包经营权不用付费，且越来越财产化了，进城农民不仅不会放弃他们的土地承包经营权，而且在任何时候都会激烈地争夺他们认为自己应当获得的土地承包经营权。为了防止农户对土地承包经营权的激烈争夺，国家政策强调“确权、确地、确四至”，强调“增人不增地、减人不减地”，以及强调土地承包经营权长久不变，从而进一步强化了农地的财产性质。土地承包经营权长久不变，而越来越多农户进城务工经商，在城市获得了稳定就业与收入，在城市体面安居下来，他们却不愿意放弃自己不用付费的土地承包经营权。进城体面安居的之前的农户，他们将土地承包经营权保留在自己手上，以储值，以保留自己的村庄人身份，以留下乡愁。他们可以将土地承包经营权中的经营权流转出去，但他们一定要求收取高额的租金，以及不允许流入土地经营权的种植户在自己土地上搞便利生产的建设。

一句话，因为农村土地承包经营权不用付出任何费用，就使得村社集体成员激烈争夺土地承包经营权，且已在城市安居的那些占有土地承包经营权的城居地主不会放弃土地权利。越来越多具有土地承包权的农户进城成为城居地主，这些城居地主都具有小块土地的承包经营权。这些不再种地的城居地主将小块土地经营权流转给种植户时，种植户不仅要付出高额租金，而且完全无法对分散细碎的分属众多城居地主的土地进行便利农业生产的改造。这就造成先进生产力无法介入农业，基本农业设施无法建设，以致农业生产大受影响。

第二，国有农场规定租赁土地只能自己种，不能转包，充分表明了国有农场土地生产资料的属性。正是因为不能转包，那些已经进城、可以在城市获得稳定就业与收入的职工及家庭就不会竞争农场土地的使用权，就不会成为城居地主。反过来，如果进城失败，他们愿意回来种地，他们就可以再向农场申请土地使用权，从而可以获得土地上的农业就业。相对来讲，当前农村集体土地制度中，农民的土地承包经营权可以转让转包，农民进城不种地了，他们仍然占有集体土地的承包经营权，并通过转包来获取利益。随着越来越多农户进城安居，之前村社集体土地的承包经营权平均分配给村社成员，结果村社大部分具有承包经营权的农户进城去了不再种地，但他们仍然占有土地，成为城居地主。进城村社成员无法割断与农村土地的联系，同时，留在农村从事农业生产的农户却面对过于细碎分散的土地难以进行有效率的生产。

第三，租赁合同一般一年一签，最多 5 年一签，国有农场就有能力依据生产力变化的需要和农场职工家庭情况，重新安排土地生产关系以及进行便利农业生产的土地调整。土地很重要的一个特点是不可移动。在当前中国快速城市化的背景下面，越来越多的农场职工和农民进城去了，之前相对分散及小规模的农地就可能形成适度规模经营。随着越来越多职工放弃土地使用权以及机械化的普及，国有农场普遍有能力依据生产力变化的需要进行土地关系和地块的调整，从而可以在扩大种植户规模的同时解决土地细碎化问题。解决土地细碎化有利于机械化和农业灌溉、农业管理，可以大幅度降低农业投入尤其是劳动投入，提高农业效率。在国有农场，最典型的是，因为土地租赁合同一年一签，农场可以根据种植户的需要，在种植户扩大经营规模（因为越来越多职工进城而放弃土地使用权）的同时，可以保证一户一块地。相对来讲，实行土地承包责任制的农村村社集体，土地承包经营权长久不变，农户具有具体地块的长期而稳定的承包经营权。在城市化背景下，越来越多农户进城不再种地，他们将土地流转给仍然留村务农的种植户耕种，种植户可以扩大经营规模，却无法将流转进来的土地集中连片。因为流转进来的土地分散细碎，无法进行有效的基础设施建设，难以管理，从而难以获得最低限度的农业生产效率。与国有农场形成鲜明对比的是，国有农场种植户在扩大经营规模时一般可以做到一户只种一块地，耕地连片。而农村种植户种植与国有农场同样面积的耕地，这些耕地至少要分布在十几个甚至几十个不同的地方，因此不仅产生了生产基础设施建设的困难，而是极大地增加了生产成本，尤其是农业管理的成本。粗略计算，地块分散细碎较土地连片，农业投入成本尤其是劳动投入成本一般要增加1/3以上。而且农村种植户流入的是其他农户的土地经营权，这些土地一般是不会被允许种植户进行基础设施建设与改造的。

显然，在当前快速城市化和农业生产力迅速变化的背景下，国有农场土地租赁制度较集体土地承包制度更有利于农业的发展。在某种意义上，当前中国大陆以赋予农民长期而稳定的土地使用权将农户承包经营权物权化的政策，很可能正在陷入日本、韩国和中国台湾等东亚国家和地区农业困境的覆辙。而国有农场的租赁制度则可以化解日本、韩国和中国台湾等国家和地区小农经济的困境。

实行土地承包制的农村，农户具有比较完整的土地承包经营权，且不承担税费负担。农户不仅具有生产经营的自主权，而且可以用土地进行抵押，可以转包，可以从土地流转中获得土地租金。也因为农户具有相当完整的土地权利，无论是县、乡等基层政权还是村社集体组织，都很难对农户经营状况进行干预。

一方面农户不承担税费负担，国家和村社集体不向农户收取任何农地上的税费；另一方面则是基层政权和村社集体既无力也无心来为农户解决他们在生产中遇到的各种难题。结果就是，中国农村“人均一亩三分、户均不过十亩”小农经营在生产环节出现的一家一户“不好办、办不好以及办起来不经济”的共同生产事务，基层政权和村社集体不愿办，单家独户农户办不了，从而造成了严重的农业生产困境。

国有农场土地租赁制，种植户有义务缴纳租赁费。农场不仅要向种植户收取租赁费，而且有能力向种植户收取共同生产费，比如排灌费、修机耕道的费用、统一植保的费用。农场要向种植户收费就必须关心种植户的农业生产、解决种植户在生产环节遇到的困难，为他们提供单家独户无力解决的社会化服务，甚至在遇到严重天灾时组织种植户进行生产自救。正是收取租赁费及有能力收取共同生产费，农场不得不回应并有能力回应农户在农业生产环节遇到的各种难题，解决他们一家一户解决不了的问题，从而就可以提高农业生产的效率。

国有农场搞建设，无论是国家投入还是农场投资，抑或是种植户投资，因为种植户只有有限的土地使用权，农场就有能力让投资建设项目落地，从而在短期内以最低成本建设最好的农业基础设施。相对来讲，农村土地承包经营权属于农户，进行任何建设、项目落地都要与具有较大权利的农户打交道。任何地方都有企图利用土地不可移动的特征坐地要价的“钉子户”。国家为改善农业基础设施进行投资，建设落地时，一个“钉子户”坐地要价，进行项目建设的工程队是不可能通过强制来压服“钉子户”的。而国家每一次满足“钉子户”无理坐地要价都会鼓励更多农户成为“钉子户”，最后的结果就是，当国家为了改善农业生产条件而进行农业基础设施建设时，就会遇到越来越多的“钉子户”索要好处，形成好事不好办的局面。

以土地整理为例，国家为了提高农业生产能力，每年安排上千亿元的财政资金进行土地整理。遗憾的是，大量国家财政资金在农村进行土地整理时遇到了种种麻烦，土地整理的效果相当不好，而国有农场进行土地整理的效果相当好。[①]

---

① 桂华：《项目制与农村公共品供给体制分析——以农地整治为例》，《政治学研究》2014 年第 4 期。

农垦系统的国有农场差异很大，既有黑龙江职工家庭农场平均租赁面积 500 亩的大规模农场，又有职工家庭只有几十亩甚至十几亩的小规模农场。而且，有一些国有农场还要承担对农场居民的责任，比如安徽皖河农场共有 5.8 万亩耕地，有 3000 多名职工，2.6 万居民，皖河农场有以场带队的历史，农场所有居民都有平等租赁农场国有土地进行农业生产的权利。从人均耕地来看，皖河农场的人地关系十分紧张，甚至差于当地的普通农村。不过，皖河农场是国有农场，实行土地租赁制，就与农村以家庭承包为基础的经营体制有了极大差异。相对于皖河农场附近的农村，皖河农场的土地租赁体制具有极大优越性。择要有：解决了土地细碎化问题，解决了共同生产不足的问题，解决了进城户与种植户争地的问题，从而保证了职工进城与留场之间的平衡。几乎所有当前农村家庭承包存在的问题国有农场都有效地解决了。①

五　农村经营体制可以从国有农场经营体制中学习什么

国有农场的土地国有制和村社集体的土地集体所有制是两种有所差异的土地公有制形式。改革开放之初，分田到户是为了调动农民进行农业生产的积极性，释放农业生产力，从而通过承包让农户占有一部分集体所有土地权利，尤其是农民占有土地剩余的权利。分田到户之初，家庭承包制调动了农户生产积极性，发展了农业生产力。不过，承包制的局限性很快就出现了，尤其是后来农村土地制度设计的方向给农户更大土地权利，甚至向农户土地承包经营权物权化方向发展，最终造成城市化背景下和机械化发展条件下，农业生产力极大地受到被严重分割农地产权的制约，中国农村的农业生产陷入东亚国家和地区所共有的小农困境中。

21 世纪之初进行农村税费改革时，1983 年学习农村家庭承包制的国有农场开始摆脱之前学习的农村承包制，充分利用土地国有制的制度安排进行探索。正是这个探索解决了城市化背景下和农业机械化条件下，农业生产关系包括土地关系对农业生产力变化的适应，从而走出了一条新路。

以家庭承包为基础的农村基本经营体制要向国有农场学习。

如何学习？很简单，就是强调农村农地集体所有的生产资料性质，改

① 贺雪峰：《国有农场可以为农村经营体制提供什么借鉴：安徽皖河农场调查》（待刊稿）。

变当前将农地变成农民土地财产的方向。具体大致可以学习国有农场作两点规定：一是土地是集体所有的，农户具有承包经营权，承包经营权不能转让转包，不种地农户要将土地承包经营权退还村社集体，由村社集体先内后外招标承包。承包期有限。退出土地承包经营权农户可以获得一定数量的土地租金收益。且当农户愿意种地时，可以随时要回土地自种。二是以仍然种植土地留村种植户为中心，进行村社集体土地使用权的分配和调整。在一个时点上，所有村社集体成员中愿意种地的农户可以分配本户应得面积土地，这部分土地不需要任何缴费。村社集体已经进城或因其他原因不愿种地农户的土地，可以通过招标方式先内后外进行招标，优先给到本村社集体种地农户。招标所得土地租金一部分用于支付退出承包土地的农户，一部分用于农田基本建设。最重要的是，村社集体土地可以依据生产便利进行调整，以尽可能做到村社集体种植户一户一块地，土地连片。同时，村社集体利用国家资源以及自筹款项对农地进行整治改造。

简单地说，当前农村土地集体所有制应进行改造，一是土地是生产资料，而不是财产权，只有自己耕种才能获得土地使用权；二是村社集体土地应优先由仍然从事农业生产的本村社农户依据生产便利原则分配调整。

若作这样的安排，再由国家筹资对农村土地进行整理，则在当前中国所处农村人口快速城市化背景下，就可能发生诸多重要效应。

第一，随着越来越多农户进城，在城市获得稳定就业和收入，并在城市安居，这些城居农民就变成了真正彻底离开土地的城市人，他们逐步切断了与土地的联系。相应地，仍然留村种地的农户可以不断扩大经营规模，并在扩大生产规模的过程中通过地块调整解决土地细碎化的问题，从而提高农业生产效率。

第二，进城就业不再种地并因此退出了土地承包经营权的农户，他们在城市打拼，并可以获得相对有限的退出承包地的土地租金。他们中的多数人最终可以通过在城市打拼而在城市安居下来。但也会有一部分进城农户左冲右突仍然难以在城市安居，他们就可以选择返乡，就可以要求获得自种的土地使用权。正是进城失败返乡可以要回土地使用权，农民进城时就可以放心地将承包土地退还给村庄集体，安心进城。

第三，仍然留村的农户中，既有年龄化较大的农户，他们可能只愿种较少的土地，在获得土地收入同时以种地打发时间；还有农户期待通过扩大农业生产规模形成适度规模经营，并同时通过为其他农户提供农机服务来获得收入，这些农户就可能愿意以相对较高的租金招标获取进城农民退出来的承包地，从而形成农村中最有生产能力的“中农”。

第四，村社集体因为有了对集体土地的一定支配权，就有能力及有意愿介入农户生产环节的事务，就有能力、有意愿为农户提供包括调整土地以按户连片耕种在内的各种统筹，就有能力及意愿为农户提供对接大生产的各种服务。正如国有农场为职工家庭农场提供的服务一样。

第五，正是借助有能力及有意愿的村社集体，国家就有能力将自上而下的各种资源输入农村，以建设基本农业设施、提供基本公共服务、保持较好的农业生产和农村生活秩序。

第六，因为克服了在细碎分散农地上集中大量权利所造成的反公地悲剧，农地就可以得到最有效率的使用，农业生产就可以达到最大效率。

在城市化的大背景下，城市有更多的就业和获利机会，农业相对弱势，就会不断有种田农民进城，留村务农农户越来越少。留村务农农户越少，他们越就有了进行大规模经营的机会，集体土地所有使留村扩大种植规模的农户可以克服土地私有制国家农地产权细碎分散难以整合的困局，从而发展成为现代化的高效率且具有收入能力的家庭农场主。这些祖祖辈辈生活在村庄中的种植户，因为有了扩大种植规模及通过土地调整而获得生产便利的条件，从而可以从农业上获利，他们就完全没有必要非得进城了。

村庄中进城农户在城市体面安居下来，但他们仍然可以回来种地，即当城市失去机会以及他们觉得务农的获利机会大于城市时。这些进城的农民有了退路的想象，以及有了家乡的想乡，就有了价值的寄托。

六 小结

无论如何，认真研究当前国有农场经营体制上尤其是在土地制度安排上的优势，理解当前中国农村经营体制存在的主要问题，防止当前盲目将农村土地集体所有制变成农民土地财产权的改革，真正发挥中国农村集体土地所有制的制度优势，不仅可能有效应对中国城市化进程中农业农民问题的严峻挑战，而且完全可以克服东亚国家和地区在农业上所陷入的困境。

论作为“稳定器”和“蓄水池”的日本农村

——兼论中国坚持土地“集体所有制”的必要性

冯　川*

摘要　“城乡二元结构”并非中国所独有，“稳定器”和“蓄水池”的比喻也并非中国学者的发明和专利。日本从近世到20世纪进入高速成长期之前，其农村也曾经发挥了稳定器和蓄水池的作用。这一方面与日本的家制度有很大关系；另一方面日本农村社会广泛存在“半所有”状态，也为归村、归农人口做了预备。中国不存在日本式的家制度。中国现行的土地制度虽是“公有制”，但土地面积的再分配基准都以“人口”或“劳动力”等“个体”为基本单位，需要一个超越家庭之上的行政力量不断平衡人地关系。“集体所有制”起到了与日本“村”相似的作用：限制土地的自由买卖和“完全私有”，保障了农村社会的平衡和稳定。

关键词　中日比较　农村土地制度　集体所有制　稳定器　蓄水池

一　问题的提出

当描述农村在城乡关系中应该扮演的角色时，经历过多次田野调查的学者们对于“农村作为国家现代化的稳定器和劳动力的蓄水池”这一点基本是存在共识的。

比如，贺雪峰在专著和文章中就多次指出：中国大陆当前的城乡二元结构不是剥夺农民利益的结构，而是对中国最庞大弱势群体农民的保护性结构，是中国社会结构至今仍然可以保持巨大弹性的关键。返乡农民工用自己在城市务工所创造的收入过好他们返乡后的生活。他们在农村的生活，远较在城市贫民窟生活的质量要高。这样一来，返乡农民工就构成了中国

* 冯川，武汉大学中国乡村治理研究中心研究员，研究方向为农村土地制度和村落地域比较。

社会中最为稳定的力量之一。“可以容纳无法进城农民且可以让进城失败农民返乡制度的存在，使中国社会结构具有极大的弹性，可以应对各种危机冲击。农村成为中国现代化的稳定器和蓄水池。”温铁军也认为：“从社会稳定角度看，在以往历次危机中，广大农村地区都是国家经济实现‘软着陆’的载体，其中很重要的原因就是农村这个数亿劳动力的‘蓄水池’的池底还没有被完全打破，不仅执政党的农村基本制度没有被改变，2.4亿户农民家庭大多数还有‘二亩三分地’，而且300多万个村社也还有机动地、村办企业、多种经营等内部化处理严重负外部性问题的回旋余地；失业返乡的农民工除了农活，还可以参与很多力所能及的家庭和村社内部多种经营工副业（资源极度短缺或条件极为恶劣地区除外），而不至于使失业危机集中爆发在城市。”① 还有一批从事农村调查研究的青年学者，都在自己的研究中使用过“稳定器、蓄水池”这样的比喻。

不过，大部分研究都将中国的城乡结构与落入“中等收入陷阱”、城市出现大量贫民窟的拉美国家作对比，以突显中国城乡结构的特殊性和优越性，似乎只有中国特有的城乡二元体制，才使农村成为“稳定器”和“蓄水池”。然而，“城乡二元结构”并非中国大陆所独有，农村在城市发展中起到缓冲作用的事例也不仅仅在中国出现，甚至与“稳定器”和“蓄水池”相类似的比喻，也并非中国学者的发明和专利。

比如，日本学者大河内一男在20世纪50年代分析明治、昭和时期的日本劳工问题时，就已经将农村的功能比喻为“蓄水池”（日文为“貯水池”）。他指出：

> 由于农村不能提供维持生活的土地，次、三子在经济景气时从农村流出，到工场地带和矿山求职，若遭遇经济不景气，失掉职场工作，就再归还农村。人们一般称其为“归农”，但他们不是作为农民而回到农业，仅仅因为失掉了工场地带的职场而归返农村，暂时寄生于父兄的家计，处于一种对景气恢复的待业状态。因此，他们不是作为农民而生活在农村，而是作为失业者在农村寄食。这样，伴随着景气的上升和下降，以次、三子为主体的农村过剩人口不断重复着流出、流入，

① 温铁军、董筱丹、石嫣：《中国农业发展方向的转变和政策导向：基于国际比较研究的视角》，《农业经济问题》2010年第10期。

在这一点上可以说，日本的农村对于过剩人口和失业人口来说，发挥着有无限深度的蓄水池般的作用。当然，男子劳动者的情况与不久就放弃作为带薪劳动者生活的来自农家的“外出务工工女”情况不同，不过他们也不一定最终会进入作为农民的生活。他们会在某个时点中止流动生活，试图抓住能够安定于工场地带的雇佣机会，他们中某些幸运的人能够较快地进入作为目的地的某处筑起桥头堡，组建家庭，开始作为都市居住者的生活，但在遭遇严重的恐慌和长期不景气时，他们会再度成为似是而非的‘归农’回到出生地的农村，还流到蓄水池中。①

小笠原真的研究，则用“海绵”这一比喻来说明农村所具有的同样功能。

农村的“家”不仅为城市供给以补充家计为目的的廉价劳动力，而且在他们因过重劳动而受伤、生病，或遭遇因经济不景气而导致的失业时，成为吸收他们的“海绵”（スポンジ）。②

奥井亚纱子对于近现代日本农村家庭的定位，使用了相当于“稳定器”的“安全阀”（日文为“安全弁”）一词。她说：

对于急于发展近代产业的政府而言，作为产业化和资本主义化的

① 〔日〕大河内一男：《黎明期の日本労働運動》，东京，岩波书店，1952。在本书中作者认为：“日本的带薪劳动，是通过男子和女子从农家经济中产生的，他们作为一定期间的带薪劳动者而活动，最后再度还流到旧的农家经济中去。所以日本的劳动者是一只脚留在农家经济中，同时作为带薪劳动者在劳动市场上出现。在工场地带的定住性和定着性，在日本表现得格外稀薄，不能形成扎根工场地带、并在此完成劳动者家族的再生产的安定的社会层。在那里的劳动条件、工资、住宅，仅仅是作为劳动人口生存的一根支柱。在农村与工场地带之间，不仅能看到人们剧烈的流动性，重要的是这种情况下精神性的流动性也很高。并不存在那种将每天工资作为拥有家庭的劳动者的唯一收入，此外一文副收入都没有，并且不测之时连躲避之所和寄生的目标也没有的都市无产者。日本的劳动者并不是仅仅依靠一份工资，破釜沉舟地在工场地带工作。在日本，农家经济和向着出身农村的还流，以及向着出身农村的直接或间接的经济性依存，赋予了他们的生活全体以特殊的色调。这样，外出务工所带有的显著特征，造就了日本工资劳动者的“低工资”及其他一切劳动条件、劳动市场的形态、劳动工会即其他劳动者组织的形态、特殊的劳动者意识及精神气象。”

② 〔日〕小笠原真：《日本の近代化と「家」》，《奈良教育大学紀要》（人文・社会科学卷）1973 年第 22 号，第 119 页。

> 主要担当者的城市核心家庭固然必要，但作为“安全阀”（安全弁）的农村的“家”以及“家”与城市核心家庭的联系也同样重要。国家正是同时利用这两种构造，节约了资本主义化过程中不可或缺的社会保障费用。①

从日本学者的上述论述中，至少可以认为，不仅是中国当下的农村，日本农村也曾经发挥了稳定器和蓄水池的作用。不同于用近现代的法律术语“私有制”就能简单概括的状况，日本农村作为“稳定器”和“蓄水池”的作用之所以能够发挥，其背后有着更加复杂的机制和背景。本文将首先列举日本农村发挥稳定器和蓄水池作用的时代和事例，对现象做出大体的梳理，然后对现象背后的社会基础试做分析，最后以此为参照系，反思中国农村坚持“集体所有制”的必要性。

二　农村在城乡关系中功能的变迁：从致乱之源到“稳定器”和“蓄水池”

从历史的角度看，农村的社会整体结构并不是从一开始就能发挥稳定器和蓄水池的作用。能够用来说明这一点的，就是对农村和城市间人口移动的方向和目的的考察。如果农村能够发挥稳定器和蓄水池的作用，那么其表征就应该是，当城市出现经济凋敝、战乱等状况时，从农村流入城市的人口中将有一部分流回农村（人口还流）。并且，这种人口还流从当事人的目的上看，和城市化过程大体完成后的返回不一样。后者通常是基于当事人的主观情绪和生活志向所做出的一种职业和生涯的选择，在客观上通常发挥缓解农村过疏化进程、使地方社会活性化的作用。而表征农村作为稳定器和蓄水池作用的人口还流，是当事人基于基本生计的需求，或治理者基于缓解城市就业压力、维持城市社会治安和稳定的目的，而发生的现象。

然而，在日本历史上很长一段时间，都基本只存在人口“从农村流向城市”这一种流向。

日本的古代城市，在7世纪后半叶伴随着律令国家的诞生而出现。在古

① 〔日〕奥井亚纱子：《農村―都市移動と家族変動の歴史社会学——近現代日本における〈近代家族の大衆化〉再考》，东京，晃洋书房，2011，第6页。

代律令社会，与稳定器和蓄水池的功能相反，农村是逃散、浮浪、群盗、暴动，进而严重影响城市社会治安的致乱之源。在大化改新之后，日本农村实行的是“班田制”。农民的负担，包括以物品的形式上缴田租、调、庸和杂税。田租的税率约为 3%，并不是很高，但纳税的运输工作由农民承担。“调”的内容是绢、丝、绵、铁、海产品等各地特产品。“庸”以上缴代替岁役[①]的布或米为原则，都由农民担当的运脚夫负责搬运。杂税包括义仓粟和出举。义仓原本是以备荒为目的的储粮仓库。依照《养老令》的规定，农户被分为 9 个等级。农户需按照各自所属的等级向义仓缴纳（储备）一定数量的粟或杂谷。所谓出举，是日本古代一种附加利息的稻米和财物借贷制度。以国[②]为放贷主体的出举称为“公出举”规定，春季向农民贷出的官稻，要在秋季附加 30% ~50% 的利息，连本带息一同回收。起初“公出举”是以劝农、救贫为目的，但到了奈良中期以后，演变为强制性征收的一种税，相反加剧了农村社会的贫穷程度。而以私人为放贷主体的“私出举”，除了放贷稻米，还可以放贷现金和物品，但需要在还贷时支付 50% ~100% 的高利息。

除了上缴物品，农民的负担还包括由“养老赋役令”等规定的劳役。虽然岁役一般由“庸”的缴纳所代替，但除了岁役之外，还有地方临时杂役以及中央官厅的杂役。负担杂役的农民称为“仕丁”[③]。每 50 户农家中会选出 2 人担当“仕丁”，为期 3 年在中央官厅、亲王家或大臣家服役。东大寺的建造，就动用了东大寺司管辖下的 1321 名仕丁，以及 1262 名雇夫。此外，农民的徭役负担，还包括负责官人、贵族们的土地耕作经营，以及参加诸国军团，充当宫城的警卫或防人等。

严苛的课役负担体系，成为导致班田农民穷困的主要原因。再加上奈良、平安时代屡次发生的地震、风水害、蝗害、干旱、火山喷发、火灾、洪水等自然灾害，导致农作物连年歉收，农村粮食经常不足，饥荒常年发生。农作

---

① 岁役，指律令制下，京畿以外的正丁（21 ~60 岁的健康男性。后来改为 22 ~60 岁，23 ~59 岁）每年为期 10 天，次丁（61 ~65 岁的老丁。后来改为 60 －64 岁。以及相当于正丁年龄的残疾人）每年 5 天的劳役。岁役的目的原本是兴修都城的土木事业，但实际上全部代之以作为庸的布、米上缴。

② “国”是从古代到近世时期日本的行政单位之一。由大化改新后的国郡制所规定。在明治维新后，国郡制变更为郡县制。

③ 其中一人为“立丁”，担当实际的工作。“立丁”又分“直丁”和“驱使丁”。另一人为“厮丁”，负责为“立丁”做饭等。

物歉收导致物价飞涨。“公卿以下天下百姓，相继没死不可胜计。”[①] 但即便在饥荒频发的时期，调集农民从事大规模造都工事的活动并没有停止。班田农民的生活防卫和抵抗手段，只有逃亡、不交租税、回避课役等等。“浮浪”是指离开户籍上记载的土地（本贯地）去其他地方的人。导致“浮浪”的最大原因是课役，特别是劳役。“逃亡”的主体，通常是在城市服徭役的役民。而“逃散”的主体，是逃往他乡、他国的班田农民。遍及全日本的农业歉收，导致乞食者往城市聚集，进而引发城市人口密集地带的疫病流行。同时，大量的流民成为横行的群盗，严重威胁城市居民的生活安全。在平安京，除了一部分特权阶层之外，在律令体系松弛、崩坏的社会矛盾中，饥荒引发的物价飞涨、疫病流行、群盗跳梁中度过。

农民“逃散”的直接结果是耕地的荒废化，以及律令制下农民秩序的破坏。不过，这也成为具有社会势力阶层获得私有地的契机。虚假记载户籍和账目、逃避课役、从力役中直接脱离出来的支配者阶层，规模迅速扩大，导致10世纪末农村“庄园制”的形成。日本中世社会生活，就围绕“在领地主”（庄官）与农民的关系，在源平内乱时代、南北争乱、室町幕府权力衰落后的应仁之乱、战国时代等一系列接连不断的战乱中展开。

中世农民的负担主要包括年贡、畠年贡和夫役。年贡是和庄官与地头的加征部分加在一起，要占农户全部收获量的一半以上，与之前的班田制相比更高。畠年贡包括麦、粟、大豆、荞麦等地方特产的上缴。夫役的目的，原本是调动农民集中耕种庄内特定田地，但实际上又通过“公事、所务、所役、公役、国役”等名目加进了各种夫役杂税。此外，有力农民还往往将负担转嫁给“下人”（在地领主和名主的私人隶属民）等下层农民。在天灾频仍、战争不断、兵役繁重、物资征调量大的中世，农民的处境并不比律令制社会下的农民更好，荒废耕地、逃散的现象也在继续不断发生。从村落共同体中流出的浮浪者、乞食者、年贡未纳者、因饥荒而离村者，大量流入城市，形成不定住性极强的漂泊者集团。

可见在近世以前的古代和中世日本，农村社会不但没有发挥稳定器和蓄水池的作用，相反，却成为输出暴力和疾病、威胁城市生活的不稳定因素之一。

到了近世（江户时代），幕府和藩的二重支配体制“幕藩封建制”建立

---

① 〔日〕宇治谷孟：《続日本纪》卷12，东京，吉川弘文馆，2007，第148～149页。

起来。居住在城市的 200 万户武士家族支配着 2600 万～2700 万人口，并通过“年贡村包制”（年貢村請制）从作为领地的“村”中收取年贡。农民过重的贡租负担及商业资本的大规模展开，以及享保、天明、天保年间发生多达 21 次的周期性慢性歉收，都进一步加深了农民的阶层分化，“水吞[①]、佃农层”广泛形成。流入城市的离村农民人口数量在 18 世纪后半期达到顶峰。流入人口主要由“奉公”（入住雇主家里的受雇形态）的贫农家庭的次、三子、由于借钱或没有缴纳年贡而破产的农民、遭遇农作物歉收的农民构成。多少有些资力的农村流出民成为流动小贩、体力劳动者、做零售业务的人，或者“奉公”于城市的武士家族或大商人。[②] 而没有找到职业的农村流出民，则成为浮浪者、乞食非人（一种低贱的社会阶层），或病死街头的“行倒人”。与具有特殊技能的木匠、泥瓦匠等人相比，农村流出民在城市从事日雇或短期雇佣的单纯体力劳动的人占据大多数。

江户幕府基于对农民大量离村会威胁农业生产的担心，以及维持城市治安的考虑，于 1777 年（安永六年）5 月 23 日发布禁止农民到江户城务工经商的“触”（文书的一类），防止农业劳动力流出。1778 年 4 月，江户幕府开始禁止流入城市的出身不明者租借城市房屋长期居住，同时设置称为“日佣座”的组织，在为这些离村的农民提供职业中介服务的同时，也发挥了管制他们的作用。1788 年（天明八年）12 月，幕府禁止陆奥、常陆、下野三国（国是行政单位之一）农民到他国务农经商，并筹划让城市的轻犯罪者回村的方法。[③]

1790 年（宽政二年），江户幕府针对增多的城市“流入下层民”发布了“旧里归农奖励令”：向“在府农民旧里归耕者”支给旅费，并为城市里的失地农民提供耕地，用经济的手段诱导他们返回农村。同时，幕府频繁搜捕流落街头的无宿者，并在江户的石川岛，设置了被称为“人足寄场”的浮浪者收容所。这些无宿者和有犯罪前科的人一起，被送往“人足寄场”。“人足寄场”的字面意思，就是体力劳动者聚集的地方，其功能就相当于“劳动改造”。幕府的意图是，一方面将他们作为劳动力使用，一方面希望他们

① 水吞百姓，也称“无高百姓”，在日本近世农村社会中，不担负直接的贡租上缴义务的下层农民，包括无地的佃农及日雇农。

② 在江户末期，一些在江户城生活稳定下来的农民，开始把妻子和孩子都接进城市居住，再加上贫农家庭女性的城市“奉公”和卖身，江户流入人口的性别比趋于均衡。

③ 《德川禁令考》2817 号、《德川実記》第十编、《新订增補国史大系》第 47 卷。

就此回心转意，最后能够自觉回到农村。[①]

1791年12月，“归农令”被作为宽政改革的重要政策之一下发全国，并通过“町触”向大众传达了归农奖励法的内容。[②] 由于效果不佳，1793年3月和4月又两次重新发布了“归农令”。

综合江户时代城乡关系的情况来看，由于江户时期没有战乱，社会整体趋于安定，在幕藩封建制的制度框架下，农村家庭（多为佃作贫农）的次、三子，甚至女性，在城市“奉公”务工以补充农村生活的农民生计形态，开始出现并发展成熟。[③] 在粮食丰收的年成，他们在农村家中抚养子女；在歉收的年成，他们到城市务工，以维持家计。也就是说，在一部分农民沦落为城市底层，一部分农民在城市长年定居的同时，还有一部分农民根据年成的好坏，或利用农闲期，往来于农村与城市之间，灵活调整离村进城务工的周期。这一部分从事“家计辅助型务工”的农民，进城的目的是挣得补充务农收入的农村生计开销，“人口移动的回归性”是他们的特点。[④] 这种进城志向的出现，标志着农村不再只是单纯扮演将人口推向城市的角色。而“旧里归农奖励令”的实施和“人足寄场”的存在，标志着日本第一次出现了通过行政管理手段促使农民从城市回流农村的现象，农村第一次在城乡整体社会结构中发挥了蓄水池和稳定器的作用。

日本从明治时代开始，进入了以生产者与生产工具分离为标志的产业化时代。近代产业的发展带来社会对非农业劳动力的需求。流出农村的劳动者，不再以“奉公人”的身份，而是以带薪劳动者（賃労働者）的身份被雇佣。占日本带薪劳动者绝大部分的女性劳动者（工女）毫无例外地来自条件差的农村地带的贫农家庭。她们为了补充父母家窘迫的农家生计，以两年或三年为期。由于受到雇佣契约预支制度的束缚，在出嫁前的一定时期，要作为外出务工劳动者到远离娘家的工场（主要是棉丝纺织、织物、生丝工厂等）工作。当然，工场劳动不是她们的终生职业，一旦预定的契约期满，她们就毫无例外地回到乡结婚，开始了农家主妇的生活。从明治

① 〔日〕吉田久一：《日本貧困史》，东京，中央印刷株式会社，1984，第52~69页。

② 〔日〕高柳真三、石井良助：《御触書天保集成》下，（东京），岩波书店，1958，第873页。

③ 小野武夫将江户时代的雇佣劳动，划分为谱代奉公人、佃作奉公人、质奉公人、年季奉公人、季节奉公人和日雇奉公人，〔日〕小野武夫：《農村社会史論講》增订版，严松堂书店，第232页。

④ “出稼ぎ”比较家族史学会编《事典家族》，东京，弘文堂，1996，第624页。

到大正，男子劳动者的数量远不及女子，他们也和女子的情况一样，在本质上也属于外出务工型。他们在农闲期去农民的炭坑务工，或者去北洋渔捞劳动业、僻地的建设作业、土木建筑劳动业等务工。以男子劳动者为中心的工厂、矿山、交通以及其他的带薪劳动，其中大部分劳动者属于农村流出的过剩人口，所谓“次、三子”是其中的重要组成部分。他们在经济景气时从农村流出，到工场地带和矿山求职，若遭遇经济不景气，失掉职场工作，就再回归农村。

从日俄战争后到明治末期，由于战后恐慌、海啸、粮食歉收等原因，包括渔村在内的日本农村又一次普遍进入贫困期。1903～1906 年，农村人口的流出进一步加剧，其中除了乞食者之外，不乏举家离村的“次、三子”。在遭遇经济不景气的情况下，这些在城市充当廉价劳动力的农村人口大部分都会失业。制造业的失业者有多种选择：归农、在同种工业范围内转职、转职为他种工业等，或者到桦太（库页岛）和北海道需求受雇机会。矿山劳动者可选择的出路依次是在同种矿山范围内转职、归农、转职到其他行业、未从业、转职到他种矿山。其中，选择成为“失业归农者”的人数是最多的[①]，这种方式（离村离农型→在村就农型）也是政府以奖励的方式极力提倡的。“失业归农者”的回村，导致农业经营的零细化、耕地争夺的激化，引起地价上涨，并进一步加剧了农村的贫困化。[②] 虽然如此，在大正后半期经济不景气，失业问题已经成为社会问题这一背景下，容纳“归农失业者”这批“潜在”失业过剩人口的农村，毕竟还是有效地防止了社会运动的激化。

昭和恐慌时期的归农政策，同样缓和了城市失业作为社会问题的严重性，不至于造成未就业失业人口滞留城市的现象。1927～1932 年，被解雇后选择归农的实际人数每年达到 20 多万人。[③] 根据农务局关于“职工矿山劳动者的解雇者归农状况”的调查，在 1931 年解雇者的 758532 人之中，归农者就多达 303003 人。[④] 1931 年工厂退职者中有 43% 选择归农，而到了

---

① 大原社会问题研究所：《日本労働年鑑》东京，同人社，1933，第 126～127 页。

② 〔日〕吉田久一：《日本貧困史》，东京，中央印刷株式会社，1984，第 220、296 页。

③ 〔日〕林茂：《農家労働力の流入形態—その実態と問題点—》，《人口問題研究》1966 年第 97 号。

④ 日东农业年鉴刊行会：《日本農業年鑑》，东京，家の光协会，1937，第 73 页。

1933 年，这一比例升为 44%。[①] 1933 年度，日本的专业农户明显增加，而兼业农户则减少了约 3 万户。在暂时流入农户的劳动者中，流入具有亲缘关系的农户中的比例占 47.3%，其中帮忙农作业的占 28.9%，帮忙农外作业的占 10.4%。大多数回村的次、三子，并不会再度作为农民而专心从事农耕劳动，只是作为流入农家暂时的帮手、潜在的失业者，寄生于农家经济，事实上就是寄生于他们的父兄家（离村离农型→在村离农型）。由于他们常常处于对城市雇佣机会的待机状态，因此随着景气的再来，他们将再度流出农村、流向工场地带。单身女子劳动者和“工女”在一定年期终了后，最终会定居在农村，成为农业人口的构成要素，而农家的次、三子及其家族的生活常常是流动的，他们虽表面上看去是定居工场地带，但其基础是不稳固的。一旦遭遇经济恐慌，他们在城市的生活将全体随着户主的失业而丧失根基，看似城市化了的一家生活也灰飞烟灭了。[②] 如果工场地带的失业保险制度和职业介绍机构齐备，或者劳动工会组织强有力的话，或许可以支撑这些人在工场地带继续定居。然而，在缺失这种前提的日本，在城市失业，如果不想成为城市无家无业的“产业预备军”和浮浪者，就意味着“归村”。

二战后，日本农村需要接受庞大的流入人口。1955 年，日本农业就业人口达到 1900 万人以上，其主要原因：一是由于军队复员军人和来自城市的疏开者的归农；二是城市就职难，农家的学校应届毕业生只有选择农业就业。经营耕地面积广、农业劳动生产性和土地生产性都较高的农村，人口流入率较高。而条件较恶劣的零细经营的贫困村，人口流入率低下。1963 年劳动力人口移动调查的数据显示，流入农村的男性中，户主最多（43.2%），随后是长子（26.2%）、次三子（10.8%）、兄弟姐妹（9.1%）、家务佣人（5.2%）。流入农村的女性中，长子的妻子（36.9%）和户主的妻子（35.1%）加在一起比例超过了 70%；随后是次三子的妻子，比例仅为 13.4%；而女儿的回村比例极低，仅为 4.3%。[③] 总体来看，直系家庭成员（户主、长子等）超过 70%，成为人口流入的主体，而旁系家庭成员（次、三子兄弟等）仅为不到 20%。次、三子回村后，一般会建立新家，不会和长子同居太长时间。

---

① 〔日〕隅谷三喜男、小林谦一、兵藤釗：《日本資本主義と労働問題》，东京，东京大学出版会，第 230 页。

② 〔日〕大河内一男：《黎明期の日本労働運動》，东京，岩波书店，1952。

③ 〔日〕林茂·井上隆行：《労働力人口移動実態調査報告書》，農漁村の部，1963。

他们回村后一般处于“在村离农”状态，从事农机具修理，木匠、泥瓦匠等行业。此外，流入人口回村后，被上层农户雇佣从事农业，或者在下层自营兼业农户家里当职人实习帮工等“在农家中就职”的情况也不少见。

总而言之，日本战败后最大的经济问题就是失业问题，而农业大量吸收了失业人口，农村又一次表现出“蓄水池”和“稳定器”的作用，使实际上存在的大量失业者不至于成为明显的社会不稳定因素。

到 20 世纪 50 年代后期，日本的经济开始进入高度成长期，城市能够提供的就业机会逐渐增多，因此农业就业人口的绝对数开始减少。在学校的农家应届毕业生中，除非家业继承人的次、三子外，作为家业继承人的长子，选择农业就业的人数也大幅减少。① 60 年代前半期，农业就业者的转职人数迅速增加。② 不过，这一时期长子和次、三子所表现出的占压倒性多数的离农形态，都属于“在村离农”（在都、道、府、县内部的短距离地区性移动的情况也包括在内）。③ 在此后的时期，虽然“归村”“归农”仍然以人口还流的方式继续存在，但从调节剩余劳动力人口的城乡平衡、缓解城市失业带来的人口滞留和社会不安等问题的角度来看，日本的农村已经不再发挥稳定器和蓄水池的作用。因此，接下来在探讨“稳定器”和“蓄水池”的社会基础的部分，笔者将时间段设定为以日本近世到 20 世纪日本进入高速成长期之前为主的时期。

三　农村成为稳定器和蓄水池的社会基础

（一）家制度

日本的农村能够发挥稳定器和蓄水池的作用，与日本的家制度有很大的关系。在近世以前的历史时期，之所以看不到农村人口回流农村的现象，一个重要的原因就在于当时的生产力条件、战乱、天灾的制约下，日本尚未形成一套成熟的家制度。在一般庶民层中，作为继承从父系直系先祖那里继承家名和家产的永续组织体的“家”，直到 15 世纪末 16 世纪前半叶才

① 〔日〕並木正吉：《農村は変わる》，东京，岩波书店，1960。

② 〔日〕小野旭：《農村人口と都市産業》，载〔日〕南亮三郎・上田正夫编《人口学研究シリーズⅠ日本の人口変動と経済発展》，东京，千仓书房，1975，第 79 ~ 98 页。

③ 〔日〕粒来香：《兄弟順位と社会移動》，载〔日〕佐藤俊树：《階層・移動の現在》（平成 6 年度科学研究费补助金（総合 A）研究成果报告书），1995。

得到确立。到中世后期，才出现百姓（对农民层的名称）的家的联合体制度——乡村制。[①]

经过中世末期的动乱，近世的幕藩制国家为了稳定阶级支配而创立了以兵农分离为起点的身份制。丰臣秀吉解除了百姓的武装，并通过“检地”将他们紧缚在土地上，强制他们专务农耕。垄断武力的武士作为在地领主，聚居于城下町，并借由“村”支配百姓。同时，伴随着武士的城下聚居，为他们调运生活和军事上必要物资的工商业者也汇集于城下，并居住在町中。最终，在统一天下的德川权力之下，以职业分离为基础的武士、百姓（农）、町人（工·商）的身份秩序固定下来。其他各种职业从事者，也根据各自的职业而被编入不同的身份。身份和职业，在当时成为对应关系，并意味着对国家所应尽的义务内容。近世的身份制度，是以“家”为单位，将身份和职业序列化之后所形成的。通过“家”的继承，身份与职业也作为家职（家业）而得到代代传承。百姓由于紧缚在土地上，也就切断了中世时那种对领主的人身从属关系，通过继承登录在检地账上的土地（请地），百姓的“家”就能够代代传承。到此为止，日本的“家制度”才在庶民社会广泛确立。[②] 明治时期，“家制度”更被写进了民法，“家”的理念也得到了维持和强化。

“家制度”是如何使离村、离农的人口归村、归农成为可能的呢？首先，对需要归村、归农的“分家”（次、三子成立的家庭）人口给予生活上的救济、照顾，为这些人安顿好生计，是拥有家长权的父兄（本家）在道义上的责任。

比如，昭和恐慌期的“归村”和“归农”之所以成为可能，是因为从农家走出去的带薪劳动者与农家的亲缘关系并没有断绝，亲缘关系继续延续下去的占了大多数。这反映出了带薪劳动者阶层在未成熟期与农村家庭的交流现象。[③] 恐慌下的农家经济陷入穷困状态，农家本身追加劳动力的能力有限，因此难以适应长时间流入人口的压力。恐慌期的归农政策，与陷入贫穷状态下的零细农耕制不能很好地相容，只能够基于农家的“道义感”等

---

① 〔日〕大山乔平：《中世社会のイエと百姓》，《日本史研究》1977年第176号。

② 〔日〕关口裕子、铃木国弘、大藤修、吉见周子、镰田とし子：《日本家族史》，千叶，梓出版社，1989。

③ 〔日〕林茂：《農家労働力の流入形態—その実態と問題点—》，《人口問題研究》1966年第97号。

非理性的考虑，以一种被动接受的态度，暂时接受流入的“归村”和“归农”人口。

在社会保障制度还没有建立的昭和初期，日本的家制度发挥了社会保障的作用，通过“归村”和“归农”防止失业成为城市的严重社会问题。这是长久以来在“家制度”下，长子与父母所在的“本家”与次、三子所在的“分家”所形成的是作为同一个经营体而存在的“同族团”关系。[①]以农家为例，为了使同族团成为可能，并能维持其发展，在一般情况下，本家都会从事安定的农业经营，而分家则依存于本家的农业经营。安定的农业经营需要以一定程度的土地集聚为前提。其产生的典型结果就是，本家成为“本家地主”，而分家成为“分家佃农”（分给分家的土地不足以自立，要为本家提供劳动力，形成日语所称的“小自作”或“自小作”，即自耕与佃作混合样态）。需要注意的是，次、三子并不是机械地要成为“分家”，而是配合本家的经营发展，而建立分家。

因此，本家与分家的“同族团”关系，其实是以主从关系为核心的“本家中心”互助组织关系。换句话说，本家与分家并不是单纯的“地主—佃农”关系，他们之间还存在“庇护—服务”这样的第二层关系。而到了离村务工现象开始出现的时代，本家与分家的这种“同族团”关系仍然发挥着作用，使村庄对归村、归农人口具有了吸纳的可能。基于家制度和道德规范，对于因失业或伤病而归村者，“家”无论多么勉强，也有义务收留他们。同时，家中也存在不能将“为了家”而外出务工的人抛弃掉的人情。特别对于女工来说，雇佣契约的当事人不是女工本人，而是拥有家长权的父亲或哥哥。契约书中都写有类似“如果发生工伤事故，则由娘家领回”的保证。[②]

日本绝大多数地区流行的长子单独继承制，保证了土地财产不会出现分散和消耗。中国的均分继承制，使得地主“富不过三代”。而日本的长子单独继承制，使得父兄能够稳定掌控从先祖那里代代下传的财产。这些财产能够作为一个整体，以“家”为单位得到调度，从而使“本家”父兄有能力对需要归村、归农的分家人口实施“家”内的经济援助。

---

① 〔日〕鸟越皓之：《家と村の社会学》，京都，世界思想社，1985，第 52 ~ 55 页。

② 〔日〕小笠原真：《日本の近代化と〈家〉》，《奈良教育大学紀要》（人文・社会科学卷）1973 年第 22 号，第 120 页。

（二）“半所有权”

所谓“半所有权”① 是与近代以来被强调的“完全所有权”相对照而出现的名词，用以描述近代观念产生以前，传统社会中的所有制关系。与强调完全分割独立状态的“全”相比，“半”是一种暧昧的、不断变动调整的状态。然而，进入近现代社会，“全”成为各国近代制度建设的方向，而“半”总是被当成麻烦制造者，受到否定的评价。从所有制方面来说，近代社会一般将“所有”作为一种权利来强调。“完全所有”这一权利界定，意味着一种不能侵犯、难以撼动的“权利”样态。然而，与设定为“一物一权”的近代“完全所有权”相比，一度被学者和制度设计者所否定的前近代的不可分割的、暧昧的“半所有观念”，其所能发挥的社会功能，也需要得到重新评价。

“半所有”这种状态，曾经在日本民间社会普遍存在。这种与近现代的“完全所有观”不同的土地使用和所有观，为归村、归农人口预备了可能性，也是日本农村能够发挥稳定器和蓄水池作用的条件之一。

1. “总有论”与“割地制”

在日本的传统农村，村落中的土地所有形态包括“私有”和“总有”两类。这两类土地所有形态，并不是处于相互对抗的相反关系中。这是因为“私有”的背后，也一定有潜在的“总有”在运作。“村庄全体的土地，在空间上包括作为各‘家’家产的土地，以及由村所‘总有’的山林原野、道路、水路等等。然而，村‘总有’的土地范围不仅仅包括村‘总有’的山林原野、道路、水路。村全体的‘总有’范围，是将村庄全体都涵括在内的总体范围。”② 在“总有”的所有状态中，村庄内每个人都具有使用和用益权，然而管理所有权属于每个人共同所属的团体（共同体），即“村”。

按照现在的法律，日本村落中的各种宅基地、耕地属于私有，而山林、

① 关于“半所有权”的论述，参考〔日〕菅豊：《〈半〉の思想—不完全な資源の不完全な所有と不完全な管理—》，载〔日〕宮内泰介编《半栽培の環境社会学—これからの人と自然—》，东京，昭和堂，2009，第132～154页；〔日〕菅丰：《環境民俗学は所有と利用をどう考えるか?》，载〔日〕山泰幸、川田牧人、古川彰编《環境民俗学—新しいフィールド学へ》，东京，昭和堂，2008，第109～135页。

② 〔日〕川本彰：《日本農村の論理》，东京，龙溪书舍，1972，第105～192页。

原野则是共有与私有交叠混杂。更严密的说法是，入会权①、共同渔业权、水利权属于“总有”或者“准总有”。② 这种现象，可以理解为现代日本农村对传统所有制度的延续。从土地的买卖来看，“村”对村落内的土地有着强力干涉的权利。不少研究者据此指出，日本农村所有制仍然存在“潜在的总有”这一事实。具体而言，私有地和共有地，由于都是村落内的土地，因此都被土地“总有”这张大网所笼罩。于是私有地就不能根据所有者个人的判断而自由买卖，还必须向“村”请示。自己所有的耕地，也不能向“村”隐瞒而突然改变为宅基地。“村”对领域内“总有”的土地具有发言权。这种现象，被研究者概括为“土地所有的二重性”。

在对近世（江户时代）日本农村土地制度的研究中，“总有”的概念也被表述为“间接性共同所持”，而“共有”则对应“直接性共同所持”。山林和为肥料采集所预备的山野（秣場），其性质是“村”的共有地，甚至是多个“村”的共有地（入会地），是“直接性共同所持”的具体表现形式之一。现代日本农村中的土地制度，以及“家”与“村”的关系，可以直接追溯到江户时代。

“所持”在日语中是一种法律术语，意指人对物在事实上的支配活动。近世以来，“百姓”是一种身份，带有职能上的属性。“村”是一种集团，带有身份上的属性。“家”反映出每个百姓在职能上的利害关系，是百姓的经营体。百姓以“家”为单位从事农业生产，而“村”作为一种团体可以直接干预“家”的农业生产活动。

“村”对于作为农业经营条件的土地利用和买卖施加一定的规则限制。一方面“村”限制每个单一百姓自由的土地处分权，另一方面“村”保护每个单一百姓的农业经营免于陷入破绽。当百姓的经营和“村”的存续面临危机事态时，“村”将直接干预某些耕地。

在村庄“总有”这一土地权利惯行的基础上，“割地制”的实行成为可能。所谓“割地制”③，是指以抽签等为手段，将村内土地定期或临时重新

---

① 所谓“入会”，是指在一定地域范围内的住民，根据习惯权利，以采集特定的山林、原野、渔场的薪材、绿肥、鱼贝等为目的而共同使用。这种习惯上的权利，称为“入会权”，是用益物权的一种。而共同使用的山林原野等，称作“入会地”。

② 〔日〕鸟越皓之：《家と村の社会学》，东京，世界思想社，1985，第 101 页。

③ 〔日〕松沢裕作：《町村合併から生まれた日本近代：明治の経験》，东京，讲谈社，2013，第 45 ~ 47 页。

划分，将土地所持者与耕地的关系重新洗牌（シャッフル）的制度。江户时代的“割地制”能够使每个百姓的年贡负担公平化。在发生自然灾害，各耕地之间出现较大差异的情况下，“割地制”发挥了重新设定土地所持的作用。

此外，“割地制”的实行，也成为江户时期实行“旧里归农”的制度基础之一。土地的重新分配，使“村”能够为归村、归农者预留一定的土地，对家制度中“本家”对“分家”的庇护和生计保障功能起到了补充作用。

2. 质地赎回惯行

江户时期的百姓，有向领主缴纳年贡的义务。到了年贡征收时间，领主将记载着各村应该上缴年贡额度的“年贡割付状”发放给各个村。作为村落责任人的村吏（村役人）将总额分派给村内各个百姓，并负责从各个百姓那里将年贡征收后上缴给领主。

领主安排年贡负担的单位是“村”。在缴纳年贡方面，“村”负有责任。在一村之中，如何将年贡负担总额分解下去，是依照村中百姓的意见惯行决定的。

一般在近世村落，成为百姓农业经营场所的耕地，作为领主的检地，以每个百姓的名字为名义登录在检地账上（検地名请），并以每个百姓为名义所持有、入质（質入れ，将借金的抵押物交给质屋保管的行为）、流质（質流れ，从质屋赎出抵押物的期限到期后，抵押物归质屋所有的现象）等实质性买卖的对象。

在遭遇饥荒和自然灾害的情况下，村庄全体都遭受损失。“村”在这时会以村庄整体为一个单位，向领主申请实施年贡的减免措施。而当个别村内百姓因为一些个别事件而没有能力缴纳年贡时，这个百姓将从村内的富裕者，特别是名主或庄屋等村吏手中，通过“土地抵押”的方式借钱交纳年贡。在某些时候，村吏也会替这个交不上年贡的百姓暂时把钱垫上。年贡的垫付（年貢立て替え）可以理解为作为村庄代表的村吏对百姓个别经营的救济，是反映“村”对百姓个别经营实施保护的明显案例。

“质地赎回惯行”（質地請戻し慣行），与土地的入质问题有关。通过土地抵押取得借款之后，如果没有还清借款，过了一定期限之后，这块土地的所有权就将作为“流质地”转移到他人手中。这样的事情在江户时代经常发生。①

① 〔日〕松沢裕作：《町村合併から生まれた日本近代：明治の経験》，东京，讲谈社，2013；〔日〕白川部达夫：《日本近世の村と百姓的世界》，东京，校仓书房，1994；〔日〕渡边尚志：《百姓たちの幕末維新》，东京，草思社，2012。

根据近代的“完全”土地所有权概念，一旦土地所有权发生转移，原土地所有者就不能再对那块土地主张任何权利。然而在江户时代，土地一旦作为“流质地”转移到他人手中，即使过了若干年，只要土地的原所有者准备好了本金，土地就必须返还给原土地所有者，这就是“半所有”的表现之一。

“质地赎回”被作为村庄规则固定下来的情况很多。“质地赎回惯行”的实行，是以“村”能够介入单位土地所持，即“村”对土地的“间接性共同所持”为前提和支撑的。换句话说，在近世日本，“村”实际上对日常生活中表现为由各个百姓所持的耕地，拥有潜在权利。比如，在某个百姓因为穷困，而将用于维持农业经营活动所必需的耕地“流质”出去，进而丧失耕地的情况下，“村”将限制那些集聚流质地、扩大耕地的富裕农民的权利，促进“质地赎回”的产生。

这里通过武藏国多摩郡大沼田新田（今东京都小平市一部分）的名主①弥左卫门家的案例②，具体说明质地赎回惯行在江户时代日本农村的运作过程。

当麻家从天保五年（1834 年）开始，其所有的土地俸禄（石高）急速增加，并在嘉永五年（1852 年）达到顶峰。导致这种状况出现的原因是天保年间的大饥荒。在农业经营上走投无路的农民都来依靠名主弥左卫门，把自己的土地抵押（入质）给弥左卫门以借钱粮。

在土地抵押期间，或在土地赎回期满后，土地归弥左卫门所有的情况下，土地原所有者一般会成为弥左卫门的佃农，继续耕种流质之前的同一块土地，并向弥左卫门缴纳地租。其结果就是弥左卫门的所持地迅速扩大。然而，弥左卫门家并没有能够以此为契机，朝着扩大土地所有面积的方向发展。此后弥左卫门家的所持地又迅速减少，并在明治元年（1868 年）降回到了天保五年（1834 年）所持地水平。这是因为，在饥荒期抵押土地的阶层，随着饥荒过后农业经营的恢复，又重新从弥左卫门家赎回了土地，并重进行农业经营。弥左卫门将土地还给原所有者的时候，如果发现该百

---

① 江户时代“村方三役”（三种村吏，即名主、组头、百姓代）之一，相当于村长，处于村政的中心地位。由代官任命，通常可以世袭。“名主”在关西多称“庄屋”，在东北称为“肝煎”。

② 〔日〕松沢裕作：《町村合併から生まれた日本近代：明治の経験》，东京，讲谈社，2013。

姓在当佃农期间有滞纳的地租，他甚至会将这笔账一笔勾销。在嘉永到明治时期，由于“安政开港”使日本结束了闭关锁国状态，经济上出现了通货膨胀。在天保期向弥左卫门借了钱的百姓，按照金额原原本本把钱还给弥左卫门以赎回土地，就赎回土地时的物价水平来看，其实弥左卫门在经济上是有损失的。

从上面的案例中，可以看出一种不同于纯经济理性行为的“道义经济”在发生作用。这种道义经济行为的产生，意味着当事人对于“所有权”的认知不同于近代的完全所有权观念。这种基于“半所有权”的“质地赎回惯行”使暂时丧失土地、被迫离村、离农的穷困百姓，有可能重新归村、归农，将村庄中的经营和生计继续下去。换言之，这一惯行的存在，也是保障日本近世农村能够发挥蓄水池和稳定器作用的原因之一。

四　反思当代中国农村土地“集体所有制”存在的必要性

日本农村在一定时期中，之所以能够让一度离村、离农的人口再次归村、归农，从而发挥稳定器和蓄水池的功能，主要是在农村中有作为社会基础的“家制度”以及“半所有制”的观念起到了支撑作用。对比日本农村，现今中国的农村也能够发挥蓄水池和稳定器的作用。特别在遭遇世界性经济危机时，大量离村、离农人口不至于滞留城市，而是能够返回农村，这使得中国没有出现拉美国家那样的大范围贫民窟。

然而，中国农村之所以能够在城乡关系中发挥稳定器和蓄水池的作用，其社会基础与前文所分析的日本农村存在共通之处，当然也存在着差异。

第一，中国不存在日本那种同族团式的“家制度”，且农村社会长久以来秉持的是诸子均分的继承原则。同族团式“家制度”的存在以及长子单独继承原则，一方面使作为生计保障的土地能够始终保持一定的规模，另一方面也使土地使用权能够在“同族团”内部根据需要而进行分配。然而，土地资源在中国的家庭周期变化中，总是朝着耗散的方向发展，家庭内部没有能力提供稳定的土地保障。

第二，作为超越家庭的经营单位，中国传统社会的“宗族”可以发挥相当于日本“村”的资源统领作用。日本传统农村可以以“村”为单位，通过“割地制”进行土地调整。而当今中国农村的“宗族”已经丧失了土地行政的能力，土地行政的主体已经转移为作为“村集体”的行政村。日本的“割地制”一方面能够平均“家”之间的年贡，另一方面又发挥了对归村人口分配土地的功能。而当今中国的农村，除了需要应对归村人口对土地的需求，还需要应对由家庭人口变动产生“无地”农民的情况。日本农村之所以向来不需要通过土地调整来保证家庭人口与土地的平衡，是因为日本存在家制度和与 20 世纪 50 年代农地改革时的土地分配基准有关。

虽然日本的基本土地制度可以说是“私有制”，但土地私有制中的私人或个体，在现实中是以家庭形式存在的。当今世界上存在的各种社会和经济制度，毫无例外是以家庭而不是以个体为社会的基本单位。个体，是代表其所属家庭的利益参加社会和经济活动的。因此，物品的私有制，包括占有、使用、得益的私有制，指的都是“家庭所有制”。私有制和其他集体的、公共的、国家的所有制的原则区别，也就在于对特定物品的占有、使用、得益的权利专一地属于某一特定家庭。[①] 日本传统农村的“私有制”虽然不具有专一属性的“完全所有制”概念，但私有的基本单位是“家”这一点是毋庸置疑的。因此，在包括日本等经历过旨在建立自耕农制度的国家或地区，土地的再分配基准单位都是“家”。

然而与此形成对照的是，中国的基本土地制度虽然是“公有制”，但不论是共产党建政前在根据地进行的土地革命，还是 20 世纪 50 年代初进行的土地改革，甚至包括 80 年代的“分田到户”，土地面积的再分配基准，都无一例外地以“人口”或“劳动力”等“个体”为基本单位。由于这些在“家”之下的“个体”单位并不具有以“家”为分配单位那样的稳定性，在 20 世纪 50 年代互助化合作化之前的土地“私有自用”时期，以及 80 年代以来的土地“公有私用”时期，中国的农村必须随着各家庭人口的变动而不断调整土地的分配。只有调整土地，才能确保每个村庄成员都有田可种，而不至于成为“无地农民”。

因此，就土地调整这一点而论，为了尽量确保村庄内不存在“无地农民”以维护社会稳定，中国农村也必然长期需要一个超越家庭之上的行政力量，不断平衡不断趋于失衡的人地关系。

第三，中国农村土地集体所有，能够发挥日本传统农村中“村”的作用，在社会福祉层面对村民的土地买卖起到干预和限制作用。类似于日本

① 朱秋霞：《中国大陆农村土地制度变革》，台北，正中书局，1995，第 9 页。

“总有制”下的“村”能够限制日本村民的土地买卖和土地转用。

反观20世纪50年代的中国，农民在土地改革中得到了完全不受限制的土地所有权[①]。农民将分得的土地重新卖掉或买进土地，或者买进了土地后自己种或租给别人种，都是合法的。由于对土地买卖、租佃没有任何限制，政府实际上为“两极分化”提供了法律基础。因此，在土地改革完成不久，许多地区很快出现了新的“两极分化”：一部分农民不得不出卖土地，重新沦为佃农；另一部分农民则通过购买土地，甚至出租购得的土地，再次成为新地主或富农。对此毛泽东指出：“现在农民卖地，这不好。法律不禁止，但我们要做工作，阻止农民卖地。办法就是合作社。互助组还不能阻止农民卖地，要合作社，要大合作社才行。”[②]

因此有人认为，中国农村实行合作化，只是一种表现为简单的重新合并或重新拉平的应急手段，不是以土地改革成功为前提的，而是以土地改革面临失败危险作为出发点，为挽救土地改革成果而做的一种努力[③]，是有道理的。20世纪80年代人民公社解体之后，农村地区建立的限制农地买卖和农地转用的“集体所有制”，在这一点上正是起到了与日本“村”相似的作用：通过类似于“总有”的“集体所有”，限制了土地的自由买卖和“完全私有”，保障了农村社会的平衡和稳定。

总而言之，对比日本的情况，由于“家”这一级资源统领单位在当代中国的缺失，农村要发挥稳定器和蓄水池的功能，就更需要坚持基于“半所有制”观念的“集体所有制”。在农村仍然具有庞大的人口基数、城市化进程还未结束的当下，通过对比曾经发挥了稳定器和蓄水池功能的日本农村，将对中国农村“集体所有制”的功能和意义有更清晰的认识。

① 在《中华人民共和国土地改革法》（1950）中，只是在第5章“土地改革的执行机关和执行方法”的第30条规定：“在土地改革完成后，由人民政府发给土地证，并承认一切土地所有者自由经营买卖及出租土地的权利。”之后中央政府并没有就此颁布过具体细则。

② 《毛泽东选集》第五卷，人民出版社，1977，第117页。

③ 朱秋霞：《中国大陆农村土地制度变革》，台北，正中书局，1995，第78页。

第二篇

农业转型与国家治理

地方治理便利化：规模农业发展的治理逻辑*

——以皖南河镇为例

孙新华**

摘要 既有研究在解释规模农业发展动力时，主要从"社会中心论"范式、"国家主义"范式和地方政府的政绩逻辑出发，忽视了地方政府的治理逻辑。本文在经验调查的基础上，系统分析了当前我国规模农业发展的地方治理便利化逻辑。研究表明，由于新形势下农业项目下乡的增加和中间层的弱化，县乡政府面对小农农业的治理困境日益加剧。而规模农业发展却使县乡政府在农业治理中便于农业项目实施、打造亮点和管理控制。两者"一推一拉"共同构成了县乡政府地方治理便利化逻辑的核心机制。基于此，县乡政府采取了一系列向规模农业倾斜的农业治理策略，从而形成了对小农农业的排斥。为防止县乡政府过度推动规模农业发展，既要明令禁止其各种不当行为，又要优化其在农业治理中与农民的对接模式。

关键词 地方政府 规模农业 小农农业 自主性

一 问题的提出

近年来，我国的农业转型明显加快，集中体现在土地流转过程中规模农业的迅速崛起。据统计，截至2015年底，全国家庭承包耕地流转面积达到4.47亿亩，占家庭承包经营耕地总面积的33.3%，是2008年底的3.9倍。同时，到2015年底，我国家庭农场总量达到87.7万家，家庭农场经营的耕地达1.76亿亩；而2014年底，流入企业的承包地面积已达到3882.5万亩。以此计算，家庭农场和工商企业两类规模农业主体流转的土地面积就占了

* 本文原载《中国行政管理》2017年第3期，编入本书时进行了少量修改。

** 孙新华，西北农林科技大学人文社会发展学院副教授，研究方向为农业转型与农业治理。

总流转面积的 48%，从而打破了小农农业占据绝对主导的局面，有力推动了我国规模农业的发展和农业现代化的深化。面对规模农业如此快速的发展，研究者需要给予合理的解释。

长期以来，在解释规模农业发展动力中占据统治地位的是“社会中心论”范式，其将规模农业发展解释为经济社会自发力量推动的结果，国家或者被视为各种力量相互竞争的平台或者被看作统治阶级的工具。这主要体现在经济学家和马克思主义学者的研究中。① 这种“只有社会而无国家”的解释范式自 20 世纪 70 年代以来受到“国家主义”范式的有力挑战。一些学者开始从国家的视角解释规模农业的发展动力。② 他们发现，国家在规模农业发展中扮演了关键的推动作用，而政治吸纳、政治控制、提取资源、治理便利等因素构成了国家干预规模农业发展的主要动力。在解释规模农业发展动力中，“国家主义”范式较之于“社会中心论”范式无疑具有巨大的跨越，但是其将国家视为铁板一块的整体，忽视了国家内部的复杂性和差异性，在强调国家自主性的同时忽略了地方政府的自主性。

近年来，一些学者开始从地方政府自主性角度来解释地方政府推动规模农业的行为。在这些研究中，地方政府的干预动力被解释为打造亮点、招商引资、上级压力和官员晋升、推进城乡一体化等政绩逻辑。③ 虽然这些研究都从地方政府自主性的角度对其积极推动规模农业给予了一定解释，但是忽视了作为农业治理主体地方政府的治理逻辑。

针对以上研究的局限，本文主张从地方政府自主性的角度探讨规模农业发展的治理逻辑。这需要深入我国当前地方政府的农业治理实践中，去理解其面对小农农业和规模农业的治理差异，以及其基于此种差异而采取

① Smith Adam, *The Wealth of Nations* (Chicago: University of Chicago Press, 1976): 384 - 385;《资本论》第 1 卷，人民出版社，2004，第 578 页；《列宁全集》第 3 卷，人民出版社，1992，第 159 页。

② 〔美〕罗伯特·H. 贝茨：《热带非洲的市场与国家：农业政策的政治基础》，曹海军、唐吉洪译，吉林出版集团，2011；〔美〕詹姆斯·C. 斯科特：《国家的视角：那些试图改善人类状况的项目是如何失败的》，胡晓毅译，社会科学文献出版社，2012；Gillian Patricia Hart etc, *Agrarian Transformations: Local Processes and the State in Southeast Asia* (University of California Press, 1989)。

③ 郭亮：《资本下乡与山林流转》，《社会》2011 年第 3 期；曾红萍：《地方政府行为与农地集中流转》，《北京社会科学》2015 年第 3 期；王海娟：《资本下乡的政治逻辑与治理逻辑》，《西南大学学报》（社会科学版）2015 年第 4 期；焦长权、周飞舟：《“资本下乡”与村庄的再造》，《中国社会科学》2016 年第 1 期。

的农业治理策略及其后果。为便于展开研究，笔者提出了地方治理便利化这一新的分析框架。

二 地方治理便利化：一个新的分析框架

地方治理便利化，是指地方政府面对小农农业和规模农业带来的不同治理效果，为了使地方农业治理更加便利，而采取不同的治理策略，从而影响农业发展方向的过程。本文中的地方政府主要是指作为农业治理直接主体的县乡政府。在这一分析框架内，主要包括三对相互关联的关系：县乡政府与小农农业、县乡政府与规模农业和小农农业与规模农业见（图 1）。

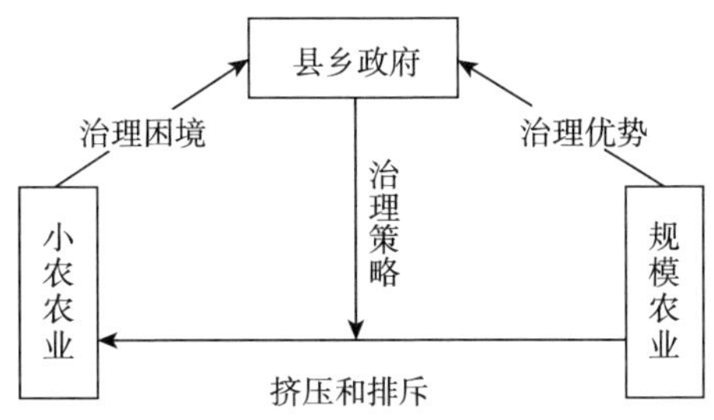

图 1 地方治理便利化模型

在上述模型中，小农农业构成了县乡政府农业治理的基本面，因此县乡政府与小农农业的关系构成了地方农业治理的基本关系。小农由于小而散，使县乡政府治理小农农业始终面临一定程度的困境，只不过这种困境的程度取决于治理任务的多寡和治理手段的有效性。当治理任务较少、治理手段有效时，治理困境就较轻，反之则较重。规模农业新近的发展使之成为县乡政府农业治理的新对象，由于其规模大、主体少，使其较之于小农农业具有更加明显的治理优势。因此，规模农业的比例越大就越有利于县乡政府的农业治理。规模农业的发展使之与小农农业形成了既相互竞争又相互促进的关系。在实践中，两者到底是竞争的成分多还是互补的成分多，除了取决于两者自身及其互动模式，还受到县乡政府态度及其采取措施的影响。当县乡政府同样支持或不支持时，两者的关系则主要取决于自身；当县乡政府倾斜于其中一方时，则不利于另一方的发展。当前，县乡政府往往会采取倾斜规模农业的治理策略，从而加剧规模农业对小农农业的挤压和排斥。

基于以上分析框架，本文接下来将首先呈现新形势下县乡政府面临的小农农业治理困境；进而分析规模农业发展带来的治理优势，两者“一推一拉”共同构成了地方治理便利化的核心机制；最后将探讨在地方治理便利化的推动下县乡政府所采取的农业治理策略及其后果。本文的经验材料来源于笔者 2014 年 3 ~7 月在皖南河镇为期 3 个多月的实地调研。

三　推力：新形势下小农农业的治理困境

我国国家治理面临的一个重要挑战便是其治理规模以及由此产生的治理负荷，这是历来困扰执政者的一个核心问题。[①] 具体到农业治理上，由于我国是一个人多地少的国家，长期以来农业的实践形态都是小农农业占据绝对主导，这就决定了农业治理的对象主要是“小而散”的小农，因此其治理规模和治理负荷更加庞大，从而使农业治理的难题集中体现在自上而下的政府组织如何与分散的小农进行对接。正如温铁军所说，“无论集权或是民主，当这些政治制度面对高度分散的小农村社制的社会基础时，也都由于交易费用过高而难以有效治理”[②]。这就决定了面对小农农业，政府天然地面临着巨大的治理难题。因此，长期以来政府组织为了降低与小农的交易成本不得不依赖以“经纪模式”为核心的间接治理模式。[③] 只是在农业集体化时期国家为了最大限度提取资源从实践形态上消灭了小农农业，从而较为有效地解决了与小农对接的难题。但是在改革开放后，我国的小农农业形态又重新恢复，从而使小农农业的治理困境又摆在了政府面前。县乡政府在国家与社会的关系中处于接点位置[④]，小农农业的治理难题将首先直接反馈到县乡政府。税费改革以来，由于以下两个方面的变化，使县乡政府所面对的小农农业治理困境非但没有减弱反而有所加剧。

（一）项目下乡带来了农业治理任务增加

税费改革从根本上改变了国家与农民的关系，不仅破天荒地废除了在

---

① 周雪光：《国家治理规模及其负荷成本的思考》，《吉林大学社会科学学报》2013 年第 1 期。

② 温铁军：《“市场失灵 + 政府失灵”：双重困境下的“三农”问题》，《读书》2001 年第 1 期。

③ 杜赞奇：《文化、权力与国家：1900 ~1942 年的华北农村》，江苏人民出版社，2006。

④ 徐勇：《“接点政治”：农村群体性事件的县域分析》，《华中师范大学学报》（人文社会科学版）2009 年第 6 期；刘锐：《袁明宝．接点治理与国家政权建设》，《天津行政学院学报》2013 年第 3 期。

我国延续了几千年的“皇粮国税”，而且自此之后国家开始逐年加大涉农惠农资金的投入，而且主要以项目的形式进入农村。[①] 这标志着国家治理农业的核心任务由从农业提取资源转变为向农业输入资源并提供更好的服务。尽管有学者曾敏锐地指出，在国家与农民关系转变过程中，基层政权正在从过去的“汲取型”变为与农民关系更为松散的“悬浮型”。[②] 随着之后惠农项目的逐年增多，县乡政府在落实惠农项目中的职能和责任在持续增加，因为毕竟绝大部分惠农项目需要县乡政府负责落地。

而在这些需要县乡政府落实的惠农项目中有相当一部分都属于农业项目，如土地整理项目、农业综合开发项目、高产创建项目、农技服务项目、农业产业化项目等。这些项目尽管在税费改革之前也都以不同的形式存在，但是无论在数量上还是在资金规模上都无法与税费改革之后相比。以河镇为例，在2007年之前该镇的涉农资金非常少，而自2007年开始几乎每年都有大量农业项目在该镇落地，2007～2014年仅土地整理项目和农业综合开发项目就有1.2亿多元的资金落地河镇，项目范围涉及该镇半数以上的农户。而如何保障这些农业项目在如此大的范围顺利落地并保质保量地完成，需要县乡政府在此过程中进行综合治理，而且必然要面对广大“小而散”的小农带来的治理难题。总之，税费改革后，农业项目的逐年增多在日常化的农业治理之外又给县乡政府增加了不少治理任务，使日益“悬浮”的县乡政府不得不又重新面对广大“小而散”的小农，从而使一直存在的小农农业治理困境有增无减。

（二）中间层的弱化削弱了农业治理渠道

税费改革后，在县乡政府农业治理任务增加的同时，连接县乡政府与广大小农的乡村组织却在日益弱化，这进一步加剧了小农农业的治理困境。税费改革及其配套改革不仅切断了乡村组织从农民那里提取资源的渠道，而且通过乡镇综合改革、合村并组等措施大量精简乡村组织的人员和机构。对乡村两级资源和组织的不断削弱造成了乡村治权和治责的同步弱化[③]，其与小农的关系也日益“悬浮”。而乡村两级组织在自上而下的政府组织与广

---

① 李祖佩：《项目制基层实践困境及其解释》，《政治学研究》2015年第5期。

② 周飞舟：《从汲取型政权到“悬浮型”政权》，《社会学研究》2006年第3期。

③ 李昌平：《气候——李昌平直言“三农”》，西安：陕西人民出版社，2009，第172～174页；杨华：《重塑农村基层组织的治理责任》，《南京农业大学学报》（社会科学版）2011年第2期。

大“小而散”的小农对接中起到了关键的中介作用。“中间层”的弱化意味着我国的基层治理日益从间接治理模式走向直接治理模式，即原本国家依托乡村组织与农民对接的间接治理模式在税费改革后日渐式微，而以保障个体权利为核心和以强化对基层代理人的监控为目的的，将国家权力直接对接农户作为组织机制的直接治理模式开始兴起①。

这种新型的国家与农民对接方式限制了乡村两级组织在农业治理中主体作用的发挥，而更多的是被动地配合领导和上级部门的工作，从而使县乡政府在农业治理中面对千家万户的小农更加缺乏有力的渠道，从而遭遇了巨大困境，进而造成了农业治理的“最后一公里”问题。以河镇的农技推广为例，之前在分田到户后形成的“五级一员一户”农技推广服务体系还比较完善。随着乡村两级组织精简机构的推进，该镇农技站只有站长 1 人，而各个村的农技员也由专职变为兼职，且往往是由业务最为繁忙的村会计兼任，他们不仅对农业技术不精通而且村里没有专门的工作经费，使其工作积极性很低，因此服务也就很不到位。换句话说，基层农技推广服务体系出现了严重的“网破、线断、人散”问题。在这种情况下，自上而下的农技推广服务根本无法传递到广大“小而散”的农户那里，很多工作只能流于形式，比如当地县乡农技部门定期发报的“病虫情报”只能粘贴到各村的信息公开栏上，而无法进一步往下传送到实际需要的小农手中。

综上所述，新形势下作为农业治理直接主体的县乡政府面临着更加严峻的小农农业治理困境。一方面由于农业项目进村的增多直接增加了县乡政府农业治理的任务，这就需要其更多地与小农进行对接；另一方面乡村体制改革使处在基层政府与小农“中间层”的乡村组织不断被弱化，从而使县乡政府对接小农的渠道进一步乏力。这一困境直接制约了县乡政府的农业治理成效。在以上两个宏观环境无法改变的情况下，小农农业的治理困境构成了县乡政府改变农业经营主体、用规模农业替代小农农业的直接推力。这一推力与中央政府对规模农业的强调共同推动了县乡政府积极地发展规模农业。

---

① 田先红、陈玲：《再造中间层：后税费时代的乡村治理模式变迁研究》，《甘肃行政学院学报》2010 年第 6 期。

四 拉力：规模农业的治理优势

自2007年以来，随着土地整理项目和农业综合开发项目在河镇落地以及县乡政府的积极推动，河镇的规模农业开始迅速发展起来。在2007年之前，土地面积超过100亩的规模经营主体只有4户；而截至2014年7月笔者调查结束时，河镇经营面积在100亩以上的规模经营主体多达100多户，总经营面积高达26328.95亩，占到全镇耕地面积近45%。规模农业的兴起让县乡政府进一步直观地意识到，规模农业较之于小农农业的治理优势，从而使其农业治理更加便利化，进而促使其积极地推动规模农业在当地的发展。即规模农业的治理优势构成了县乡政府推动规模农业发展的重要拉力，从而使两者之间形成了相互促进的局面。具体而言，规模农业的治理优势表现在以下三个方面。

（一）便于农业项目实施

在“项目治国”的当下，农业治理的主要形式也多是以农业项目的方式展开。如何将逐年增多的农业项目在农村顺利落地是当前农业治理的核心任务之一。由于小农农业的经营主体过于多而小，且内部利益错综复杂，因此在农业项目实施中必然会有大量矛盾和纠纷需要化解。在乡村组织日益弱化的背景下，它们也越来越缺乏有效的手段和足够的能力去应对这些矛盾，从而会导致农户阻挠甚至反对项目的顺利实施。2005年，县国土局在河镇邻镇实施过一个土地整理项目，但项目实施后由于农户错综复杂的利益而无法有效协调，导致土地迟迟无法重新分配下去，最终使整理好的土地抛荒一季，造成巨大经济损失，致使几百户农户集结到政府要求赔偿，而县乡政府也不得不赔付农民的大量损失，在当地社会造成了恶劣的社会影响。

2007年，河镇开始实施第一项国家级的土地整理项目。在2008年春，第一批整理出土地共2600多亩耕地。但是在项目实施后期讨论分田方案时农户的意见非常大，难以达成统一的分田方案，从而有可能重蹈邻镇土地整理的覆辙。正是在这种情况下，县乡两级政府一方面促使村干部动员农户将土地流转出来，另一方面则寻找老板流转土地进行规模经营。最终县乡政府找到该镇最大的粮食加工厂和生产资料店老板洪××将整理出来的大部分土地流转过去，从而使第一阶段的土地整理项目得以顺利完成。在河镇后续的土地整理和农业综合开发项目中，县乡政府也吸取教训积极发展规模农业以保障农业项目的实施。规模农业之所以有利于农业项目的实施，关键在于规模农业其经营规模较大且经营主体较少，这不仅使很多小农之间的矛盾在规模农业那里实现了内部化，而且使县乡政府与农业经营主体之间的交易成本大大降低，从而有利于项目实施中矛盾和纠纷的化解，以保证农业项目的顺利实施。

（二）便于打造亮点

在我国行政体系里，树典型或打造亮点是一个重要的工作机制，以做到以点带面、点面结合。而上级政府判断一个地区、一个部门经济建设、社会管理和领导工作成绩的好坏很重要的方面就是看有没有先进典型或亮点。所以各级领导千方百计地制造亮点或典型以显示自己的政绩所在，显示本地区、本部门实力、竞争力之所在。① 在各级政府都在积极发展规模农业的当下，规模农业的快速发展本身便构成一大亮点，与此同时规模农业也便于地方政府打造农业治理工作方面的亮点或典型。

以 2013 年县农技推广中心在河镇实施的“万亩水稻高产创建工程”为例，由于项目资金有限并为了凸显重点，项目区被分为“百亩攻关区”“千亩核心示范区”“万亩示范区”三部分。显而易见，“百亩攻关区”“千亩核心示范区”才是该工程的重点。其中“百亩攻关区”是重中之重，是需要打造的亮点，在这三个区项目资金的投放量当然会依次减少。据县农技推广站站长介绍，“百亩攻关区”选在河镇最大的“种粮大户”洪 × × 的田里，“千亩核心示范区”除了洪 × × 的田还有其他两个规模经营主体的田，而项目的剩余部分才会涉及其他规模经营主体和广大小农。“百亩攻关区”之所以选在规模经营主体的田里而不是小农的田里，主要便是因为前者较之于后者更容易打造亮点。县农技推广站站长解释道：“选在规模经营主体的田里，一是项目好实施，什么事情好商量，跟一个人好讲，要是跟十个人就不好讲，让这十个人都听你的就更难了。二是如果有什么闪失，补偿也好解决。”在项目实施过程中县农技推广中心要指导“百亩攻关区”内水稻生产的全过程，并按照项目要求操作品种选择、土肥选用、栽培和病虫防治等各个生产环节，这意味着县农技推广中心要与相关农户进行密切地互动。

① 刘林平、万向东：《论树典型》，《中山大学学报》（社会科学版）2000 年第 3 期；李元珍：《典型治理：国家与社会的分离》，《南京农业大学学报》（社会科学版）2015 年第 3 期。

指导十多户农户与指导一户农户的差别显而易见。指导一户大户不仅使沟通成本大大降低，而且更容易使之按照农技推广中心的要求组织生产，因为每个小农都有自己种田的经验和方法，让其按照统一的要求进行生产难度极大。此外，由推广新技术和新品种可能带来的生产风险，较之于与十多户而言与一户协商更容易达成补偿协议。正是如此，县农技推广中心主要将工作亮点选择在规模农业上而非小农农业上，因为前者更便于按照项目的要求进行生产甚至超标完成项目要求，从而使“百亩攻关区”成为供各方参观的“示范点”或“亮点”，以突显相关部门的政绩。

（三）便于管理和控制

规模农业的治理优势不仅表现在其数量较少带来的治理效果，而且还体现在其相对于小农农业具有较强的可见性，且与地方政府有着更紧密的利益连带，从而使县乡政府能够更好地对其进行管理和控制，以贯彻自己的意志。正如“全景敞视主义”[①] 所揭示的，可见性是权力有效运作的基础。小农不仅经营面积小、数量巨大，而且经营内容复杂、土地极度细碎，这使县乡政府很难了解其实际情况并实施针对性的管理。而规模经营主体都与农户以及村委会签订了正式合同并在镇农经站进行了备案，这使其基本信息（包括个人信息、流转信息、经营面积和经营内容等）都为县乡政府所掌握，从而大大增强了规模经营主体在县乡政府面前的可见性。有了这种可见性，县乡政府无论是对其进行服务还是管理，甚至控制都更加便利。

此外，规模经营主体较之于小农与县乡政府在利益连带上也更加紧密。因为国家的很多补贴是以直补形式进行的，县乡政府基本没有插手空间，县乡政府借助利益连带手段制约小农的手段越来越少，从而使之面对小农的不合作行为越来越束手无策。而与此不同的是，新兴的规模经营主体与县乡政府的利益连带却不断增强。一是为了防范规模经营主体违约风险，地方政府一般都要求其缴纳一定的风险保障金；二是当地政府为了发展规模经营也拿出一定财政资金扶持规模经营主体；三是县政府掌握着大量可以向规模经营主体投放的惠农项目。在以上紧密的利益连带中，县乡政府都具有较大的操作空间，从而使县乡政府对规模经营主体拥有强大的制衡力和控制力。

以近年来成为地方政府中心工作之一的禁止焚烧秸秆为例。河镇所在

---

① 福柯：《规训与惩罚》，生活·读书·新知三联书店，2007。

地区虽然调动了县乡村几乎所有干部下村督查，但是小农焚烧秸秆依然无法杜绝，时有火点被航拍拍到；而规模经营主体基本都遵守“规则”，或者选择将秸秆打捆外运，或者使用粉碎机将秸秆粉碎还田，或者是主动避开当地的航拍时间焚烧秸秆。之所以出现这种鲜明的反差，正是因为当地政府明确规定，如果规模经营主体违规焚烧秸秆将被扣掉县政府发放的各种补贴，并取消各种其他优惠政策，而对广大小户则难以约束。

通过以上分析，我们可以发现规模农业相对于小农农业的治理优势非常明显，从而使县乡政府更便于进行农业治理以达到治理效果。而更重要的是，规模农业的这种治理优势被县乡政府直观地感知到，从而构成了其坚持积极推动规模农业发展的重要拉力。这种拉力与小农农业治理困境带来的推力，共同构成了县乡政府地方治理便利化逻辑的核心机制。

五　农业治理策略及其后果

面对小农农业的治理困境和规模农业的治理优势，县乡政府在小农农业与规模农业之间开始更加倾斜于规模农业，为当地农业治理创造更加有利的治理空间。从河镇近年来的实践看，县乡政府在土地流转的前、中、后等各个环节都采取了向规模农业倾斜的农业治理策略。这些治理策略虽然非常有利于规模农业的发展和县乡政府的农业治理，但是形成了对小农农业的恶意挤压和排斥。

首先，在土地流转前的土地整理过程中，县乡政府一方面将分布在田块中间的大部分坑塘和配套的沟渠进行填埋，另一方面通过合并田块和填埋坑塘沟渠使田块更大、更规则，大者一块四五十亩，小者一块也有一二十亩。这种水土条件十分有利于规模农业的发展，却与小农农业的需求构成矛盾。因为小农既无法耕种如此大的田块，又无法单家独户地对接“大水利”①，而严重依赖于田间的坑塘沟渠等“小水利”。当地政府的这种策略实则是在有意识地排斥小农农业以为规模农业创造条件。

其次，在土地流转中县乡政府为了实现自己的治理目标，开始积极操控原本自发调节的土地流转市场。一是通过村级组织积极动员农户将土地流转出去，甚至给村级组织下达明确的土地流转指标，使之采取一系列强

---

① 贺雪峰、郭亮：《农田水利的利益主体及其成本收益分析》，《管理世界》2010 年第 7 期。

制或半强制措施迫使农户流转土地；二是县乡政府通过虚拟确权和土地功能分区①将各村民小组有待流转的土地进行集中连片，并规定将数据汇集到村委会统一对外流转；三是为了使有待流转的土地向规模农业集中，规定了土地流转的最低门槛，即只有流转面积达到100亩以上才有可能从村委会集中流转土地。

最后，在土地流转后，县乡政府在农业生产服务中也着重向规模农业进行倾斜。在资金和项目投放上，当地政府不仅出台了专门针对规模农业的奖补资金和项目政策，而且将大量普惠性的资金和项目向规模经营主体进行倾斜，甚至出现了扭曲的“垒大户”现象。在生产服务上，县乡政府不仅积极构建了针对规模经营主体的服务渠道，而且将原本主要服务于小农农业的服务体系也转向主要服务于规模经营主体，从而弱化了对小农农业的服务。

通过以上治理策略的综合运用，当地政府在河镇的农业治理中确实取得了显著的成效：在短短七年间，河镇的规模农业所占耕地面积由1%上升到近45%；正因为规模农业的迅速发展极大地方便了县乡政府的农业治理，各项治理效果更加凸显，从而顺利将河镇打造成为省级现代农业示范区。但是由于这些治理策略在推动规模农业发展的同时，在刻意排斥和挤压小农农业，而且这个过程伴随着各种强制或半强制措施，从而侵害了很多小农的切身利益，削弱了社区共同体的发展，甚至增加了不少农民对政府的不满。

六　结论与讨论

在现代化进程中，揭示规模农业的发展动力历来是学术界的一大热点问题。“社会中心论”范式在深度呈现经济社会等自发力量的同时，却忽略了国家作用。“国家主义”范式在将国家找回并作为核心解释变量时，却将国家视为铁板一块，从而忽视了地方自主性。规模农业发展的政绩逻辑虽然注意到了地方政府的自主性，但却没有注意到地方政府推动规模农业发展的治理逻辑。

基于此，本文在经验调查的基础上，提出了地方治理便利化这一分析

① 夏柱智：《农地流转制度创新的逻辑与步骤》，《华南农业大学学报》（社会科学版）2014年第3期。

框架，以揭示地方政府出于地方农业治理便利化而推动规模农业发展的治理逻辑。研究表明，税费改革后由于项目下乡带来的地方农业治理任务增加和中间层弱化，削弱了地方农业治理渠道，从而加剧了新形势下小农农业的治理困境。这构成了县乡政府推动规模农业的推力。而规模农业的发展让县乡政府直观地感受到，规模农业较之于小农农业的治理优势，使县乡政府在农业治理中更加便于农业项目实施、打造亮点和管理控制。两者“一推一拉”共同构成了县乡政府基于地方治理便利化，推动规模农业发展的核心机制。在地方治理便利化的驱使下，县乡政府在土地流转的前、中、后等各个环节都采取了向规模农业进行倾斜的农业治理策略。这些治理策略虽然有利于推动规模农业的发展和县乡政府的农业治理，却形成了对小农农业的恶意排斥和挤压，最终造成了侵害农户利益、削弱社区共同体和增加农民对政府的不满等不良后果。

本文提出规模农业发展的地方治理便利化逻辑，并非否定“社会中心论”范式、“国家主义”范式和地方政府的政绩逻辑做出的解释，而是对这些研究的补充和推进。事实上，只有综合经济社会的自发力量、中央政府的作用、地方政府的政绩逻辑和治理便利化逻辑，才能真正理解规模农业的发展动力，尤其是在当前我国的国情下。

进一步而言，在我国规模农业发展中地方治理便利化逻辑的发生，既是地方政府自利性的表现，更是地方农业治理中地方政府与小农户对接的结构性困境使然。在农业治理任务增加的前提下，正是由于在上级政府与分散的小农户进行对接中起到关键中介作用的乡村组织的弱化，加剧了小农农业的治理困境，从而倒逼地方政府积极转向推动规模农业的发展。我国人多地少的基本国情决定了我国的小农农业形态将长期存在，规模农业发展要与小农农业延续保持基本平衡，因此地方政府在农业治理中需要在两者之间把握好度。为了在我国农业现代化过程中保持农业经营的有序发展，需要防止地方政府基于地方治理便利化，过度地推动规模农业和恶意挤压小农农业。为此，既要明令禁止其通过硬性下指标和强制推动规模农业，又要进一步优化农业治理过程中政府与小农户的对接模式。具体而言，需要特别重视历史上延续至今的间接治理模式，强化乡村组织在政府与农民对接过程中的中介作用。

地方政府行为与农地集中流转[*]

——兼论资本下乡的后果

曾红萍[**]

摘要 在农业现代化背景下，全国掀起了农地大规模流转的浪潮。调查发现，一部分农地集中流转并非市场推动的生产要素自发流转，而是地方政府运用行政力量等各种资源对资本和农民进行双重动员的结果。农地集中流转行为的发生嵌入地方政治生态中，它既是地方政府落实中央“适度规模经营”政策目标责任的结果，又是其主动追求政绩、争夺项目资源的产物，在双重行动的逻辑下土地流转出现了目标偏离。地方政府运用政治经济手段对农地流转进行干预，不仅没有培育出完全竞争的土地流转市场，反而使自身陷入了合法性的困境。

关键词 资本下乡 农地集中流转 资源动员 地方政府行为

一 问题的提出

2008年，党的十七届三中全会通过的《关于推进农村改革发展的若干重大决定》提出：加强土地承包经营权流转管理和服务，建立健全土地承包权流转经营市场，有条件的地方可以发展专业大户、家庭农场、农民专业合作社等经营主体。随后，全国掀起了农地集中流转的浪潮，农业部统计数据显示，截至2013年底，全国承包耕地流转面积3.4亿亩，流转比例达到26%，比2008年底提高17.1个百分点。[①]

---

* 本文原载《北京社会科学》2015年第3期，编入本书时进行了少量修改。

** 曾红萍，西北农林科技大学人文社会发展学院讲师，研究方向为农村社会学和农业转型。

① 农业部农村经济体制与经营管理司长张红宇就引导农村土地有序流转答记者问，农业部网站，http://www.moa.gov.cn/zwllm/zwdt/201402/t20140223_3793616.htm，2014年2月23日。

在对农地规模流转发生机制的研究中，经济学将市场预设为推动土地流转的唯一动力。但事实上，土地不是完全意义上的商品，其经营权流转不仅受市场的影响，而且受到制度和政治环境的影响，政府作为推动土地流转的重要主体在经济学领域并未得到足够重视。政治学和社会学则往往将土地流转作为既定事实，悬置了土地流转的发生机制。郭亮通过湖北的一些案例深入地分析了土地大规模流转的动力、过程和结果，[①] 但其对动力机制的分析主要集中资本上，对政府在推动农地集中流转过程中的主动性关注不足。笔者试图从政府动力的角度来理解农地集中流转的发生机制及其后果。

地方政府行为受中央与地方关系的影响，尤其受分税制改革以来财税体制改革的影响。[②] 分税制改革，使财政收入和分配领域发生了一些变化，财政收入集权到中央，分配则主要依靠项目向下分配。在此财政体制之下，地方政府一方面纷纷依托城市扩张、土地征收的出让金来充实地方财政、推动地方发展；[③] 另一方面积极向上“跑项目”，获得自上而下分配的资源[④]，“土地财政”和项目资源成为地方发展的两大支柱。资源分配的项目制加剧了地方政府之间的竞争，同时也重塑了地方政府的行为逻辑。笔者试图以地方政府如何、为何推动农地规模流转来反观当下地方政府的行为逻辑。

二　双重动员：地方政府主导农地规模流转

（一）地域概况与土地流转

本文的田野研究对象 D 县位于四川省中西部。D 县辖 17 个镇 3 个乡，现有人口 56 万，其中城镇人口 10 万，农村人口 46 万。全县农用地面积 67.63 万亩，其中耕地面积 33.63 万亩。该县境内有 231 家企业，其中规模较大的企业 74 家。2011 年，城镇居民人均可支配收入 17000 元，农村居民

---

① 郭亮：《资本下乡与山林流转》，《社会》2011 年第 3 期，第 114 ~ 137 页。

② 孙秀林、周飞舟：《土地财政与分税制：一个实证解释》，《中国社会科学》2013 年第 4 期，第 40 ~ 59 页。

③ 周飞舟：《分税制十年：制度及其影响》，《中国社会科学》2006 年第 6 期，第 100 ~ 116 页。

④ 折晓叶、陈婴婴：《项目制的分级运作机制和治理逻辑——对“项目进村”案例的社会学分析》，《中国社会科学》2011 年第 4 期，第 126 ~ 148 页。

人均纯收入 6000 元。从总体经济发展水平来看，D 县仍属于传统农业型地区，农村人口占 80%，务农和打工收入仍然是当地农民主要的收入来源。

D 县地处平原向高原的过渡地带，地势西北高，东南低，依次出现山区、丘陵和平原三大地形区，种植作物以大田作物为主，经营方式为传统小农经营。当地传统小农式的农业格局在 2008 年被打破，在上级政府农业现代化和城乡一体化政策指示下，D 县出台多项政策推动农地集中流转，截至 2012 年底，D 县的农地流转达 15.23 万亩，占耕地总面积的 45%。下文以 D 县下辖的 W 镇土地流转的具体情况一窥全县之貌。

W 镇辖有 6 个行政村，全镇耕地总面积为 13853.6 亩。2009 年，W 镇开始推动土地确权工作，D 县的工作思路是“确权只是一个手段，只有确权加上流转才能推动农村经济发展，为解决‘三农’问题提供可能”，因此，W 镇在 2010 年完成土地确权后便开始推进农地集中流转。截至 2012 年 12 月，W 镇 13853.55 亩耕地中流转出 7020.52 亩，占比为 50.68%（见表 1）。

表 1　W 镇土地流转情况

村庄	村民小组数	耕地总面积（亩）	流转面积（亩）	所占比例（%）	年租金	流向户数	流转后主要用途
大田村	17	2079.12	141.77	6.8	600 斤大米	3	种蔬菜和花卉
王坝村	22	2603.66	1429.42	54.9	600 斤大米	5	蔬菜、花卉
田湾村	14	2471.45	1276.00	51.6	600 斤大米	6	花卉、银柳
林村	16	3200.54	2522.73	78.8	600 斤大米	1	红叶杨
何村	16	2137.22	1650.60	77.2	600 斤大米	14	花卉、蔬菜
新村	15	1361.56	—	—	—	—	—
合计	100	13853.55	7020.52	50.68		29	

资料来源：笔者根据 W 镇农业部门统计资料整理而成。

（二）动员资本：集中财力、人力引资下乡

在落实农业现代化政策的过程中，地方政府为了凸显政绩，大多数倾向于推动大规模土地流转和土地规模经营。大规模经营需要重新配置土地、资本、劳动力等生产要素，而生产要素的重新组合需要大量的资金投入，一般的小农家庭经济仍然处在“温饱有余，小康不足”阶段，难以承担农业现代化转型的任务。因此，地方政府需要通过招商引资将资本引入农业，利用资本来撬动大规模土地流转，从而实现农业生产经营方式的转变。为

了吸引资本下乡进入农业生产领域，D 县政府通过集中财力进行资源配置和人事动员，掀起了“招商引资”运动。

1. 吸引资本下乡：集中财力配置资源

资本是逐利的，如何以最少的投入获得最大的产出是资本进入任何领域的目的。D 县政府运用行政力量配置各种资源，减少资本所有者对农业领域固定资本和流通资本的投入，从而吸引资本下乡。首先，通过项目配置基础设施，减少农业企业固定资本的投入。农业规模经营需要配备相应的道路、沟渠和水源等基础设施，D 县政府将从上级部门获得的大部分涉农项目投向农地规模流转区域，如将农地整理项目投放到 W 镇现代农业示范区。该项目不仅通过土地平整完成了土地“小块并大块”，为农业企业提供了连片的土地，并且还配套了 4 条道路、30 公里沟渠，总投资 2000 多万元，极大地减少了农业企业进入后的固定资本投入。其次，动用地方财政进行租金补贴，扩充农业企业的流通资本。D 县政府在 2010 年出台政策对农业企业进行补贴，“签订土地流转期限在 5 年以上的，流转规模在 100 亩以上 300 亩以下的，连续三年每亩补贴 100 元/年；流转规模在 300 亩以上 500 亩以下的，连续三年每亩补贴 200 元/年；流转规模在 500 亩以上的，连续三年每亩补贴 400 元/年”。W 镇为了与其他乡镇竞争农业企业，其在县级财政补贴基础之上给予流转规模在 100 亩以上的，连续三年每亩增加补贴 40 元/年。再次，提供金融政策扶持。新引进的项目一旦被 A 市投资促进委员会认为是重大项目，D 县政府将给予贴息扶持。其中，固定资产投资 1000 万元以上的项目，给予一年银行贷款利息 50% 的贴息扶持；固定资产投资 2000 万元以上的项目，给予一年银行贷款利息 60% 的贴息扶持。

2. 任务分解：运用科层体制进行招商总动员

地方政府为了完成土地规模流转目标，在科层体系内部将招商引资的任务向下层层分解。D 县出台政策要求：“以乡镇为主体进行招商引资工作，要求各乡镇每年新增三个以上土地适度规模经营示范点，第一年初见成效，第二年上规模，第三年完成目标，2015 年底前，全县耕地、林地适度规模经营达到 80%。”县级政府将农地规模流转指标作为地方中心工作来抓，实行“一票否决”制，乡（镇）若是完不成上级下达的农地流转指标任务，乡（镇）的一切工作均被否定。在上级政府的高压下，各乡（镇）政府上到乡（镇）党委书记、乡（镇）长，下至各部门科员、村组干部，人人都是招商员，花费大量时间，投入大量的精力，动用一切可以利用的公共和私人资源进行招商引资，来推动土地集中流转。

（三）动员农民：恩威并施动员农民流转土地

20 世纪 80 年代家庭联产承包责任制改革，通过将土地所有权与承包权、经营权三权相分离的方式，重新确立了家户在农业生产中的基本生产单位的地位。随后，中央又将农户的承包经营权不断调整为“三十年不变”“长久不变”，土地承包周期的长期性和稳定性赋予农户在土地上更多的权利。如此，在土地流转中基层政府或土地流入方需要跟一家一户的小农打交道，不仅使大规模土地流转的交易成本大大增加，这对于社会资本拥有者来说，将在土地流转过程中需要花费更多的时间和人力成本。对于资本而言，时间就意味着金钱，流转土地所用时间越长，投入农业领域的资本流通的速度就越慢，一定时间内资本从农业中获取的总利润就降低。地方政府为实现自身土地流转的任务，主动承担起资本和农户之间的中间人，利用行政资源和乡土地方性知识等资源对农民进行动员，从而快速有效地推动土地流转工作。

1. 限定地租最低价：保护农民权益

随着打工经济的兴起，土地收入在农民家庭生计中的地位下降，但仅靠打工收入不足以维持家庭体面的生活和完成家庭再生产，因此，“半工半耕”成为当前农民家庭生计的主要模式。从家庭生计的角度来说，农民愿意将承包地流转出来的前提条件是生活水平不降低，也就是说，从土地流转中获取的租金收益只要不低于土地的产出收益，农民才有意愿将土地承包经营权转让出来。D 县政府在推动土地流转的过程中规定，每亩耕地流转的年租金不低于 600 斤大米，按照市场价换算，每亩地的租金在 1200 元左右，略高于农民种植两季大田作物的纯收入。高额的租金极大地调动了农户流转出土地的积极性，有的农民甚至热盼土地流转。

2. 借用行政权威和乡土传统等正式资源

在具体的土地流转过程中，基层政府无力与千家万户的农户直接打交道，遂将推动流转的重任委托给其在乡村中的代理人——村组干部，拥有双重代理人身份①的村干部成为推动土地流转的主要力量。在具体动员过程中，村干部通常采用两种方法：一是向农民算经济账，“土地流出去，不干

---

① 吴毅：《“双重角色”、“经纪模式”与“守夜人”和“撞钟者”》，《开放时代》2001 年第 12 期，第 114～117 页。

活就可以获得高于种地收入，不种地了就可以放心出去打工挣钱，一下就获得两份收入，好划算嘛”。二是借用平时与农民互动中建立起来的威信和私人关系，一方面群众认为“大队干部负责流转的，跑得了和尚跑不了庙，有问题可以找大队干部”；另一方面村干部又做工作，“工作是我在做，你不愿意把土地流转出去，就是不支持我的工作，不给我面子”。大部分农户基于经济利益考量和对村干部的信任，遂愿意将承包经营权流转出来。

在土地流转过程中，难免存在这样一些农户，土地收益构成其家庭的主要收入来源，如有些小农户在自家的承包地上实现了传统农业向新型农业的转型，或是家里的劳动力缺乏土地以外的就业机会，这些农户往往不太愿意将土地流转出来的。但大规模经营对土地有连片的要求，在当前土地流转“市场”总体供过于求的情况下，资本的选择空间大，如一个地方无法满足土地连片要求，则可以到另外一处符合条件的地方进行流转。因此，基层政府和村干部为了防止资本外流，想方设法动员这部分家庭进行土地流转。根植于乡土社会中的村庄舆论所产生的群体性压力是村干部普遍借用的资源。具体的方法是，通过愿意流转的农户向不愿意流转的农户施加压力，“你不愿意流转出去，我们大家都流转不出去，你不流转就阻挡了我们流转”，在村民的群体性压力之下，这部分家庭中的绝大多数会将土地流转出去。

3. 利用非正式资源：乡村“混混”的介入

当利用各种正式资源都无法实现对少部分农户的土地流转时，基层政府就将乡村“混混”群体引入土地流转的过程中。乡村“混混”游走在法律的边缘，处在“非黑非白”的灰色地带，其暴力行为是分散的小农无法抵抗的。基层政府在面临一些治理难题、无法达成治理目标时，时常引入这部分群体。D 县在土地流转中也存在一些态度强硬的农户，基层政府将当地的“混混”引进来给这部分农户“做工作”。在“做工作”中，乡村“混混”通常带着几个同伙到农户家中。有些胆子小的农户二话不说就同意流转，有些态度强硬的农户，乡村“混混”就采取语言和行为暴力相威胁，“你不流转出去，我也让你种不成，种上就给你铲平”“你不流转，我就揍你一顿”。在拳头的威胁下，再硬的钉子户也难以抵抗，最终迫不得已同意将土地流转出去。在乡村“混混”的身体暴力和符号暴力的威胁下，少量的钉子户被拔掉，土地集中流转的目标最终得以实现。

三　地方政府的动力机制

以上笔者简述了D县农地集中流转的发生机制，可知地方政府在其中发挥了主导作用。D县政府在推动土地流转过程中消耗了大量的人力和物力，仅租金补贴这一项每年就将近3000万元，而基础设施建设的投入更高。在分税制财政体制下，农业型地区的地方政府财政收入较少，各级政府的运转主要依靠土地财政和中央下拨的转移支付资金。在财政吃紧的情况下，地方政府花费大量的资源推动农地规模流转的动力是什么？笔者尝试回答这一问题。

（一）外生压力：代理者角色与目标任务

按照职能分工，我国行政体系内部可以大致划分为中央和地方两个层级，中央负责顶层设计，通过制定各项政策体现国家意志；地方政府在执行过程中将宏观政策操作化、明细化，从而贯彻国家意志，由此中央政府与地方政府之间形成了委托—代理关系。与此同时，地方政府也是具有自身利益的主体，具有独立自主性。为了保障重大政策的落实，上级政府通过目标责任考核制对地方政府进行监控和制约，通过考核和奖惩机制来激励和保障政策的实施。地方政府将上级下达的政策目标在本地范围内操作化为具体的指标，然后层层向下加码，并通过“一票否决”等考核机制保证下级政府完成任务，荣敬本等将各级政府内部的这种运行机制概括为压力型体制。①

近年来，中央将农业现代化作为农村发展的重心来抓，试图以此来解决农村人口城镇化和工业化带来的农业凋零问题。农业现代化的目标是将中国小规模、自给自足的家庭农业改造成规模扩大、生产专业化、以市场为导向的现代化农业。② D县所在的A市将农业现代化操作为农业向规模经营集中和打造现代农业园区，两者的前提是推动农地集中流转。为了推动农业现代化的转型，自2008年以来，A市政府将推动农地规模流转作为中

① 荣敬本、崔之元：《从压力型体制向民主合作制的转变：县乡两级政治体制改革》，中央编译出版社，1998，第205页。

② 张谦：《中国农业转型中地方模式的比较研究》，载《中国乡村研究》第十辑，福建教育出版社，2013，第3～27页。

心工作之一来抓，并通过建立指标考核体系对下级地方政府的执行情况进行监控。D 县政府及其下级部门和单位的工作人员，除维持正常行政运作的一部分人员外，大部分行政人员被动员起来参与到资本下乡流转土地的工作。为了完成上级政府关于农地的规模集中任务，D 县政府在向所属各乡（镇）、各部门分解任务时，要求全县范围内在三年内完成 80% 土地流转。

（二）内生动力：政治升迁与资源获取

在目标责任制体制之下，处于代理人角色的地方政府迫于上级政府对农业现代化的考核，推动了农地流转，是地方政府积极推进农业规模经营的行为动机。但中央关于农地“有条件的地方进行土地流转”和“适度规模经营”的表述，为何在地方政府就变成了“推动农地集中流转”和“农业向规模经营集中”，各级地方政府都试图超额完成上级下达的任务。地方政府推动土地集中流转的动机何在？

1. 县（市）级政府：追求与政绩挂钩的 GDP 增长

周黎安在解释中国经济奇迹时指出，地方政府的“锦标赛”体制所产生的激励模式是中国经济高速增长的重要根源。[①]“锦标赛”体制作为政府内部的一种治理模式，以上级掌握下级的人事权的集权模式为核心，调动了下面平级基层政府之间围绕上级政府制定的标准和要求展开的激烈竞争，而其中的核心标准是 GDP 增长。上级政府通过将行政目标与下级政府官员的切身利益结合起来，在目标责任制的压力型体制之外挖掘了地方政府内在的动力，从而保证了政策的落实和行政目标的达成。

在“锦标赛”治理体制之下，为了获得稀缺的晋升指标，县级政府主要官员运用集中在手中的权力，带领所辖行政体系与各平级地方政府之间展开激烈的竞争。首先，打造亮点工程。D 县政府将上级政府“农业向规模集中”和“现代农业园区”的要求放大，不仅投资数亿元在 W 镇和 Q 镇打造了两个大型现代农业示范园，而且在短期内将土地流转的规模定在 80%。希望通过做大做强、凸出亮点的方式，在平级政府中脱颖而出，通过树立典型的“亮点工程”来获取政绩。其次，在中央“一切为了发展”的话语体系之下，GDP 增长率成为上级政府考核下级政府，以及地方政府主要官员升迁的常量指标，也是地方各平级政府之间竞争的核心内容。D 县地方政府希图通过

---

① 周黎安：《中国地方官员的晋升锦标赛模式研究》，《经济研究》2007 年第 7 期，第 36～50 页。

招商引资，将资本引入农业领域，通过资本撬动农业规模经营，种植结构向高附加值的新农业转型以及农业企业的纵向一体化，从而大幅度提高农业增加值。

2. 基层政府：争夺项目资源

“锦标赛”体制之下的政治升迁是县级政府主动推动农地集中流转的重要因素之一，而资源分配项目制下的资源争夺则是基层政府主动介入的动力因素。在资源分配项目制中，农地集中流转成为基层政府向上级垂直部门争夺项目资源的工具手段。

20 世纪 90 年代中期的分税制改革，财政收入和分配领域发生了重要变化，在财政分配领域大量资金通过项目的方式依靠条条下放到地方各级政府①，而税费改革严重削弱了基层政府的财政实力，项目资源成为地方发展的一个重要条件之一。资源分配项目制的一个重要特征是资源分配的非普惠型，项目资源需要自下而上的申请、审核才能获得。折晓叶等通过对“项目进村”过程的社会学考察发现，项目在不同层级之间的运行机制存在差异，县级地方政府作为“打包”主体，决定着项目资源在县域范围内的分配，基层政府和村庄需要向上跑项目才能够获得。② 在项目发放过程中，县级政府为了树立典型获取政绩，往往将项目资源投向有条件和有基础的村庄，各基层政府之间为了争夺项目资源而展开激烈的竞争。而在农业规模的现代化背景下，推动土地流转成为基层政府向上级获取项目资源的工具。D 县 W 镇在短期内率先完成了土地集中流转，D 县政府就在 W 镇建立了现代农业示范园区，将农田整理、各项基础设施建设项目打包投放到 W 镇，W 镇从中获得了上亿元的项目资源。

四　农地规模流转的政治经济后果

地方政府动用行政力量和各种资源在短期内实现了农地集中流转。这种通过行政干预配置土地流转市场的方式会对市场及参与主体以及政权本

① 陈家建：《项目制与基层动员——对社会化管理项目化运作的社会学思考》，《中国社会科学》2013 年第 2 期，第 64～80 页。

② 折晓叶、陈婴婴：《项目制的分级运作机制和治理逻辑——对“项目进村”案例的社会学考察》，《中国社会科学》2011 年第 4 期，第 126～148 页。

身产生什么样的影响？这是本下面讨论的主要问题。

（一）政府过度干预与市场失灵

D 县的土地流转并非地方政府介入推动才出现的，20 世纪 90 年代末期就出现了土地承包经营权的自发流转。土地自发流转的形成与农村劳动力转移相关。随着我国经济发展和工业化的深入推进，农村青壮年劳动力大量向城市的第二、第三产业转移，农村家庭以代际分工或者性别分工为基础形成了“半工半耕”的家庭经济模式。一般是年轻人在外务工，父母在家务农，或者是男性在外务工，妇女在家务农。“半工半耕”的兼业家庭成为农村基层的主体。而农村中有一小部分举家外出的家庭完全脱离了土地，遂将土地流转给亲戚、邻居、田友，而那些因在家照料小孩或老人无法外出务工的中青年夫妇则成为土地流入的主体，形成规模种植来弥补家庭得不到务工收入的缺失。自发流转多发生在农村社区内部，租金低廉或者没有，租期不具有契约性质，灵活性极强。这种依靠乡土内部规则运行的土地承包经营权自发的流转市场，从经济学的角度来说是属于不完全竞争市场。

从市场的角度来看，地方政府试图通过充当中间人的身份连接资本与农户，推动土地流转市场向完全竞争市场发展，从而使市场发挥资源优化配置的作用。从形式上看，地方政府借用资本确实扩大了流转土地占全部耕地的份额，并且通过市场契约的形式在程序上规范了土地流转，由此看来，地方政府和资本介入似乎规范和推动了土地流转市场的发展。但土地承包经营权流转的完全竞争市场是否真的形成？事实上，地方政府的介入，打破了土地流转市场上交易双方的关系，从而形成了权力、资本和农民三者之间的关系。地方政府为了获得政绩和向上争取项目，通过资金和金融政策支持，吸引和鼓励资本进入农村流转土地，又通过强定高于土地产出的最低地租来推动小农让出土地。小农之所以愿意将土地流转出来，部分是受高额租金的吸引，部分是地方政府利用各种资源半强制式推动。而资本之所以愿意以高出土地产出价的地租流转土地，部分是因为政府的各项优惠政策极大地降低了生产成本，使之愿意进入农业领域进行尝试；部分则是醉翁之意不在酒，流转土地的意图不在于生产经营，而是想通过土地流转来套取国家资金和优惠政策，或者是看中了土地非农使用的空间。由此可见，市场只是大规模土地流转运作的前台，而在后台起关键性作用的则是地方政府。换句话说，地方政府通过自身的权力重构了土地流转市场。

政府的介入是推动还是阻碍了土地流转市场的发展，是值得深入讨论的问题。如前所述，资本流转土地目的不一，但最终结果相似：试图经营农业的资本在进入生产后面临极大的市场风险，亏损后很快撤离；旨于套取国家优惠政策和资金的资本在目标达成后也会很快撤离农业领域。资本逃离之后，地方政府为了稳定和安抚农民的情绪，不得不将新的人力财力投入招商引资。D县推动农地集中流转以来，资本换了一茬又一茬。政府花费大量的力气在维护土地流转市场的运作，市场在土地流转过程中并未发挥自发配置资源的作用，“大市场”实际上是失灵的。而政府将资本引入农业进行大规模土地流转，挤压了乡村内部原有的自发土地流转，小农因缺乏足够的资本支付被抬高的租金而被排挤在土地租赁市场之外，自发流转形成的不完全竞争市场被政府重构的“大市场”排挤掉。由此来看，政府通过自身的权力运作不仅没有培育出土地流转的完全竞争市场，而且还阻碍了土地流转的自发交易，阻碍了土地流转市场自身的发展。

（二）政权合法性困境

任何政治统治的存在都必须具有其合法性。在现代社会经济条件下，构建合法性统治的基础主要有两条：一是通过良好的政绩来论证自身的合法性，二是政治权力在运作过程中是否得到公众的认可。[①] 地方政府在运用权力推动农地集中流转的过程对自身的合法性产生了影响。

1. 有投入无增长：政绩合法性困境

政绩合法性的基础是政府统治的有效性，有效性是指政府在行使政治权力对社会进行政治管理或政治统治的实际业绩。[②] 在发展的话语体系下，GDP增长成为政府统治有效性的重要衡量指标。

前文指出，县级政府推动农地集中流转的根本目的在于，通过农业增加值的增长获取政绩，其方式是通过将资本引入农业领域改造“小而精”的传统农业，试图通过经营规模和种植结构调整来推动农业增加值的增长。为此，地方政府花费大量的人力、物力推动了农地规模流转，顺利将资本引入农业领域。资本进入农业领域之后，实现了规模经营和种植结构调整，形式上朝着地方政府期待的方向发展。但事实上，资本进入农业领域之后

① 倪星：《政府合法性的现代转型与政绩追求》，《中山大学学报》（社会科学版）2006年第4期，第81～87页。

② 马宝成：《有效性：现代政治合法性的政绩基础》，《天津社会科学》2002年第5期，第52～56页。

陷入了市场化的困境。农业领域的经济作物都参与完全市场竞争，价格和收益受市场供需的调节，各平级的地方政府“争先恐后”地将资本引入农业领域种植经济作物，极大地扩大了经济作物的供应量。在市场需求没有显著增加的情况下，进入农业的资本时常遭遇“市场滑铁卢”。农业增加值并没有因为资本的进入而得到提升，并且因为资本进入农业领域转变了种植结构，反而使粮食总产量下降，地方政府无法完成上级关于粮食增产的要求。地方政府为此陷入政绩合法性的危机。

2. 权力与暴力相结合：制度合法性困境

如前所述，在动员农民流转土地过程中，当地方政府动用行政力量和乡土传统等正式资源无法奏效时，则引入乡村“混混”等非正式资源。乡村“混混”通过威胁方式甚至采取暴力手段协助基层政府流转土地，达成集中流转中的治理秩序。当然，乡村“混混”介入基层政府的治理中不可能白帮忙，基层政府以所辖范围内的各种项目工程承包权作为回报。由此，为达成大规模土地流转的任务，基层政府和乡村“混混”之间形成了一种“共谋”的关系。

在强制流转农户土地过程中，虽然采取各种暴力手段的是乡村“混混”，但村民心里很清楚是基层政府在背后指使“混混”，乡村“混混”只是基层政府在前台表演的工具。基层政府的“恶人”形象进入民心，农民对基层政府更加不认可，普遍认为“上面都是好的，下面就歪了”，加剧了基层政府与农民之间的紧张关系，基层政府自上而下的行政权威受到极大的威胁，政权合法性也在此中流失。

五 结论

在国家农业现代化的政策号召和指引下，全国各地纷纷掀起了农地集中流转的浪潮。四川 D 县农地集中流转的经验事实表明，并非所有的农地规模流转都是基于自由市场上流出、流入双方的自愿交易，一部分农地规模流转是地方政府基于各种利益考量所主导的。地方政府为了完成上级下达的农业现代化任务、为了树立政绩和政治升迁，以及为了争夺自上而下的各种项目资源而推动了农地集中流转。为了实现农地集中流转的目标，地方政府一方面需要动员农民将土地流转出来，另一方面则需要引入资本对流转出来的土地进行承接。为了成功地动员资本和农户，地方政府利用一切可以借用的物质资源和权力资源以及正式的和非正式的资源，甚至将带有灰黑性质的乡村“混混”引入大规模土地流转过程中来，从而在短时期内促成了农地集中流转。

由此可见，农地集中流转是由地方政府主导的，其流转过程深深的嵌入地方政府的治理过程中。与其说农地集中流转是市场推动的土地资源优化配置的过程，不如说是地方政府的治理过程。地方政府过度介入土地流转，不仅没有通过行政权力培育和完善土地流转市场，反而因其在土地流转过程中的参与更加扭曲了土地流转市场，更因采用了非正式资源反而使政权的合法性受到威胁。地方政府在土地流转过程中应明确自身角色与位置。

新型农业经营主体培育与农业治理转型*

——基于皖南平镇农业经营制度变迁的分析

冯　小**

摘要　地方政府在农业改革中往往利用以资本下乡推动土地规模流转的方式来培育新型农业经营主体，推行强制性的农业经营制度变迁。皖南平镇在近年来依靠优惠政策和国家项目推动土地流转，培育新型农业经营主体，重构出以龙头企业与家庭农场为主体的农业组织格局。受政策优惠和制度激励的新型农业经营主体，不仅要求地方政府在基础设施、惠农政策、支农项目等方面向他们倾斜，而且还成为基层农业治理结构中强有力的博弈集团。他们与地方政府的诸多博弈行动逐步"倒逼"政府，使农业治理的目标更加失衡与单一，这对当前农业治理提出了新的挑战。

关键词　强制性制度变迁　新型农业经营主体　农业治理

一　问题的提出

在城镇化快速发展的背景下，大量农业劳动力进入城市经济部门，如何培育新型农业经营主体、加快转变农业发展方式，成为各级地方政府（特别是粮食主产区政府）农业治理的主要内容。在一些地方，基层政府的做法是以培育新型农业经营主体为抓手，按照现代农业的规模化、组织化、专业化和市场化的目标，着力推进土地的规模化流转，以促进新型农业经营主体成长。一些调查发现，这种大规模流转无论是山林还是农地，往往

---

* 本文原载《中国农村观察》2015年第2期，编入本书时进行了少量修改。

** 冯小，西北农林科技大学人文社会发展学院讲师，研究方向为新型农业经营主体与农业转型和农村发展与乡村治理变迁。

与资本下乡联系在一起[①]，且都是地方政府、村社组织利用国家的优惠政策和建设现代农业项目来完成的。

依据林毅夫对制度变迁的分类，由国家政策和法令引起的制度变革是政府供给型强制性制度变迁。[②] 另外，地方政府在制度变迁方面所做的各种努力，包括自主创新的制度变革，都是政府供给型强制性制度变迁的一种方式。[③] 2013 年中央“一号文件”明确指出，“创新农业生产经营体制，要尊重和保障农户生产经营的主体地位，培育和壮大新型农业生产经营组织，充分激发农村生产要素潜能”。党的十八届三中全会也强调，要“加快构建新型农业经营体系。坚持家庭经营在农业中的基础性地位，推进家庭经营、集体经营、合作经营、企业经营等共同发展的农业经营方式创新”，并且“鼓励土地承包经营权在公开市场向专业大户、家庭农场、农民合作社、农业企业流转，发展多种形式规模经营”。这些文件成为各级地方政府推进农业经营制度变革的政策依据。通过自身有效的制度供给来培育新型农业经营主体，是各级地方政府推进农业经营制度变革的重要举措。[④] 在具体的实践中，承接国家的建设现代农业项目，以资本下乡来推动土地经营权的规模化流转，进而培育具有企业化经营特征的新型农业经营主体，是各级地方政府培育新型农业经营主体的主流运作模式。

企业化的农业规模经营早已被学者呼吁多年。[⑤] 对于土地流转后所形成的具有企业化经营特征的新型经营主体，一些媒体和政策研究都对其功能

---

① 郭亮：《资本下乡与山林流转——来自湖北 S 镇的经验》，《社会》2011 年第 3 期；冯小：《资本下乡的策略选择与资源动用——基于湖北省 S 镇土地流转的个案分析》，《南京农业大学学报》（社会科学版）2014 年第 1 期。

② 林毅夫：《关于制度变迁的经济学理论：诱致性变迁与强制性变迁》，载〔美〕罗纳德·科斯等：《财产权利与制度变迁——产权学派与新制度经济学译文集》，刘守英等译，上海三联书店，2005。

③ 杨瑞龙：《我国制度变迁方式转换的三阶段论——兼论地方政府的制度创新行为》，《经济研究》1998 年第 1 期。

④ 王慧敏、龙文军：《新型农业经营主体的多元发展形式和制度供给》，《中国农村金融》2014 年第 1 期。

⑤ 张忠根、黄祖辉：《规模经营：提高农业比较效益的重要途径》，《农业技术经济》1997 年第 5 期；胡鞍钢、吴群刚：《农业企业化：中国农村现代化的重要途径》，《农业经济问题》2001 年第 1 期；北京天则经济研究所“中国土地问题”课题组、张曙光：《土地流转与农业现代化》，《管理世界》2010 年第 7 期。

和前景持乐观态度。[①] 虽然如此，也有学者谨慎地指出，地方政府推动土地经营权向大户集中，“扶持大户打败小农”是一项对广大小农的歧视性政策；带有偏向性的政策激励往往会促使下乡资本逐利，导致农民利益受损，特别是其中弱势群体的利益受损。[②] 资本下乡使得务农户与土地分离，农民被迫成为难以市场化就业的商品化劳动力；基本消费品的全面商品化，提高了他们的货币性开支，增加了他们生活的困难；[③] 资本下乡推动的土地流转剥夺了农民最后的生活保障，使得中国农民走向无地雇工的方向。[④] 可见，相关研究一方面看到了新型农业经营主体发展的正向作用，另一方面也发现了它对弱势群体、广大小规模农户的负面影响。不过，既有研究却没有充分认识到，受到政策激励的新型农业经营主体的形成会对地方政府的公共服务职能与角色转变产生反向驱动力，也没有分析它对整个乡村经济和农业产业体系的影响。

刘拥华指出，歧视性政策会扭曲经济体系中基本的激励结构，进而使组织和组织内部的企业家从事各种活动的成本、收益发生变化，组织和个人据此调整自身的行为，出现反向的“社会行动”。[⑤] 在这样的政策干预和社会的“反向行动”相互作用下，新的社会制度和社会结构得以形成。这些反向的“社会行动”描述了一种对自上而下型政府政策的反向作用，即在政府供给主导型的制度变迁过程中，组织内部的企业家在扭曲的激励结构下，采取一些与政府博弈的“逆向”行为，最终促成新的社会制度的形成和社会结构的变化。

笔者将以皖南平镇为个案，描述政府在培育新型农业经营主体的过程中，基层政府对乡村原有的农业经营模式进行强制性干预，即利用国家优惠政策和建设现代农业项目开启政府主导型的农业改革，实施一系列歧视

---

① 万宝瑞：《当前我国农业发展的趋势与建议》，《农业经济问题》2014 年第 4 期；刘勇、庄小琴：《创新农业经营体系 推动现代农业发展》，《求实》2013 年第 12 期；韩世军：《推进新型农业经营主体发展的战略举措》，《中国党政干部论坛》2014 年第 12 期。

② 贺雪峰：《论农地经营的规模——以安徽繁昌调研为基础的讨论》，《南京农业大学学报》（社会科学版）2011 年第 2 期。

③ 孙新华：《强制商品化：“被流转”农户的市场化困境——基于五省六地的调查》，《南京农业大学学报》（社会科学版）2013 年第 5 期。

④ 〔美〕黄宗智：《〈中国新时代的小农经济〉导言》，《开放时代》2012 年第 3 期。

⑤ 刘拥华：《市场社会还是市场性社会？——基于对波兰尼和诺斯争辩的分析》，《社会学研究》2011 年第 4 期。

广大小农的政策。本文将分析歧视性政策干预前后农业经营主体结构的变化，重点探讨受政策激励而形成的新型农业经营主体是如何产生一些新的制度偏好和反向社会驱动力的，并进一步解释这些反向社会驱动力又如何“倒逼”地方政府转变农业治理方式，推动农业治理的制度变迁。

二　农业经营主体变迁的两个阶段：皖南平镇个案

平镇是皖南一个工业大县 F 县中唯一的农业大镇。自 2007 年开始，平镇通过实施一系列建设现代农业项目，鼓励招商引资、吸引工商业资本下乡承包土地，促进了农民土地经营权向“种粮大户”这一新型农业经营主体的流转。截至 2014 年 8 月，全镇 5 万余亩土地的耕种主体由之前的 8700 多户小规模农户（3 万余个农民）变成了 5 家农业企业、87 个家庭农场主以及少数小规模农户。种粮大户（本文系农业企业和家庭农场的统称）成为平镇农业产业的中坚力量，承包耕种了全镇 60% 以上的土地。现在，平镇农业治理的主要对象由之前的 8700 多户小规模农户变成如今不足 100 户的种粮大户。平镇的土地流转过程可分为两个阶段：第一阶段为 2007 年之前，是农村社会内部农民之间土地自发流转阶段，体现的是乡村社会内在的诱致性变迁；第二阶段为 2007 年之后，是国家政策和项目干预阶段，体现的是政府主导的强制性变迁，主要指政府利用以资本下乡来推动土地规模化流转的方式来培育种粮大户。

（一）诱致性变迁：土地自发流转与“中农”的兴起

长期以来，政府农业治理的对象一直都是千家万户，是“人均一亩三分，户均不过十亩”的分散小规模农户。在当前城镇化进程不断加速的背景下，农村劳动力迅速向城镇工商业转移，这使得农业出现了“去过密化”的趋势[①]，农村经济出现了“去农业化”[②] 的趋势。农民外出打工后，承包土地如何处置？平镇农民的普遍做法是将土地转交给邻居、亲戚、朋友耕种，即进行土地的自发流转。这种做法的灵活性在于外出打工者一旦在城

---

① 〔美〕黄宗智：《中国的隐性农业革命》，法律出版社，2010；刘芬华：《农业“去过密化”态势中的中国农地制度变迁——一个制度解释》，《华南师范大学学报》（社会科学版）2011 年第 2 期。

② 张谦：《终结的开始？——当代中国农业的现代化和农民阶层的分化》，载周晓虹：《中国研究》，社会科学出版社，2010。

镇就业失败，还可以回乡要回土地来耕种；自发流转的土地年租金也不高，一般为 100 元/亩，或 200 元/亩，甚至零租金。耕种两三家亲戚或朋友土地的农户，其所耕种的土地面积主要为 15 ~ 50 亩，其种地收入与外出打工者的收入基本持平，可以算作村庄的中等收入群体。他们具有经营农业的动力，也是村庄社会的中坚力量，有学者称他们为兴起的“中农”阶层①，也有人将他们称为“去过密化”的小农②。

从 2009 年平镇 A 村土地自发流转后农户农业生产情况看，4 个村民小组种地农户数合计占农户总数的 35.46%，其中“中农”占种地农户数 51.28%；从农户耕种的土地面积来看，F 组自发流转土地形成的“中农”所耕种的土地面积占全组耕地面积的 74.42%。总体来看，4 个村民小组“中农”耕种的土地面积占耕地面积的 78.92%。这说明，在政府没有进行土地整村流转时，土地自发流转解决了外出打工农户的土地处置问题，“中农”承担了主要的农业生产任务（见表 1）。

表 1　2009 年平镇 A 村 4 个村民小组土地自发流转后农户农业生产情况

村民小组	总户数（户）	土地总面积（亩）	种地户		“中农”		
			户数（户）	耕地面积（亩）	户数（户）	耕地面积（亩）	占种地户耕地面积的比例（%）
W 组	42	243	17	185.51	9	148.21	79.89
D 组	17	109	5	59.18	3	48.18	81.41
Z 组	19	230	7	128.00	4	102.00	79.69
F 组	32	95.00	10	95.00	4	70.70	74.42
总计	110	677	39	467.69	20	369.09	78.92

注：W 组有 57.49 亩土地流转给蔬菜公司；D 组在山区，退耕还林和抛荒土地合计不足 49.82 亩，大约个占一半；Z 组有 102 亩土地在项目区，流转给万达加工厂。

土地自发流转大多是通过农民之间的口头协议达成的，主要以血缘关系、人情关系为支撑，是嵌入农村社会网络之中的。村庄社区内生的社会信任是维系土地自发流转秩序良性运行的重要基础。这样的土地自发流转，几乎不

① 杨华：《“中农”阶层：当前农村社会的中间阶层——“中国隐性农业革命”的社会学命题》，《开放时代》2012 年第 3 期；徐嘉鸿：《农村土地流转中的中农现象——基于赣北 Z 村实地调查》，《贵州社会科学》2012 年第 4 期。

② 陈义媛：《资本主义式家庭农场的兴起与农业经营主体分化的再思考——以水稻生产为例》，《开放时代》2013 年第 4 期。

需要基层政府和乡村干部的干预，是农村社会内在的一种灵活、可逆的土地流转制度。外出打工的农户与在家种地的农户之间能够自发形成一套良性的土地流转秩序。依靠农民自身的社会关系和村庄内部的社会信任，土地资源和就业机会在一个大家庭（兄弟家庭）或村庄共同体（亲邻）内部顺利进行再分配。土地自发流转催生了“去过密化”的农业经营主体——“中农”的兴起，形成了农业经营制度发展过程中的诱致性变迁。

（二）强制性变迁：政府推动土地流转与新型农业经营主体的发展

村庄内部农民之间的土地自发流转不可能在短期内实现大规模经营，完成发展现代农业的目标，因此以政府主导的土地大规模流转便成为推动农业经营体系发生强制性变迁的关键步骤。在这一变迁路径下，创新农业经营体制、培育新型农业经营主体就演化成了政府为主导的土地流转，吸引资本下乡，以形成大面积规模经营的政策实践。这种由政府主导的强制性制度变迁消灭了诱致性制度变迁的可能性。政府推动的资本下乡与土地大规模流转破坏了土地的自发流转秩序，并且排挤了由此形成的“中农”群体。自 2007 年平镇成为县级现代农业示范区开始，在当地政府的农业发展规划中，现代农业被描述为“规模化、机械化的大生产”。为了完成现代农业示范区项目所要求的 6000 亩规模经营指标，平镇政府在规划的项目示范区范围内选择了 3 个行政村开展整村土地流转工作。为完成这项“中心工作”，乡村两级组织倾其全部精力与资源来进行“攻坚战”。自 2007 年冬天开始，平镇打包各类项目，实施土地平整和农田水利改造，同时要求乡村干部全员入户开展土地整村流转的动员工作，试图推动土地的整村流转。平镇政府工作人员用自己丰富的“做工作”经验，采用各种正式、非正式、软硬兼施的办法[①]进行土地整村流转动员。历经 3 个月后，经过轮番轰炸式的劝说、亲戚朋友连坐式的游说，3 个行政村内农民的土地流转率达到了 90% 的高标准，顺利完成了土地整村流转。土地流转带来了土地的集中，农民与村委会成立的“土地流转专业合作社”签订土地流转合同，再由村委会对外发包。土地承包主体则由乡镇土地流转中心和村级组织来选择，村民无权选择承包主体，也无能力成为承包主体。因为在具体的土地流转工作中，镇政府和各村级组织在土地对外发包时都会优先考虑有经济实力的

① 孙立平、郭于华：《“软硬兼施”：正式权力非正式运作的过程分析——华北 B 镇收粮的个案研究》，《清华社会学评论》（特辑），鹭江出版社，2000。

主体，主要是下乡的工商企业，而不是有耕作意愿和种植经验的“中农”。政府强制推进的土地整村流转破坏了村内的土地自发流转秩序，也逐步排挤了村庄的“中农”群体。

土地的再发包过程，也是地方政府着力培育新型农业经营主体的过程。所谓“新型”，在平镇的主要表现是经营主体所承包的土地面积足够大，民间称之为“大户”。他们经营的土地面积是村庄中小规模农户的数百倍甚至上千倍。从 2007 年开始，平镇依托一系列建设现代农业项目和县级财政的支持，对具有“新型”性质的种粮大户给予一些创新性的制度扶持。例如，给予不同规模的种粮大户补贴，向农业企业提供政策性农业贷款，使其享受最高额度的税收优惠，甚至将一些公益性的农田水利项目直接交给农业企业实施。在这些政策的激励下，一批具有企业化经营特征的新型农业经营主体快速崛起。总体而言，在县级财政的大力支持下，依靠国家的项目资源投入，平镇通过资本下乡和土地流转的结合促进了新型农业经营主体的发展。

三　新型农业经营主体对产业体系的“倒逼”

平镇新发展起来的新型农业经营主体，被寄予了推进农业现代化的厚望，也是地方政府开展农业治理工作创新的结果。这些单个经营面积达数百亩、所耕种的土地面积合计约占平镇土地总面积六成的经营主体一经产生，便深刻地改变了当地的农业经营生态，也改变了地方社会阶层结构。

（一）农业经营主体的一元化：“挤出”中农与小农

新型农业经营主体的出现，极大地挤压了乡村既有的农业经营主体的生存空间，阻断了土地的自发流转，迫使“中农”与小农的经营方式日趋解体。政府推动的土地整村流转重新定义了土地流转价格，这使“中农”原本通过亲属关系、人情关系获得的地租优势陡然丧失，亲戚朋友也不再将土地交给留守在村的“中农”耕种，因而“中农”群体开始解体。实际上，“中农”群体往往因为各种原因无法外出打工，他们对农业经营有着较强的依赖性，土地的自发流转能保证他们“不离土，不离乡”，通过土地自发流转形成的农业小规模经营能让他们获得家庭所需的基本收入。小规模农业为农村留守群体提供了收入来源和生活保障，而在土地整村流转的政策下，这部分很难实现市场化就业的留守群体成了完全的“无业”群体。

种粮大户的出现，完全改变了当地的农业经营主体结构。由于种粮大户承包的土地集中在平坦的容易耕作的区域，而政府的农田基本建设项目往往也集中在这些区域，从最初的县级示范区、农业综合开发到高标准农田项目的步步叠加，先期项目投资建设的水渠、机耕道损坏后，后期项目跟进叠加，国家资源被集中投到种粮大户所耕种的土地。这使得小规模农户所经营土地的生产条件长期得不到改善，农业基础设施年久失修，逐步荒废。

进行专业化粮食生产的种粮大户排挤了进行多样化经营的小规模农户，这使得原来多功能的小规模经营所具有的多样化优势逐渐丧失。[①] 种植兼养殖的小规模农户，其农业生产不仅能满足自家需求，还可为区域农产品市场提供丰富的农产品。[②] 土地整村流转后形成的种粮大户越来越依靠大型机械、化肥与农药，且经营作物单一化，粮食成了平镇的主要农产品。区域农产品市场所提供的农产品的丰富多样性也随小规模农户的大量减少而消失。这些以兼业化方式生产的多种农产品，通过市场交易，成为小规模农户的收入来源之一。其收入虽少，却能够满足一些农村老人的基本生活所需。另外，种粮大户的农业生产还可能危害国家的粮食安全。笔者在调查中发现，精耕细作的小规模农户的单位面积产量要比“大而粗”的种粮大户高出许多。仅以平镇的单季早稻为例，小规模农户的平均亩产比种粮大户要高出 100 公斤。小规模农户由于基本不考虑自家的劳动力成本，一直保持着双季稻种植结构；而种粮大户因为“双抢时节”雇工成本较高，普遍将当地传统的双季稻种植结构调整为稻麦种植结构。而在南方，由于不适应当地的气候环境，小麦亩均产量为 250 ~ 300 公斤，与水稻相差了近一半（当地晚稻的亩均产量为 500 ~ 600 公斤）。综合算来，种粮大户单位面积土地上的粮食产量无形中要少 350 ~ 400 公斤。如果以全镇流转给种粮大户的 3 万亩农田计算，平镇的粮食总产量每年要因此减少 1050 万 ~ 1200 万公斤。

（二）新型农业经营主体的反向驱动力：“倒逼”生产服务体系的变革

平镇以新型农业经营主体占主导的农业经营主体格局，也逐步“倒逼”农业产业链中社会化服务体系的转变。首先，种粮大户的兴起改变了生产

---

① 朱启臻：《农业社会学》，社会科学文献出版社，2009。

② 小规模农户虽然主要种植双季稻，但也会利用一些零碎地块种植油菜、大豆、红薯、土豆等，如果家里有粮食，还会养殖家禽（鸡、鸭等），在山坡地上会栽植一些果树。因此，农村基层市场上农产品是丰富和多样化的。

性服务体系。以市场化的农机服务为例，种粮大户都各自拥有大型农业机械，农业龙头企业筹建了农机专业合作社，挤压了原本为小规模农户服务的、遍布乡村的“农机手”的生计空间。这使得耕种“一亩三分”细碎化土地的小农很难在市场上获得农业机械服务，联合收割机不愿意为分散的小规模农户开进村庄，过去方便小规模农户的农机服务体系开始解体。其次，经营数百亩土地的种粮大户的粮食总产量较高，与当地粮食加工厂建立了稳定的收购关系，这使得乡村过去普遍存在的粮食经纪人（“粮贩子”）逐步消失，导致部分山区老人存在“卖粮难”问题。再次，随着农资厂商和种粮大户的直接对接，双方建立了稳定的合同购销关系，本地农资销售店的业务量因此大大降低，很多农资销售店因亏本而关门。笔者调查，在 2007 年之前，每村都有一家农资销售店，全镇约有 20 多家农资销售店；土地整村流转后，到 2014 年 8 月，平镇只剩下 3 家农资销售店（其中一家是当地龙头企业旗下的；另一家是镇农业综合服务中心主任家属的个体店，第三家是成立了近 20 年的农资销售店，但已面临着关门的压力）。农资销售店的大量消失，给小规模农户农业生产带来的直接困境便是无处购买农资，他们只能依靠种粮大户帮忙代购。而且，随着农资销售店的大量消失，小规模农户不能再便捷地从他们那里获得农技服务和市场信息。过去以小规模农户为对象的农业服务体系在产业链中被逐步瓦解，小规模农户所面临的农业生产条件日趋恶化。

总之，所耕种的土地占平镇土地总面积约六成的种粮大户，对市场化的农机服务、粮食销售、农资购买的需求与小规模农户完全不同。种粮大户的市场需求改变带来了农业社会化服务体系的改变，使整个农业产业体系更加不利于小规模农户的生存。一项旨在创新农业经营主体的制度，在客观上导致农业产业体系发生着诱致性变迁。

四　新型农业经营主体对农业治理方式的“倒逼”

新型农业经营主体的成长，也对自上而下的政府行为产生“倒逼”，使农业治理方式向着更加有利于新型农业经营主体的方向转变。这些新型农业经营主体掌握了地方农业生产的命脉之后，就成为举足轻重的社会群体。他们的诸多博弈行为“倒逼”基层政府的农业治理原则与治理方式发生着结构性的变化。

（一）基础设施成本的国家化：民间水利的崩解

平镇农业项目的持续推行重构了乡村的农业经营主体结构，即改变了之前“一家一户”的小农格局。平镇的种粮大户主要开展现代“大而粗”的家庭农场经营[①]，他们的成长“倒逼”基层政府在农田水利等基础设施建设方面对其利益诉求做出回应，进而导致基层政府后续一系列工作的方式和原则发生着内在转变。

作为新型农业经营主体的种粮大户，占据着农业经营体系的主导位置。他们的生产关系着地方经济的稳定，而能否按时、足额向农户支付土地流转租金关系着地方社会的安定。他们的农场需要政府重新规划水路渠系，重建适合大机械作业的耕作和灌溉条件，确保旱涝保收。这些需求使得地方政府的农业治理朝着一种“去小农化”的方向发展。例如，在平镇一系列建设现代农业项目设计与实施中，道路建设以大机械的通行为标准；对水系也进行了系统改造，将村庄原有的星罗棋布的小堰塘一一填埋，只留村庄的中心堰塘，废掉零散、蜿蜒、曲折的传统水系，填埋毛渠，改用新的直线路的硬化水泥渠道；在田块设置上，政府完全打破了之前细碎化的田块格局，在土地平整过程中基本废弃了之前 2～3 亩的小规模农田，全部改为 20～50 亩一块的大块农田。政府对道路、水系、田块的整体改造，使得原本依托村社而存在的民间道路、水利供给体系解体。

新型水利体系专为种粮大户的农业经营服务。这一转变的客观后果是，打破了以村社组织为基础的小农水利体系，并给乡村两级组织的水利动员带来了新的挑战。例如，过去每年由各村社组织小规模农户开展义务性的河道清障与水渠、道路的冬修工作，现在则必须由政府出资雇请工人定期进行专业化施工。再如，2013 年 7～8 月，平镇发生了连续 45 天的高温大旱。由于大多数传统小堰塘被填埋，平镇现留堰塘的储蓄水量减少，农业生产对主干河流的依赖过高而使旱情更为严峻。平镇政府工作人员 24 小时轮岗抗旱，但村民在家睡觉，无人参与抗旱。即使耗费了近 50 万元进行提水灌溉，但种粮大户仍因干旱减产。平镇政府只得向省、县农委报“50 年以来特大旱灾”，省委最终以特殊农业保险方式对种粮大户进行贴补。新建成的水利供给体系替代了以前以小农为主的民间水利供给体系，瓦解了原有的以村社组织、村民小组、村民为中心的水利动员体系，这使得对种粮

① 〔美〕黄宗智：《“家庭农场”是中国农业的发展出路吗?》，《开放时代》2014 年第 3 期。

大户的农田水利供给与后期维护成了平镇政府的责任。

（二）农技服务体系的“马太效应”：扶大不扶小，扶强不扶弱

平镇通过土地流转培育出种粮大户，同时完成了有利于种粮大户大规模经营的农业生产基础设施的改造。随之而来的是，为满足种粮大户的需求，基层政府逐步重建和完善了在农村失效多年的农技服务体系，但其服务对象由之前的“千家万户”小农变为如今的少数“种粮大户”。

2010 年，平镇水稻遭受大面积红叶病变，造成种粮大户减产受损。种粮大户们埋怨政府的农技服务工作不到位，而且得到的保险赔偿太少，强烈要求降低单位面积的土地租金。之后，县政府出台新政策，要求农委系统和乡镇农业综合服务中心的服务对象向大户集中，围绕测土配方、农药与化肥使用技术、植保、优良品种选择、病虫害防治等向大户提供免费培训，并定期向他们宣传和解释新颁布的农业政策。种粮大户都与农经站和农技服务中心的工作人员建立了稳定的私人关系。在调查中，笔者看到很多家庭农场主都存有农技站以及农委领导的电话号码，他们在遇到农作物病虫害时，只要去一个电话，便会有技术人员下乡走访查看，给予指导。而且，提供这种一对一的服务已成为这一农业大镇镇政府的制度性规定和行政责任。地方政府将主要的相关人力、财力、物力投入主要服务于种粮大户的农技服务体系时，原本服务于小农的农技服务体系更加支离破碎、“线断网破”，普通农户的农技需求很难得到回应。政府不是“接线补网”，而是“另起炉灶”，构建一套服务于种粮大户的农技服务体系，形成了“扶大不扶小、扶强不扶弱”的农技服务格局。

（三）社会治理任务的激增：调解大户与小规模农户的矛盾

整村推进的土地流转产生了一大批“无农可务”的失业群体，他们是村庄中无法外出、只能留守村庄的社会群体。同时，由于土地流转过程中存在不同程度的“强迫”性质，特别是存在很多想种地而得不到地种的农民，土地流转后便产生了很多隐性的矛盾和对抗。这些矛盾和对抗直接表现为小规模农户与这些种粮大户之间或显或隐的冲突。

农民在粮食收获时节“拾稻穗”和做雇工过程中的“揩油”行为可以视为“弱者的武器”。在粮食收获时节，种粮大户有了新的“防盗”任务。据当地种粮大户陈某讲，收割机收完粮食后，需要小工（往往是当地的农民）把粮食一袋袋地装好，然后或是搬到路边，或是搬到货车上运走。现成的一袋袋的粮食很容易被别人“搬走”，“明抢”显然是违法的，但小工

有自己的“策略”，会趁劳动时将一些装袋的粮食藏在隐蔽的地方，等到晚上再到田里把粮食拖走。有的老人也以“拾稻穗”的名义，随便就进入稻田里割稻子。种粮大户们不敢得罪这些人，而且还需村干部恰当处理，否则后续的生产会面临很多困难。这些农民的应对“策略”是“白天捡，晚上偷”，趁晚上或凌晨时到处“活动”。除了粮食，有的农民还“偷油”（拖拉机柴油）、偷水泵等。这些“偷盗”行为是伴随着土地的集中流转而出现的。种粮大户认为，禁止农民的偷盗行为是基层政府的职责。为回应种粮大户的这些需求，在粮食收获季节，乡村干部多了一项“教训”和“劝说”农民的任务。

除此之外，种粮大户与小农之间还就一些“公共地”存在地权冲突。笔者在调查中发现，土地平整后在田埂、沟渠、道路旁边出现了很多小块废地（即“公共地”），有小农认为这些废地不属于大户承包者，自己可以在这些小块废地上种植农作物。而种粮大户认为，既然土地已经完全再次发包，土地暂时就不再属于那些小农，在合同期限内，即使是作为“公共地”的地块，小农也不能私自耕种。这部分“公共地”成了权利的一个模糊地带，小农有没有权利耕种？或者谁有权利耕种？由于“公共地”而产生的大小纠纷无数。为此，平镇政府专门发文对此进行规范：“农户不准在田埂、沟渠和道路两边种植农作物”，但是纠纷依然不止。因“公共地”而出现的土地使用权问题成为近年来平镇乡村治理中的主要矛盾和纠纷之一。在耕作过程中，种粮大户很容易与农民发生冲突。而乡村两级对此秉持的原则是要保护种粮大户的利益，说服当地小农不要在“公共地”上种植农作物。无论是处理农业生产内的矛盾，还是处理农业生产外的社会矛盾，乡村两级组织都以协调为主。由于种粮大户已经成为本地农业生产的骨干群体，又是地方政府着力培养的新型农业经营主体，因而在纠纷调处中，平镇政府往往以保护种粮大户为首要目标，为种粮大户营造良好的经营环境。

（四）惠农资源的歧视性分配：博弈集团的生成

一旦种粮大户成为地方农业生产的骨干群体，国家惠农资源的分配就会受到这种结构性因素的挑战。种粮大户具有相同的群体特征，也有共同的利益诉求，因而能很快地结成利益同盟，在惠农资源的再分配中形成强有力的博弈集团。

以农业补贴为例，农业保险公司按照种植规模的不同设置不同标准的补贴：种植规模为100～500亩的，给予每年每亩60元的财政补贴；种植规模为 500 ~ 1000 亩的，给予每年每亩 80 元的财政补贴；种植规模为 1000 亩以上的，给予每年每亩 110 元的财政补贴。不仅如此，2012 年上级配给平镇的 80 万元农业植保补贴，平镇在依据规定扣除 20 万元的政府服务费后，也都发给了种粮大户。而往年的做法是，平镇政府将其余 60 万元分发给各村级组织，村级组织按照行政区域承担植保和一些公共生产性服务。2012 年，当种粮大户得知植保补贴的信息后，认为其所承包的农田早已跨越村界，要求将其余 60 万元直接发给他们。最终，县农委工作组为避免产生矛盾，直接将这 60 万元全额按照其土地承包面积分给了种粮大户。具有普惠性质的农业贷款也在向种粮大户倾斜，基本上只考虑种粮大户，而很少会考虑小规模农户。2012 年，上级分配到平镇的 500 万元政策性低息贷款，基本上都由农业龙头企业和家庭农场获得，仅有约 5% ~ 10% 的比例分配给小规模农户。而农业龙头企业往往依靠各种与政府部门的便利关系争取政策性低息贷款，支持自己的农业经营。

农业保险也是同样的情况。目前农业保险的理赔过程在实践中并非依据保险的规章制度和程序开展的，往往演化为保险公司、地方政府和种粮大户的三方博弈。2013 年，当地冬小麦普遍因为赤霉病而受灾，保险公司派人前来考察，核定之后按照承包土地面积的 20% 计算受灾面积，再对受灾面积统一按照“绝收”的受灾程度进行赔偿，不再区分各地块受灾差异带来的减产差异。但是，当地种粮大户对这一赔付标准普遍不同意，认为赔付比例太低，因此联合起来找县农委出来协调。县农委工作人员迫于种粮大户们“群体上访”的压力，劝说种粮大户们不要“闹访”，而是按照保险公司的赔付程序走。和 13 个种粮大户代表谈判未果后，县农委要求乡镇领导和农经站领导出面协调。种粮大户们要求按照承包土地面积的 50% 计算受灾面积，而且按照“绝收”的 70% 计算受灾程度进行赔偿，这一要求大大超出了保险公司原本的理赔标准。在种植大户们的群体压力下，县农委和乡镇领导不得不多次找保险公司协商，保险公司最后无奈，只得同意了种植大户们提出的赔付方案。但是，同一区域的小规模农户虽然也都购买了同样的农业保险，但并未获得任何补偿，或者说，小规模农户应得的赔偿被秘密地“补贴”到了种粮大户身上。新型农业经营主体在此案例中成了同政府、保险公司进行博弈的“利益集团”，他们向地方政府施压，迫使地方政府惠农资源的分配向自己倾斜。

从上述对农业补贴、农业政策性贷款与农业保险三方面情况的分析来看，地方政府对惠农资源的分配原则转向以种粮大户为中心，小规模农户从而被边缘化。经营全镇60%耕地的这一群体已成为当地农业经营的骨干群体和农业产业的中坚力量，因而具有了与政府谈判的地位和能力，进一步要求地方政府将一些国家普惠性资源向他们倾斜。这一转变使小规模农户农业生产的外部条件进一步恶化，也使地方政府的农业治理逐步“去小农化”。

五　结论与讨论：新型农业经营主体的反向驱动力

在以推动农业现代化为目标而力推的培育新型农业经营主体的过程中，平镇政府的农业治理原则逐步偏向“亲大户，远小农”，政府的治理目标与治理方式都发生了结构性转变。地方政府的强制性制度变迁为农业经营体系的转型营造了空间，一大批以资本化农场、规模化经营为特征的新型农业经营主体应运而生，成为制度变迁的产物。而这些经营主体一经产生，就深刻地改变了农业产业体系和农业治理体系，产生了一种对强制性制度变迁的反向驱动力。

地方政府花大力气培育出少数种粮大户，而这些少数把握了地方农业产业命脉的“骨干”群体却为地方农业治理提出了更多难题。从平镇近年来农业项目的实施情况可以发现，农业基础设施的改造都必须捆绑在规模经营的地块上，为种粮大户“保驾护航”。当种粮大户与小规模农户发生矛盾和纠纷时，乡村干部都以营造良好的招商引资环境、保护种粮大户作为调解矛盾和解决纠纷的基本原则。新型经营体系的重塑也在“倒逼”具有社会公益性质的政府农技服务体系逐步以“种粮大户”为中心，为其提供免费、便利的全套农技服务，而且这一政策责任被纳入地方的行政考核中。与之相对的是，“小规模农户”逐步淡出农技工作者的服务视野。由于小农、“中农”的多样化经营方式已被“挤出”，新型农业经营主体成为主要的粮食生产者，维护他们的利益就与地方产业稳定发展、保障粮食安全的治理目标休戚相关。新型农业经营主体更关注国家惠农政策与政府支农项目，更有积极性向政府争取资源和项目，也更有能力与地方政府谈判，促使资源分配向他们倾斜，而小规模农户的需求成为政府分配资源的“盲点”。

新型农业经营主体的成长对地方政府的社会治理提出了新的挑战。平镇原本由3万人耕种的5万余亩土地转为主要由87个家庭农场和5个农业企业来经营，除外出打工者外，剩下的近 2 万人无处就业。这么庞大的一个群体却被“农业现代化”抛在身后，成为村庄里的无业群体，失去了自我耕种土地的权利和休闲生活的乐趣。他们并未按照政府农业现代化规划蓝图所设计的那样，成为种粮大户的雇工或城市劳动者。为了推动现代农业项目落地，地方政府采取强制性政策来完成土地整村流转，利用政策引导来“制造大户”，进而试图在行政力量的干预下实现农业产业的快速转型。地方政府主观上扶持种粮大户和农业企业，客观上挤压了那些小规模农户的生计空间。产生这一结果的根源在于，政府在推行强制性制度变迁的过程中，脱离了以往多维度的“农业、农村、农民”的“三农”思路，只考虑了农业的现代化，“眼中无农民，目中无村庄”的思路大行其道。农业本身是一个关涉千家万户生计来源的产业部门，如今转变为少数种粮大户的“赚钱营生”，广大农民被分化为农场主群体和被雇佣的、无业的底层群体两极。单向度的农业思维大行其道，土地集中得过激、过快，可能引发不可控的经济风险与社会问题。

由地方政府推动的强制性制度变迁很快走向激进道路，过度偏重“造大户”，过度强调对种粮大户的保护和扶持，不仅为农业现代化埋下了隐患，使农村、农民问题更加突出，基层治理逐步由整体性的“三农”治理走向“单向度”的农业治理，可能会引发大量潜在的社会问题。值得警惕的是，新型农业经营主体的这种“大而粗”的农业经营模式，已经陷入一种不可逆的发展陷阱。他们经营的作物单一化，不仅使地方农产品供应出现结构性失调，更意味着一旦出现巨大的经营风险而他们又很难规避的情况，粮食安全问题就令人担忧了。种粮大户在农业经营结构中占主导，使地方农业产业的抗风险能力大大下降，一旦他们出现亏损，就会“倒逼”地方政府提供更多国家资源来补救和兜底。

参考文献

〔美〕黄宗智：《“家庭农场”是中国农业的发展出路吗?》，《开放时代》2014 年第 3 期。

〔美〕黄宗智：《〈中国新时代的小农经济〉导言》，《开放时代》2012 年第 3 期。

〔美〕黄宗智：《中国的隐性农业革命》，法律出版社，2010。

北京天则经济研究所“中国土地问题”课题组、张曙光：《土地流转与农业现代化》，《管理世界》2010 年第 7 期。

陈义媛：《资本主义式家庭农场的兴起与农业经营主体分化的再思考——以水稻生产为例》，《开放时代》2013 年第 4 期。

冯小：《资本下乡的策略选择与资源动用——基于湖北省 S 镇土地流转的个案分析》，《南京农业大学学报》（社会科学版）2014 年第 1 期。

郭亮：《资本下乡与山林流转——来自湖北 S 镇的经验》，《社会》2011 年第 3 期。

韩世军：《推进新型农业经营主体发展的战略举措》，《中国党政干部论坛》2014 年第 12 期。

贺雪峰：《论农地经营的规模——以安徽繁昌调研为基础的讨论》，《南京农业大学学报》（社会科学版）2011 年第 2 期。

胡鞍钢、吴群刚：《农业企业化：中国农村现代化的重要途径》，《农业经济问题》2001 年第 1 期。

林毅夫：《关于制度变迁的经济学理论：诱致性变迁与强制性变迁》，载于科斯等编《财产权利与制度变迁——产权学派与新制度经济学译文集》，上海三联书店，2005。

刘芬华：《农业“去过密化”态势中的中国农地制度变迁——一个制度解释》，《华南师范大学学报》（社会科学版）2011 年第 2 期。

刘拥华：《市场社会还是市场性社会？——基于对波兰尼和诺斯争辩的分析》，《社会学研究》2011 年第 4 期。

刘勇、庄小琴：《创新农业经营体系　推动现代农业发展》，《求实》2013 年第 12 期。

孙立平、郭于华：《“软硬兼施”：正式权力非正式运作的过程分析——华北 B 镇收粮的个案研究》，《清华社会学评论》（特辑），鹭江出版社，2000。

孙新华：《强制商品化：“被流转”农户的市场化困境——基于五省六地的调查》，《南京农业大学学报》（社会科学版）2013 年第 5 期。

万宝瑞：《当前我国农业发展的趋势与建议》，《农业经济问题》2014 年第 4 期。

王慧敏、龙文军：《新型农业经营主体的多元发展形式和制度供给》，《中国农村金融》2014 年第 1 期。

徐嘉鸿：《农村土地流转中的中农现象——基于赣北 Z 村实地调查》，《贵州社会科学》2012 年第 4 期。

杨华：《“中农”阶层：当前农村社会的中间阶层——“中国隐性农业革命”的社会学命题》，《开放时代》2012 年第 3 期。

杨瑞龙：《我国制度变迁方式转换的三阶段论——兼论地方政府的制度创新行为》，《经济研究》1998 年第 1 期。

张谦：《终结的开始？——当代中国农业的现代化和农民阶层的分化》，载周晓虹编《中国研究》，社会科学出版社，2010。

张忠根、黄祖辉：《规模经营：提高农业比较效益的重要途径》，《农业技术经济》1997 年第 5 期。

朱启臻：《农业社会学》，社会科学文献出版社，2009。

发达地区的农业变迁和政府干预

——对上海郊区家庭农场的调查

夏柱智*

摘要 中国农业的转型具有区域差异的特征。在政府干预的背景下，发达地区的农业变迁出现了新趋势，自由农民蜕变为“依附农”。以上海郊区农村为例，自2007年松江家庭农场模式开始，本地农民逐渐替代外地农民成为主要的农业经营主体，形成占主导地位的“本地农民家庭农场”。这类家庭农场虽然有现代农业及自主经营的外在形式，但其内在运作机制是一套“行政化”的农业经营模式，表现为地方政府对经营者选择、生产标准和收益空间的规范控制。新农业经营方式将面向市场的自主经营者转变为面向行政体系的依附经营者，大大推高了农业生产成本，迫使政府以农业补贴维持农业再生产。在新型城镇化和中国特色农业现代化的背景下，中国农业经营体制改革的出路令人深思。

关键词 政府干预 本地农民家庭农场 依附农 农业转型 发达地区

一 问题的提出

改革以来农业变迁有两个不同的面向：一是20世纪80年代初，家庭承包制代替集体农业制度，农民家庭重新成为农业经营的基本单位，形成中国式小农经济的基本结构，这一结构至今尚未有根本改变。二是在农业现代化背景下，农村土地流转比例不断攀高，形成了大量新型农业经营主体，突破了传统小农经济，这些突破如何发生及新型农业生产方式和小农经济的关系成为学界研究的热点。

近年来，不少学者引入政治经济学理论，用“农业资本主义”或者“农

* 夏柱智，武汉大学社会学系副教授，主要研究方向为农村社会学。

业转型”来概括农业变迁的新趋势,[①] 用来强调农业经营方式和农业领域的生产关系发生的根本性变革。学界一般将农业转型的推动力量归结为市场(商品化)、国家干预两大因素。目前的理论视角主要包括“自发转型论”和“政府干预论”,其中地方政府并没有被给予充分重视。政府干预的解释路径不排除市场因素的解释,因加入了国家干预及其权力结构这个中介变量,农业转型具有多种变迁路径和具体形态。[②] 政府干预的首要动力在于推进以规模经营为特征的农业现代化,[③] 其次是面对分散小农形成的农业治理困境倒逼政府扶持新型农业经营主体。[④] 政府干预农业的后果是农业问题和农民问题解决的“双失败”,[⑤] 政府人为扶持资本下乡加剧小农和“中农”瓦解,农业中的资本主义生产关系正在趋于主导地位,[⑥] 农村社会形成下乡工商资本和留守老弱病残共同构成的冲突性社会结构,[⑦] 农民可逆的、双向流动的城市化中断。[⑧]

综上所述,已有研究把一般的农业转型理论和中国经验结合起来,对研究中国农业的现代化启发颇大。相关研究抓住了中国农业转型过程中资本迅速扩张的现象,并指出政府干预在其中扮演的重要角色。不足的是缺乏区域比较视野,陷入“政府干预—农业资本转型—农村阶级分化”的线性因果链条中。这种农业转型路径建立在两个前提假设上:一是政府在小农经济体系中推动农业规模经营,农业还是维持农民生计的重要部分;另一个假设是政府推动小农农业向现代高度资本化的农业转型,政府的角色限于培育新型农业经营主体。事实上中国农村有着巨大的区域差异,最基

① 孙新华:《再造农业——皖南河镇的政府干预与农业转型(2007~2014)》,华中科技大学博士学位论文,2015。

② 龚为纲、张谦:《国家干预与农业转型》,《开放时代》2016 年第 5 期。

③ 贺雪峰:《为谁的农业现代化》,《开放时代》2015 年第 5 期;宋亚平:《规模经营是农业现代化的必由之路吗?》,《江汉论坛》2013 第 4 期。

④ 贺雪峰:《农政变迁的动力》,《决策》2015 第 11 期;孙新华:《农业规模经营主体的兴起与突破性的农业转型——以皖南河镇为例》,《开放时代》2015 第 5 期。

⑤ 贺雪峰:《工商资本下乡的隐患分析》,《中国乡村发现》2014 年第 3 期。

⑥ 陈义媛:《资本主义式家庭农场的兴起与农业经营主体分化的再思考——以水稻生产为例》,《开放时代》2013 年第 4 期。

⑦ 王德福、桂华:《大规模土地流转的经济社会后果分析——基于皖南林村的考察》,《华南农业大学学报》(社会科学版)2011 第 2 期。

⑧ 温铁军:《我国为什么不能实行农村土地私有化》,《红旗文稿》2009 年第 2 期;贺雪峰:《城市化的中国道路》,东方出版社,2014,第 2 页。

本的差异是东部和中西部农村的经济发展程度不同。目前关于农业转型的经验研究主要关注中西部农业型地区，对发达地区农村关注不够。发达地区农村劳动力充分转移，小农农业已转为适度规模经营，是学界较早研究的地区。温铁军较早地将发达地区的农业规模经营概括为村办农场和家庭农场两种类型。[①] 在农业现代化和农业治理的背景下，发达地区有较强的财政资源和行政能力，在特定条件下，政府干预有可能把已经市场化的农业重新纳入行政控制。这种农业变迁路径不能用现有的农业转型模式来概括。

鉴于此，笔者尝试从经验中概括一种新的农业转型模式。本文以传统小农经济已经终结的上海郊区发达农村为研究区域，以政府干预形成的“本地农民家庭农场”为研究对象，阐述农业变迁的逻辑、过程和影响。本文资料来源于 2015 年 12 月笔者所在的研究团队中国乡村治理研究中心组织在上海市郊区农村的调查，包括上海市奉贤区、松江区和嘉定区农村，调查方式主要为半结构式访谈。从调查情况来看，上海郊区农业变迁的新趋势是在较充分的劳动力转移背景下农业已经自发地形成适度规模经营，但政府干预把农业完全“行政化”，经营者完全脱离了农业要素市场，成为深嵌入行政体系的“依附农”。“依附农”有两个含义：一是自上而下由政府支持的家庭农场经营者，二是农业经营者、经营过程和经营结果（利润）由政府规范和支配的农业经营体制。

二　本地农民家庭农场模式的兴起

这一节从经营主体角度呈现上海郊区农业 30 多年的变迁。在上海郊区农村，自 20 世纪 90 年代以来农业变迁的特征是本地农民自发退出农业，外地农民（“农民农”）群体大量进入。[②] 近年来的新趋势是由于地方政府积极干预农业，外地农民及旧农业被“问题化”，他们随之从被排斥出上海农村，取而代之的是“本地农民家庭农场”的经营模式，松江模式是其中最为著名的。

（一）家庭农场模式的优先性

上海郊区正在实践的有两类新的经营模式：一是占主导性的家庭农场

---

① 温铁军：《中国农村基本经济制度研究》，中国经济出版社，2000，第 303～304 页。

② 奚建武：《“农民农”：城镇化进程中一个新的问题域——以上海郊区为例》，《华东理工大学学报》（社会科学版）2011 年第 3 期。

模式，这方面的论文和报道非常多，由于政策限定只有本地农民有资格申请建立家庭农场，因此准确地来说是“本地农民家庭农场”。二是集体农场，村集体把外地农民排除在农业经营主体之外，直接经营土地，雇佣外地农民为领取工资的“代管户”，进行分包管理。在这两个模式中，集体农场也能保粮食安全，发展可持续农业并便于乡村治理，由于取消了个体化的家庭经营，消解了监管难题，能取得更好的农业治理效果。上海是中国经济最发达地区，也是农业经营体制最富活力的区域。上海农业发展除了要实现治理目标，还有更高的政治目标，即为全国农业发展提供可推广的经验。由于决策者的价值偏好问题，家庭农场是上海郊区农业发展的主要方向。

上海郊区家庭农场的规范含义来自松江区，比农业部的家庭农场定义更为简明。[①] 家庭农场是“以同一行政村或同一村级集体经济组织的农民家庭（一般为夫妻二人或同户家庭劳动力两三个人）为生产单位，从事粮食、生猪养殖等生产活动的农业生产经营形式。”[②] 家庭农场包含地方政府追求的一些重要价值规范。

一是本地农村户籍身份原则。这一规定把外地农民排除了，农业重新作为本地农民就业的资源，具有福利化特征。

二是适度规模经营原则。松江区规定家庭农场面积标准为100～150亩，主要体现效率和公平统一的原则。适度规模经营一直以来都是中国农业政策的基本取向[③]，这一取向既能够避免农户兼业化的倾向，又考虑到城镇对农村转移劳动力和人口的吸纳能力。[④]

三是家庭劳动力自耕原则。家庭农场经营主要依靠家庭劳动力，少雇工或不雇工，自耕性质的家庭农业可以精耕细作，适应农业的自然属性。

---

① 家庭农场作为新型农业经营主体，以农民家庭成员为主要劳动力，以农业经营收入为主要收入来源，利用家庭承包土地或流转土地，从事规模化、集约化、商品化农业生产，保留了农户家庭经营的内核，坚持了家庭经营的基础性地位，适合我国基本国情，符合农业生产特点，契合经济社会发展阶段，是农户家庭承包经营的升级版，已成为引领适度规模经营、发展现代农业的有生力量。见《农业部关于促进家庭农场发展的指导意见》（农经发〔2014〕1号）。

② 《松江区农委关于进一步规范家庭农场发展的意见》，2013年3月。

③ 2014年中共中央办公厅、国务院办公厅印发《关于引导农村土地经营权有序流转　发展农业适度规模经营的意见》，提出土地流转的基本原则之一是“坚持经营规模适度”，既要注重提升土地经营规模，又要防止土地过度集中，兼顾效率和公平，不断提高劳动生产率、土地产出率和资源利用率，确保农地农用，重点支持发展粮食规模化生产。

④ 陈锡文：《我国城镇化进程中的“三农”问题》，《国家行政学院学报》2012年第6期。

农业再生产的特殊性在于其劳动对象是有生命的，这个特点决定农业生产是一个极其复杂的生命活动过程。只有让农业劳动者与劳动对象建立非常紧密的经济利益关系，农民才可能认认真真地种地。

四是家庭农场具有体面收入原则。政府预期一对夫妻通过适度规模经营的家庭农场获得相当于市民的体面收入，户均收入要达到 8 万~10 万元，这是一个具有政治意味的价值原则，[①] 这是松江区家庭农场的一个鲜明特征。

对于家庭农场模式，上海郊区各地推进家庭农场时间和速度不同。上海松江区在 2007 年率先开展“家庭农场”试验，2013 年家庭农场首次写入“中央一号”文件，家庭农场就成为上海市农业现代化的一张名片，因此各区推广家庭农场成为一项“政治任务”。2015 年末，松江区家庭农场发展到 1119 户，经营面积 14.06 万亩，已经占粮食生产面积 95% 以上，[②] 家庭农场占据绝对主导。奉贤区在 2013 年开始推广家庭农场模式，2015 年末奉贤区粮食型家庭农场 344 户，累计经营面积 5.16 万亩，占粮食生产面积的 32.3%，[③] 家庭农场模式在奉贤正在快速扩张。2014 年，嘉定区开始推广家庭农场模式，计划到 2017 年达到 217 个，[④] 家庭农场在嘉定发展还处于起步阶段。

嘉定区的家庭农场之所以发展滞缓，在于地方政府虽然认识到家庭农场可以充分体现农业价值规范，却并不容易组织。例如，嘉定区冈镇自从 2012 年开始，形成了集体农场经营模式，对外称“农机合作社”。所谓“集体农场”是由集体经济组织统一指挥农业生产。在性质上，集体农场不如乡村干部掌管的农业企业。经营方式及特征如下：一是集体农场拥有土地经营权，播种和收割主要由村集体农机合作社完成，满足农业生产的标准；二是集体农场雇佣原来的外地农民作为“代管户”进行“分包管理”，一个管理单位大约是 100~150 亩；三是农资除由政府统一发放外，剩下的由代管户到农资店赊购，年底由村集体统一到农资店结账。至于农业生产监管

① 从报道来看，这是基本的政策取向。“让农民有一份体面的收入，种 80 亩地，有五六万元的收入，这是松江区区委书记盛亚飞几年前就提出来的一个思路”。见黄勇娣、贾佳《500 户农民搞定 14 万亩 至“十三五”末松江家庭农场户数将减半》，新华网，http://news.xinhuanet.com/local/2015-12/23/c_128557234.htm，2015 年 12 月 23 日。

② 《2015 年上海市松江区国民经济和社会发展统计公报》，《松江报》2016 年 2 月 16 日。

③ 《2015 年上海市奉贤区国民经济和社会发展统计公报》，奉贤统计信息网：http://tj.fengxian.gov.cn/fxtj/tjsj/20171227/004003_be7c859f-f458-41a4-be0a-a74ad81a3bda.htm，2017 年 12 月 27 日。

④ 沈铁伦：《嘉定将建 217 家家庭农场》，《解放日报》2014 年 8 月 12 日。

问题，集体农场通过“保底工资、超产奖励”[①] 的办法激励代管户，这种经营方式在粮食产量上并不低于家庭农场，这类似于国有农场中的农业监督机制。[②] 从农业治理角度看，冈镇的集体农场具有很大的优势，既完成了粮食生产任务，又完全消除了自上而下监管的问题。然而从家庭农场推广作为“政治任务”角度看，集体农场仍是暂时的，这是该区仍然要逐渐转向家庭农场模式的原因之一。

（二）家庭农场形成的政治经济分析

以松江区为代表的家庭农场模式并不是自然而然形成的，而是和地方政府农业治理要求转变有关。梳理上海郊区农业变迁历史，可发现上海郊区农业经历了一个短暂的市场农业阶段。

在20世纪80～90年代，上海市郊区农村乡镇企业发达，农民转移尚不充分，离土不离乡、进厂不进城是农村经济的特征。农村形成较为普遍的“半工半耕”（半工半农）的兼业型农业经营模式。[③] 在20世纪90年代，上海郊区工业化不断发展，年轻农民普遍转移到工商企业就业，老年劳动力也容易在村庄附近找到零星的就业机会，农业收入已经不再重要。随着上海市财政转移支付，农村老人普遍获得较好的养老保障，目前地方财政发给农村老人的养老金水平普遍达到800元以上。如果农民土地被征收，农民就可以获得地方性的“镇保”，养老金达到1500元以上。这促进了农民普遍退出农业生产。

当时在上海务工的外地农民抓住了本地农民退出农业生产的机会进入上海农业发展。相对于工厂的流水线劳动，农业劳动具有自由性和自主性，是农民颇欢迎的劳动方式，且农业收入并不低。以粮食种植为例，随着机械化水平提高，外来农民耕种规模逐渐扩大，普遍从20多年前零碎的或20～

---

① 嘉定区冈镇分包管理者的收入由定额工资和奖励工资两部分构成：一是村集体支付的管理费，一般为每亩300元左右（其中水稻管理费为230元/亩，小麦70元/亩）；二是超额产量的分成收入，村集体对管理者实行“包产计酬”，规定分包管理者向村缴纳水稻950斤/亩，小麦缴纳600斤/亩，超出这个额度以外的产量为管理者的额外收益，归管理者所有。一般来说，水稻和小麦超额产量每亩能够有300元的收益。超额收益加上固定的管理费，管理一亩土地大约能收益600元，这等于自己耕种百亩土地的纯收入，外地农民对此有积极性。

② 桂华：《土地制度、合约选择与农业经营效率——全国6垦区18个农场经营方式的调查与启示》，《政治经济学评论》2017年第4期。

③ 〔美〕黄宗智：《制度化了的“半工半耕”过密型农业（下）》，《读书》2006年第3期；贺雪峰：《小农立场》，中国政法大学出版社，2013。

30 亩土地，达到目前的连片的 100 亩左右。他们尽量以自雇为主，按照 100 亩土地计算，扣除生产投入及租金，种植稻麦两季作物获得的年纯收入为 6 万元。迫于当时的形势，村集体对外地农民从事农业生产持有欢迎态度。因为外来农民不仅解决了“无人种田”的问题，且为村集体带来了颇丰的集体经济收入。为了能收到土地租金，村集体积极为外地农民提供统一的水利和机械化服务，形成良好的农业生产秩序。总之，从农业变迁动力的角度看，早期上海郊区的农业变迁主要是市场力量驱动的，村集体支持，地方政府默认。

本地农民退出、外地农民进入的市场秩序持续到 2007 年，随后外地农民经营模式被“问题化”。其源头主要是地方政府认为外地农民的经营存在三个问题，即粮食安全问题、农业可持续发展问题和农村社会稳定问题。

第一，在粮食安全背景下的粮食种植面积问题。尽管粮食产量十多年连增，粮食安全仍然是一项自上而下的政治任务。在保粮食安全的背景下，上海市对粮食作物种植面积进行了严格控制。2008 年 12 月，市农委制定了上海市 2009 ~ 2012 年主要农产品最低保有量目标，要求保障 155 万亩粮食种植面积，20 亿斤粮食生产能力，确保 20% 的粮食自给水平不下降，并把指标分解到各区。① 各区按照农业规划，规定粮食作物和经济作物比例以及种植区域。但受经济利益刺激，上海郊区的外地农民大多数种植经济作物（这是大都市近郊农业种植结构的基本规律），与上海市对粮食种植面积的要求不符。

第二，在农业可持续发展背景下的农业生产方式问题。农业可持续发展内容很广，涉及种植结构、农资使用和基础设施建设等方面。地方政府认为外地农民进行“掠夺式生产”，不注重保护土地资源和保证农产品质量。比如，外地农民种植果树等长期经济作物，在基本农田内随意开挖排水渠道，恶意榨取土地养分，严重损害了土壤结构和地力。种植粮食的外地农民一般种植稻麦两季，没有“三三制”的种植安排②，没有实行“种

---

① 《上海农业委员会关于确保本市主要农产品最低保有量的工作意见》（沪农委〔2008〕467 号）。

② 三三制：指在秋播作物中，三分之一种植小麦或油菜，三分之一种植绿肥，三分之一休养生息。

田”和“养田”相结合，严重破坏了土壤结构。外地农民在使用种子、农药和化肥方面具有较大的自主性，部分违禁农药还在使用，造成农产品质量不过关。一些农民把稻谷放在柏油马路上晾晒，影响了稻谷的品质。这些问题难以监管，从而影响农业的可持续发展。

第三，在农村稳定背景下外地农民的治理问题。上海郊区农村治理和全国一样秉持“不出事”逻辑，[①] 出事情就要自上而下地问责党政主要领导，因此地方政府非常担心外地农民带来的农村治理问题。当地村干部列举了诸多治理问题：一是农田违章搭建问题。大多数菜农为了生产便利直接在田里搭建“田间窝棚”居住，并不安全。二是农村环境污染严重。外来农民人员生活垃圾随意倾倒，人畜粪便随意排放，污染农村生活环境，引起当地农民和外地农民之间的矛盾。三是群体性事件。意外事故引起群体性事件时有发生，影响上海农村的稳定。在上海郊区种田的主要是安徽农民，他们内部有组织性，在有意外事故时容易形成群体性事件。奉贤区叶村就发生过一起意外事故，一个外地农民帮村里的农机合作社干活，突发心脏病死亡，他的亲属花钱“聘请”围观人员到村委会放花圈、烧纸钱，要求赔偿100万元。

从调查来看，上述问题在过去20年一直是存在的。市场经济提倡面向市场的农业经营模式，地方政府所列举的外地农民经营所带来的问题确实存在。然而作为市场行为，必然会出现上述问题，这既有市场利益驱动的因素，也有政府监管成本高的因素。只是长期以来，这些连带的农业和农村治理问题并未引起地方政府的重视。在新的农业治理目标（如粮食自给率等），这些原本次要的问题上升为地方治理的主要问题，需要解决。

（三）小结

外地农民退出、本地农民重新进入农业，重构农业经营主体体系，这是地方政府的行政意志使然，解决了“谁来种地”的问题，那么家庭农场实际上是如何进行生产和再生产的？一般来说在市场经济条件下，任何经营主体包括家庭农场均要通过市场获利，然而这又可能带来多种农业和农村治理问题。如何处理政府和市场的边界是一个重要问题，从上海郊区家庭农场的实际经营情况看，政府的积极治理把家庭农场完全行政化了。

---

① 贺雪峰、刘岳：《基层治理中的“不出事”逻辑》，《学术研究》2008年第6期。

三　政府干预和“依附农”的形成

当前，上海农业的家庭农场生产和再生产过程嵌入了行政体系，是缺乏自主性的“依附农”。一般地说，绝大多数地方政府对农业的干预仍然是宏观的。政府的主要任务是通过土地流转、项目支持等方式培育新型经营主体。这些经营主体是市场主体，主要依赖市场交易获得利润，仅在必要时候回应行政意志以换得地方政府的政治经济支持。而上海郊区政府的干预是全方位的，政府对农业生产实行总体性支配，这迫使经营者脱离与农业要素市场的联系，与农业行政体系建立隶属性的纵向等级关系。下面笔者从土地再分配、农业资本更新和农业补贴三个角度阐述这种关系的形成。

（一）土地再分配及经营者的选择

政府干预推动规模经营，首要任务是建立新的土地流转机制，取得土地再分配的权力。2007 年，党的十七届三中全会确定我国土地流转制度的基本构架是在家庭承包制基础上推进土地使用权市场化流转，土地流转的主体是农户，遵循“依法、自愿、有偿”原则。但农户自发的土地流转难以形成连片集中的土地供给，[①] 难以实现地方政府集中农地形成规模经营的目标。各地政府普遍要求进行制度创新，主要的方式是反租倒包。[②] “反租倒包”的过程是：村集体将已经承包到户的土地通过租赁形式集中到集体（称为“反租”）进行统一规划和布局，然后将土地的使用权流转给规模经营主体（称为“倒包”）。各类集中型的土地流转制度均利用了“反租倒包”制度，它有利于增强村集体“统”的能力，实现了土地的集中连片流转。然而从社会风险的角度，“反租倒包”可能会导致政府及村集体强制农户流转土地，国家明确不允许地方采取“反租倒包”的制度。[③] 为此，上海郊区农村为了避开政策风险，建立了以“合作社”为中介的土地流转的制

① 夏柱智：《虚拟确权：农地流转制度创新》，《南京农业大学学报》（社会科学版）2014 年第 6 期。

② 温铁军：《中国农村基本经济制度研究》，中国经济出版社，2000，第 305 ~ 308 页。

③ 2008 年中央“一号文件”《中共中央国务院关于切实加强农业基础建设进一步促进农业发展农民增收的若干意见》明确指出：“坚决防止和纠正强迫农民流转、通过流转改变土地农地用途等问题，依法制止乡、村组织通过‘反租倒包’等形式侵犯农户土地承包经营权等行为。”

度构架。

具体是：村集体建立“合作社”，农户通过自愿委托协议把土地经营权交给合作社统一流转，合作社向农户统一支付租金，其实质内容和“反租倒包”并没有差异。为了进一步促进土地连片集中流转，上海市在2009年进行“确利不确地”的农地产权制度改革。[①] 上海市农村土地确权只确“四至”到村民小组，农户有承包经营权，而没有特定的承包地块，村集体获得了土地控制权。由于上海市村干部的职业化和村级组织的行政化，村集体具有政府“代理人”的性质，政府通过对集体的行政控制，能够顺利地按照行政意志配置土地资源。也就是说上海郊区农村通过“合作社”建立起来的并不是理想意义的自由土地流转市场，而是乡镇政府主导的土地再分配。乡镇政府对土地的控制能力表现为，虽然村集体是土地唯一的供给方，然而政府按照一定的计划配置土地，向村集体分配家庭农场发展指标并干预家庭农场经营者的选择。

这在松江区最为典型。松江区政府按照规划控制家庭农场的数量。2007年家庭农场的土地规模一般是100～150亩，2015年的平均规模是125亩，松江区试图在未来5年把家庭农场规模提高到200～250亩，这意味着要减少约一半的家庭农场。[②] 这表明政府通过土地再分配可以实现对经营规模的控制。关于家庭农场“指标”如何分配，松江区确立了规范性的“准入制度”，对经营者进行严格筛选。松江区的准入程序是：制定标准→农户申请→村委会审核→民主评议→公示签约。前三项是基本条件筛选，第四项尤其关键。“由本村老干部、老党员、老队长和民意代表进行民主评定，择优选择家庭农场经营者；遇有特殊情况的，可通过采取‘票决’制，按得票数确定家庭农场经营者人选。”[③] 民主评议制度把家庭农场经营者的选择变成了一项

① 《上海市人民政府关于进一步稳定完善农村土地承包关系建立健全土地承包经营权流转市场的意见》（沪府〔2009〕34号）提出：“确权确地确有困难的，可采取确权确利的办法，并确保土地承包经营权证到户，保护农民基本利益。”

② “到今年底，松江全区粮食家庭农场户数为1119户，经营面积14.05万亩，户均经营面积125亩；但到‘十三五’期末，松江家庭农场户数将减少到500户左右，届时户均经营规模将至少翻一番，达200亩至250亩。”见黄勇娣、贾佳：《500户农民搞定14万亩 至“十三五”末松江家庭农场户数将减半》，新华网，http://news.xinhuanet.com/local/2015－12/23/c_128557234.htm，2015年12月23日。

③ 《松江区农委关于进一步规范家庭农场发展的意见》（2013年3月20日），《上海农村经济》2013年第10期，第46～48页。

民主协商的政治事务，把家庭农场经营权利变成一项不断再分配的指标。目前该地区经营者和村集体签订的土地流转协议时间一般不超过 5 年，多数是 1 ~3 年。这意味着，家庭农场经营者随时要退出土地，满足政府及村集体对符合其要求的经营者的选择。比如，松江区家庭农场政策要求："在承包经营合同期满后，要优先让优秀家庭农场经营者继续经营，以利于粮食生产稳定发展。"总体来说，政府建构了一个家庭农场经营者的竞争秩序，把分配优胜者的权力牢牢把控在自己手中，服从政府规范的粮食生产成为家庭农场的核心目的，至于经营者是谁并不重要。

（二）农业资本更新及农业生产的标准化

现代农业生产是高度资本化的，这和土地所有制无关。可以说谁控制了农业资本，谁就能控制农业经营方式。经济学家舒尔茨指出："在解释农业生产的增长量和增长率的差别时，土地的差别是最不重要的，物质资本的差别是相当重要的。"[①] 随着工业化和城市化的推进，农村劳动力的转移和农业经营规模的扩大，中国农业资本化程度日益加深。大多数地区农业机械化主要是市场推动的，而在局部经济发达地区，快速的农业资本化可能来自政府，体现出政府干预农业的行政意志及经济基础。在机械、农药、化肥和种子四种要素的资本投入中，机械是最主要的资本投入。笔者以农业机械化为例阐述地方政府如何以资本介入农业的，重构农业社会化服务市场。上海农业机械化起步很早，由于强大的财政支持，上海机械化发展很快。《上海农业机械化发展报告》指出，2015 年主要农作物机械化水平达到 83%。[②] 目前从所有权来划分，上海郊区农村农机组织可以分为两类，即集体所有和改制后由私人所有的农机组织（企业）。这些农机组织共同特征是企业化经营，集体或私人经营的区别仅在于利润分配的主导权不同。

不过上述不同类型的农机组织不影响政府对农机进行严格的管理，农机组织也积极接受自上而下的管理。一是购机补贴额度大。政府补贴农机具多达售价的 50%，部分新型机械补贴比例多达售价的 70%，如新式插秧机；在粮食烘干机等大额投资上，政府对农机专业合作社动辄配套数百万元的项目资金。二是补贴对象特殊。一般只有村一级的农机合作社才能申

---

① 〔美〕西奥多·W. 舒尔茨：《改造传统农业》，梁小民译，商务印书馆，2009，第 15 ~21 页。

② 上海市农业委员会办公室：《上海农业机械化发展报告》，上海农业网，http://www.shac.gov.cn/snzt/fzbaogao/2015bg/201601/t20160126_1603727.html，2016 年 1 月 26 日。

请农机补贴，个人申请农机补贴有严格的条件。在这个条件下，农机购买者只有获得政府的农机补贴才具有市场竞争力。这实际上是地方政府通过高额的农机补贴政策影响乃至控制农机资本的配置，进而控制农机所有者。有了这一基础，政府就可以为农业生产制定统一的标准，这就为农业生产标准化创造了条件，家庭农场经营者实际上成为“田间管理者”，而农业行政干部成为农业生产的实际经营者和支配者。

松江区浜镇的农业经营突出地表现了这种支配能力：“收割和烘干都要排时间表，收割顺序根据烘干安排来定。收割一般采取‘三三制’的方式，田分为三块，要冬播的那块田先收，每台收割机每天收割 40 亩地，100 亩地需要约 3 天才能收割完。遇到雨天，收割时间顺延。烘干是区里根据各镇的情况安排好了的，镇里再将指标分配到村，村里再抓阄排表。农户将水稻运到粮管所烘干，烘干后记下重量，粮管所发给农户一个牌子，农户到时间了凭标牌领钱。”

总体来说，在政府干预背景下，上海郊区的农业机械化服务呈现行政化特征。政府支配农业社会化服务体系的后果是经营者是谁已经不重要了，正如松江区浜镇干部讲：“有成熟的农机手和农业服务，谁都可以种地，传统的农业知识已经不重要了。”原本市场上农业经营主体与农机手的双边市场关系，被政府、农机手与经营者之间的三边关系代替。政府通过强化农业资本以及社会化服务的作用，使经营者与农业机械的利益相关达到最小，成为无差别的农业经营主体。换言之，地方政府及集体容易更换具体经营者，经营者的经营自主权对于农业生产经营已无多大的意义了。

（三）农业补贴及收益空间的确定

无论是谁来经营，经营者均关注收益空间的大小。前面提到，政府掌握了土地及机械等农业生产资料的分配权，因此确定了土地分配和农业社会化服务的利益空间，这是一种间接和外在的控制。为了激发经营者服从政府行政规范的积极性，地方政府需要建立直接的内在控制经营者的机制，这就是农业补贴。

农业补贴一直是税费改革之后农业政策的核心内容之一，体现工业化发展到一定阶段之后国家对农业的支持和保护，其一般性的目的是适当降低农民投入成本，增加农民收入，激励其从事农业积极性。[1] 不同的农业补

① 陈锡文、赵阳、陈剑波、罗丹：《中国农村制度变迁 60 年》，人民出版社，2009，第 163 页。

贴政策反映政府农业发展政策的偏好，这充分体现在农业补贴成为各地推动土地大规模流转和资本下乡的重要经济手段。有的地方政府推动农村土地大规模流转，规模越大，亩补贴数额就越高。① 在有些地区，下乡资本完全可以依托补贴获得不错的收入，他流入的经营权可以转包出去获得差价。② 上海市地方政府有雄厚的财政实力，能通过大量补贴支持家庭农场经营者，同时也严格限制经营者转包土地获利。这些补贴有两类，一类是普惠补贴，一类是奖励补贴。

为了简便，笔者仅计算经营者种植稻麦两季作物计，不考虑其他种植作物所获得的补贴。一是普惠制的农业生产补贴，资金来自中央、市和区，这些补贴又分为以现金方式进入经营者账户的补贴和以实物方式降低农业生产成本的补贴，实物包括种子、化肥、农药或机械化服务，服务于标准化的农业生产。二是需要考核才能获得的奖励性质的家庭农场补贴，资金来自区一级政府，不同区的财政扶持力度不同，补贴对象是政策扶持的粮食型家庭农场。目前补贴力度最高的是奉贤区，该区给予粮食型家庭农场的补贴为 500 元/亩（见表 1），远高于松江区。

表 1　2015 年松江区和奉贤区政府对经营者的农业补贴

单位：元/亩

农业补贴类型		松江区	奉贤区
普惠	现金补贴	262	212
	物质补贴	290	300
奖励	家庭农场补贴	200	500
总计		752	1012

数据来源：根据当地村干部的讲述整理。

经营者获得补贴是有前提的。上海市的农业补贴有极为严格的标准，构成政府自上而下监管的主要制度安排。松江区较早地形成了奖励性补贴的农业治理方式。2007 年松江区开始为鼓励家庭农场发展出台区级扶持政策，给予家庭农场每亩 200 元的土地流转费补贴，意在鼓励农民返乡务农。

① 曾红萍：《地方政府行为与农地集中流转——兼论资本下乡的后果》，《北京社会科学》2015 年第 3 期。

② 孙新华：《再造农业——皖南河镇的政府干预与农业转型（2007 ~ 2014）》，华中科技大学博士学位论文，2015，第 43 页。

到 2012 年将土地流转费补贴改为生产管理考核性补贴，体现了农业治理的规范化和精细化。考核内容包括粮食高产竞赛、秸秆还田、农机直播、新农艺新技术推广、生产考核等。[①] 奉贤区政府 2013 年每亩设置了 500 元的家庭农场补贴资金，分为 300 元基本补贴和 200 元奖励补贴，考核方式更为详尽。经营者获得 300 元基本补贴的前提是不能发生转包、冒名顶替、违章搭建、使用禁用农药、秸秆露天焚烧和考核记载或财务不规范，如果发生其中任何一项，不仅没有补贴，还要被取消经营资格。如要获得 200 元全额奖励补贴，则必须符合考核要求，涉及茬口安排、农田环境、田间管理、粮食生产、高产创建等。一年考核两次，分别是每年 6 月末和 12 月末，考核满分为 100 分，考核分为优秀（≥90 分以上）、良好（≥80 分）、合格（≥60 分）和不合格（<60 分）四个等级，合格以上分别获得 200 元/亩、150 元/亩、100 元/亩补贴，不合格则没有补贴。[②] 从这个考核标准来看，农业行政部门通过发放家庭农场补贴达到对农业生产全过程进行细密监控。

从微观角度看，影响经营者行为的根本原则是收入。按照上海市农业生产方式，新成立的家庭农场经营者的纯收入是减少的，农业收入扣除农业投入，剩余的亩平纯收入为 1000 元（不计算农民自己投入的劳动力成本），此外经营者需要付出较高的租金，因此经营者必须依赖政府补贴才能维持再生产。按照计算，松江区土地租金为每亩 750 元，农业补贴为 752 元，家庭农场每亩净收入为 932 元；奉贤区土地租金每亩 1050 元，农业补贴为 1012 元，家庭农场每亩净收入为 892 元。这说明家庭农场收入的主要部分来自政府农业补贴收入。

上海郊区农村家庭农场经营者的收入主要来源于政府补贴，而不是来源于家庭农场模式本身，这是许多研究者的共识。[③] 这使得松江家庭农场模式很难推广。从经济效率角度来看，这样的农业经营显然是不合理的，而从政府农业治理的角度，农业补贴构成农业治理的有效方式，政府追求的不再是农业本身的利润。基本的机制是：农业补贴替代农业本身收益构成经营者收入的主要来源，或者说把经营者的收益从市场条件下的农业利润

---

① 《关于上海市松江区家庭农场考核和补贴的实施意见》，松江农业网，http://sj.shac.gov.cn/jtnc/fczc/201204/t20120409_1324478.htm，2011 年 2 月 14 日。

② 《奉贤区农业委员会关于奉贤区粮食适度规模经营考核奖励补贴的意见》（沪奉农委〔2013〕84 号）。

③ 〔美〕黄宗智：《“家庭农场”是中国农业的发展出路吗?》，《开放时代》2014 第 2 期。

置换为农业补贴，建构了政府对经营者全生产链的“监管权”。作为理性的经营者，其收入最大化的行为逻辑就是通过服从制度规范获得自上而下的农业补贴收入维持再生产，而不是从降低生产成本或提高粮食产量角度增加收入。松江区一位基层分管农业的干部讲：“家庭农场要效益，我们要的是规范”，生动地概括了这种利益关联性质。在丰厚利益的背景下，农业行政干部对经营者具有极大的权力。松江区浜镇的一位副镇长在抽查农业生产时发现，一块田的草比稻子还长，当场跟村书记说：“叫那个农户不要种田了，田里全是杂草，浪费资源。”镇、村的农业干部会定期不定期对农业生产状况进行检查，经营者也形成了非常强的自我监管意识。松江区浜镇某村的一位家庭农场经营者说：“农闲时外出务工，却不能长时间在外打工，农忙时田头必须有人，不然马上就有人举报。因为政府规定家庭农场经营必须是‘自耕’经营，种田必须由家庭劳动力来种，不能请长工或雇工过多，否则取消种田资格。”

（四）小结

从以上论述可知，上海郊区的地方政府完全掌握了农业生产，地方政府通过制度安排和资源输入，几乎垄断着全部的农业生产资源。家庭农场只能从政府控制的“合作社”中获得土地及农业社会化服务，且在收益上依赖农业补贴获得体面收入。因此家庭农场是一个被摆布的经营者角色。为了区别于农民，本文称这样的经营者为嵌入行政体系的“依附农”。在高度资本化的农业方式中，家庭农场主的主要职能是进行田间管理，这和集体农场雇佣的分包管理者的职能无异。上海学者叶敏等长期追踪上海农业变迁，指出上海正经历“农业组织化”的趋势，原来的自主经营者（外地农民）转化为雇佣工人，社会地位发生了改变。① 他们描述的是嘉定区“集体农场—代管户”的经营模式。表面上看自主经营的家庭农场经营者和这些“代管户”并无根本差异，两者都深嵌于农业行政体系。不同的是，本地农民或家庭农场在地方价值体制上优于受雇的外地农民或工资劳动者，家庭农场被规定要从适度规模经营中获得“体面收入”，从而不同于工资劳动者。

这是一种从未有过的特殊农业经营体制。这种体制与人民公社时期的集体农业有表面的相似性，然而运行逻辑根本不同。集体农业也嵌入行政

---

① 叶敏、马流辉、罗煊：《驱逐小生产者：农业组织化经营的治理动力》，《开放时代》2012 年第 6 期。

体系中，服从自上而下的行政体系，然而其农业生产并不是依附性质的。在人民公社时期，农业被纳入一个总体性国家的框架下，农业剩余分配受制于政府计划。同时集体依赖自身完成生产和再生产，农村土地集体所有，农业要素投入（主要是劳动力）来自于集体内部调配，农业的再生产有赖于农村集体的资金积累和农村劳动力的再生产。

四　上海郊区农业经营体制的问题

在中西部农村，农民家庭普遍形成以代际分工为基础的“半工半耕”的经济模式，农业劳动力老龄化程度很高，农业为农民提供基本生计。政府推动土地大规模流转和资本下乡往往引起小农经济的瓦解和农村阶层进一步分化，这种农业转型及其后果为研究人员所熟知。在发达地区农村，农村劳动力充分转移，农业收入的重要性降低，政府干预农业，形成规模经营不会引起农村阶层进一步分化的情况，这需要一个新的框架来描述政府干预农业形成的后果。从上海郊区的经验看，这一后果可主要概括为：农业效率低下和农业“分利秩序”的形成。在此基础上，还要对发达地区的农地制度改革进行反思。

（一）“依附农”体制的低效

在发达地区，在工业化及社会保障的基础上，传统的农民问题已经解决，农业问题是纯粹的农业效率问题或者就是如何现代化的问题，[①] 那么农业政策就应当聚焦于如何最大化地提升农业生产能力。实际上，上海郊区农业体制的一个突出特征是：为按照行政规范要求生产农产品，政府向农业生产输入大量资源，经营者获得了较高的收入，同时农业生产效率大大较低。

从家庭农场经营者的角度看，这种政府干预增加农业经营者的利益，是合理的，这是上海推广家庭农场的基础。松江区耕种 100 亩土地的家庭农场经营者一年净收入达到 8 万元以上，而由于社会化服务体系的发达，几乎不需要承担风险。其意外后果是当地农民激烈争夺家庭农场经营者的资格，迫使村集体采取多种应对办法，达到有序分配这个利益的目的。例如，松江区浜镇林村有 2500 亩耕地，2007 年有 20 个家庭农场，户均 125 亩。后来随着家庭农场经营者的收入增加，想种田的农民多了，在村内形成了激烈

① 贺雪峰：《农业问题还是农民问题》，《社会科学》2015 年第 6 期。

的竞争，村里使用多种办法应对。一是压缩面积，一些村庄开始建立家庭农场时规定最低面积为 100 亩，现在把家庭农场最低面积定为 80 亩，目的是把利益分配给更多的农民；二是缩短租期，1～3 年调整一次，加快对家庭农场经营者的更替；三是如果民主评议（票决）的争议大，就采取“抓阄”方式分配家庭农场指标。

不过从农业经营效率来看，政府干预下的农业需要自上而下的输入大量补贴才能维持再生产，是低效率的。政府干预后增加了两个层面的成本：一是支付给土地承包者的土地成本升高。原来在市场条件下，粮食经营者每年每亩只需支付地租 600 元，在政府干预下，松江区达到每亩 750 元，奉贤区达到每亩 1050 元，个别村庄达到每亩 1450 元，每亩支付的地租甚至超过每亩的纯收入。二是支付给土地经营者的成本升高，包括家庭农场经营者及围绕农业经营的农业社会化服务人员。以家庭农场经营者为例。本地城镇就业机会较多，农民回乡务农有较大的机会成本，预期获得高于城镇就业市场的平均工资。政府为了吸引农民回乡，需要人为地维持家庭农场经营者的体面收入，途径是要么提高经营规模，要么提高每亩的平净收入。显然在日益提高的租金而降低每亩净收入的背景下，唯有政府输入大量补贴才能维持农业劳动力的再生产。按照每亩补贴 700 多元的力度，松江家庭农场经营的 14 万亩耕地每年需要补贴近 1 亿元，平均 100 亩地的家庭农场要补贴 7 万多元，这种农业补贴力度是前所未有的。因此上海家庭农场农业发展模式不可能推广。上海市依靠雄厚的财政力量才能承担农业生产的高成本，打造家庭农场的经验，其他欠发达地区是学不来的。

（二）围绕农业经营形成的“分利秩序”

低效率的农业和“分利秩序”形成的“一体两面”。在农村经验研究中，贺雪峰提出中国农村有两种“分利秩序”：一是在市场经济条件下，农村地方势力对农村无主资源的占有；二是自上而下的项目资源下乡之后，县乡村干部、工程承包人、地方势力等瓜分了项目资源。[①] 农业方面的研究也有类似发现：在逐利价值观的驱动下，农业现代化有可能异化为地方政府以及投标人自下而上牟利的手段，存在地方政府向工商资本输送利益，[②]

---

① 贺雪峰：《小农立场》，中国政法大学出版社，2013，第 213～216 页。

② 〔美〕黄宗智、龚为刚、高原：《“项目制”的运作机制和效果是“合理化”吗?》，《开放时代》2014 年第 5 期。

由此形成农业项目资源输入背景下的“分利秩序”,[①] 自上而下输入的项目资源被作为国家代理人的地方精英所攫取。[②]

上海郊区农村围绕农业形成的“分利秩序”是特殊类型。“分利秩序”的成员不是干部或精英，而是居于社会结构边缘的“农民”，这包括少数“家庭农场经营者”和全部的“土地承包者”两个阶层，他们共同对农业及其附着的农业补贴利益展开激烈的争夺，政府则是利益调节者的角色。农民的体面收入是政府规定出来的，服务于农业劳动力的再生产。而在没有任何限制条件下，土地承包者通过地租机制转移农业利益，在客观上形成了土地承包者和经营者共同通过依附农业行政体系获得丰厚利益的“分利秩序”。其基本的逻辑是：家庭农场要符合适度规模经营的标准，一般在100～150亩，在高度资本化生产方式的背景下，农业经营本身不可能为经营者提供体面的收入。为了吸引本地农民留在农业，地方政府出台政策为经营者提供高额农业补贴。高额农业补贴在推高经营者收入的同时，必然推高承包者的租金预期。从利益最大化的角度讲，作为“地主”的承包户会理性地计算经营者的收益，不能允许经营者获得过多的收益。比如，土地承包者通过维持土地流转关系不稳定的机制，保持土地租金上涨的权力，把农业利益尽可能多地转移，这在客观上迫使政府不断增加农业补贴维持经营者的体面收入。

这就是说，政府试图通过输入农业补贴维持经营者的体面收入，是以相当一部分转移给土地承包者为代价的。例外的是，松江区人为压低土地租金。松江区通过行政控制一直把租金维持在每年每亩500斤稻谷，目前租金大约是每亩750元，保障了家庭农场通过农业经营和农业补贴而获得体面收入。奉贤区则没有最高租金的限制，2013年规定租金每亩不低于750斤稻谷，租金大约是1050元。随着农业补贴增加到每亩1012元，土地承包者不断提高租金迫使家庭农场维持体面收入的愿望落空，家庭农场发展非常缓慢。有些村庄的租金水平更高。笔者所调查的奉贤区叶村的每亩土地租金2013年为1050元，2015年则涨到1450元，租金上涨有力地调节了经营者和土地承包者的收益。经营者每亩的净收入降低到500元左右。村集体提

① 王海娟、夏柱智：《农业治理困境与分利秩序的形成——以中部W省H市为例》，《南京农业大学学报》（社会科学版）2015年第3期。

② 龚为纲、张谦：《国家干预与农业转型》，《开放时代》2016年第5期。

高租金的理由是村民代表和大多数农户认为经营者所得补贴过多：过多的补贴导致雇工生产也能获利，不利于村集体监督经营者自耕生产；过多的补贴也不利于防止土地转包这一破坏土地流转秩序的行为发生；另外，由于经营者大多数是在城市缺乏人力资本的边缘劳动力，村集体主观上没有积极性提高他们的收益空间，如果分配过多的收入则会引起对土地资源激烈的争夺，进而引起基层治理困境。

（三）发达地区的农地制度改革：苏州和上海的比较

从农业现代化的角度看，在发达地区，当农村劳动力充分转移到第二、第三产业之后，如何平衡原土地承包者和经营者之间的利益分配关系成为首要的问题。为了比较研究需要，引入另一个发达地区——苏州的案例。

同样是发达地区，苏州和上海的农业变迁实践不同，在城镇化进程中地方政府处理农民和土地关系的方式不同，形成不同的农业变迁结果。苏州在 20 世纪 80 年代就是乡镇企业发达地区，是苏南模式的核心城市。随着农村劳动力大多数转移进入第二、第三产业，苏州地区的农业大多转向适度规模经营，政府干预只是对土地资源和基础设施的管理。2017 年 5 月，笔者在苏州郊区相城区农村调查时看到：在大规模工业化和城市化过程中，农民通过“土地换社保”的方式进入国家社会保障体系，农民和农地脱离了关系，土地不再是农民的“承包经营权”，农地全部被收回成为集体土地。在核心开发区，集体土地全部被集中到街道实行统一管理经营，以有利于工业和城市土地的开发。在远郊区，政府赋予村集体采用统一发包的方式管理土地，每亩地每年收取 650 元租金。集体将农地优先发包给村内和镇内愿意从事农业的农民。地方政府也向种植粮食作物的农地所在集体转移财政补贴，每亩每年约 200 元，然而这些补贴是作为集体经济收入，用于农业基础设施修建，用于村“两委会”组织的日常运转等，不再是对土地承包者或实际经营者的直接转移。

这样，苏州郊区比较彻底地解决了农民和农地的关系，把农地转为纯粹的生产资料，由最有生产能力的经营者支配，形成了发达地区先进的农业经营体制。上海市郊区没有经历过这种农地制度改革，也就是说没有以“土地换社保”的方式解除农民和土地的传统关系，上海在提高农民养老金的同时并没有触动农民的承包权利，土地承包权和土地流转的权力依然分散在各个农户，日益被固化为财产权利。因此集体难以为经营者提供廉价的土地，这使上海市的农业经营体制改革不得不走向政府人为集中农地、对土地承包者和经营者进行高额补贴的道路，令人深思。

从总体来看，中国农地制度具有优越性，增强了农民的政治权力，同时具有十分大的弹性容纳不同时期的农业生产力。从制度变迁的角度看，改革者早期的设想是，小农农业可以通过集体所有制和集体经济组织这个中介顺利转向适度规模经营的现代农业。但在工业化和城镇化背景下，当农村劳动力得到充分转移、国家健全农村社会保障制度的同时，土地不再是农民的社会保障，从而可以作为生产资料进行再分配，土地最终被配置给有效率的农业经营者，苏州郊区农村的经验便是如此。从保护农民的土地权利的角度看，第二轮承包以来的农地制度朝着财产化的方向改革，土地日益被视为农民的财产权利。[①] 决策者希望把农业经营制度建立在个体农民的“财产权”基础上。这表现在以“土地确权”为主要内容的农地制度改革。代表性的论述是张红宇，他认为“土地确权是给农民吃定心丸，让不愿意种地的农民长期稳定地把土地流转出去”，“农地所有权、承包权和经营权‘三权分离’，确保承包权为农民带来财产收益实现土地承包权的财产价值，经营权则通过在更大范围内流动，提高有限资源的配置效率”[②]。这种制度改革的问题将导致土地承包者和实际经营者之间关于农业分配的矛盾将制度化，而这本来是不存在的。上海郊区不过是通过人为集中农地形成家庭农场激化了这一矛盾而已。

五 结语和反思

中国农业现代化正在快速推进，各区域经济发达程度不同，使各地区农业变迁呈现不同差异。本文以上海郊区农村为例，讨论了发达地区农业变迁的逻辑和后果。在地方政府的积极干预背景下，外地农民被排斥，“本地农民的家庭农场”兴起。新农业经营模式的性质不在于“家庭农场”这一形式，而在于其实际的生产和再生产机制。从政府对土地、农业资本及农业收益空间的支配角度看，这样的农业经营者可以称之为“依附农”。从

① 桂华：《从经营制度向财产制度异化——集体农地制度改革的回顾、反思与展望》，《政治经济学评论》2016 年第 5 期。

② 张红宇：《三权分离、多元经营与制度创新——我国农地制度创新的一个基本框架与现实关注》，《南方农业》2014 年第 2 期。

理论上看，本文是关于中国农业变迁研究的延续。“依附农”的事实和概念表明在政府干预下，发达地区的农业不再是市场分工的有机构成部分，而是自上而下行政体系的一部分。虽然这仅仅是上海郊区农村的案例，然而从中央到地方显示出来的政策导向来看，这一类农业转型方式是农业转型的趋势之一，具有类型意义。

上海郊区农业变迁的经验及问题揭示了农业变迁的复杂性和多元性。政府和舆论广为宣传的松江“家庭农场”是人为打造出来的“经验”，所谓家庭农场经营者通过适度规模经营获得体面收入，实际上是通过政府补贴人为形成的，从经济上看来并不划算。这令人反思中国发达地区的农业向何处去？发达地区劳动力充分转移到工商业，农地本来是作为纯粹生产资料使用的，如果实行类似于上海郊区的政府干预和家庭农场政策，则低效率的农业及蚕食政府大量农业资源的“分利秩序”就一定会形成。如果另辟蹊径，反思当前政府干预的农业经营模式，发达地区农业作为全国市场的一部分，地方政府仅仅是按照一些基本的标准进行生产和安全管理，那么地方政府就可以高效率地配置农业资源，真正形成中国农业现代化的示范地区。

国家干预与农业转型*

龚为纲**

摘要 税费改革前后，中国的农业治理体系出现重大转型，本文将这样一种治理转型的内在逻辑归纳为三大机制，一是组织费用，二是交易费用机制，三是治理边界机制。这三大机制结合在一起发挥作用，使中国的国家干预与农业转型之间存在如下关联性：即农业税费时代依托于乡村组织的、以服务于分散小农户的、以村社为基本治理单位的农业治理体系瓦解；由于粮食生产依然是需要国家扶持的战略领域，税费改革之后，国家试图通过项目化的补贴、市场化的运作对粮食生产领域进行干预；这样一种新的农业治理体系无法与分散的小农户对接，交易成本过高，中国的农业管理部门越来越倾向于扶持龙头企业、种粮大户、家庭农场、合作社等新型的、具有资本经营特征的规模经营主体，通过各种各样的农业补贴来支持规模经营主体流转小农户的耕地，增强了新型农业经营主体的竞争力，进而再造农业经营主体，使之与农业管理部门实现所谓的“粮食增产”“农业现代化”等政策目标相对接，正是在这样一个政策干预过程中加速了中国的农业结构转型。因而，本文试图从农业转型治理的大背景下，国家出于寻找农业政策执行的代理人这一逻辑，去理解国家干预与农业转型之间的内在关联机制。

关键词 国家干预　农业转型　农业治理转型　家庭农场　工商资本下乡

一　问题与进路

究竟是什么因素推动了当代中国的农业转型？本文试图结合农业税费

* 本文原载《开放时代》2016 年第 5 期，编入本书时进行了修订。

** 龚为纲，武汉大学社会学系讲师，研究方向为社会结构和国家治理。

改革以来中国南方水稻种植区的实践经验，对此问题进行回答。

已有学者注意到，在国家和各级政府的推动下，中国农村正在发生大规模的土地流转和规模经营的兴起。那么，国家为什么会实施这样一种干预，国家干预对于农业转型的具体推动机制是怎样的，国家为什么会选择这些规模化的经营主体而放弃小规模散户，则不得而知。很显然，这样一种研究现状和中国正在发生的大规模农业转型的背景是不相称的。

本文试图揭示其中的内在机制：中国加入 WTO 之后以及农业生产要素全面市场化之后，由于农业依然是中国的命脉行业，粮食安全依然是中国政府治国安邦的首要任务，在这样全面市场化的背景下，国家如何保证粮食安全等治理目标的实现呢？在农业税费改革之前，国家依靠乡村集体组织动员小规模散户，而农业税费改革之后，原来组织散户的乡村集体组织瓦解，农民大量外出务工经商。这个时候，如何在农村找到执行其农业政策进而实现政策目标的代理人是国家必须考虑的关键问题。

本文试图论证：通过土地流转塑造大规模经营主体，比如家庭农场和农业工商企业，正是一个国家在农业领域重新寻找执行农业政策代理人的过程。在小规模散户与国家交易成本无限大的背景下，家庭农场和农业工商企业，正是顺应了国家一系列有关农业现代化、粮食安全等的政策需求，而顺利地在国家和各级政府的扶持与推动下，成为与国家利益相一致的执行国家农业政策的代理人，这个以新型农业经营主体形式出现的代理人群体的兴起过程，正好就是中国的农业资本介入的过程。

下面笔者通过在湖南省平晚县（代称，后同）2013～2014 年长达 8 个月的田野调研所收集的资料分析说明国家干预与农业转型的问题。本文的主要数据来源于这次调查中和小农户、种养大户、龙头企业以及各级政府的访谈。

二　宏观政治—经济体系：农业治理转型

作为一个后发的发展中国家，国家对农业领域的干预从建国初期开始就一直存在，为何当前的国家干预就带来了农业的资本介入转型呢？这是回答国家干预与农业转型之间关系的前提。下面我们通过引入“农业治理转型”的概念进行分析。

（一）农业治理转型的经验内涵

农业是一个具有准公共品性质的部门，这种公共品性质，既包括粮食作为一种产品所具有的外部性，同时也包括粮食生产的过程中，单家独户不好办和办不好的事情需要以公共品的形式来解决这样一种外部性。而农业治理，实际上就是国家通过制定政策和执行政策对农业领域这样两重外部性进行治理，进而通过实行农业公共服务、农业补贴等手段保证国家粮食安全。

中国农业税费改革后，国家治理农业外部性的治理体系发生巨变，从原来的汲取型的农业治理体系，转变为反哺型的农业治理体系。农业反哺是建立在中央财政集权基础之上的，大量的农业反哺资金如何进行有效分配呢？为了提高资金使用效率，国家对绝大部分财政资金的分配采取“项目化”的治理方式，进而中国农业治理体系的制度特征从原来的“集体制”向“项目制”过渡，“农业的项目化治理”成为农业治理的新常态。

简而言之，自农业税费改革以来，中国的农业治理体系发生了从“汲取型”到“反哺型”，从“集体制”到“项目制”的转变，与这样一种转变相伴随的，还有政府与市场的边界发生动态变化。本文将这些变化归纳为中国农业税费改革以来的农业治理转型。

（二）农业治理转型的三层机制分析

大体而言，自农村改革以来，尤其是税费改革以来的农业治理转型包括三个层次的逻辑，笔者概括为三大“机制”。

1. 组织费用机制

如果将农业治理体系的构成进行概括的话，那么这个体系应该是由“国家—基层—农民”组成的三位一体。在农业税费时代，这个治理体系主要是由基层组织代替国家对农业进行治理，也就是说国家对农民的治理是一种间接治理，乡村组织是农业治理的主体，农业治理的组织费用来源于农民，来源于乡村组织向农民收取农业税费，“三提五统”一方面作为组织费用维系乡村组织的运转，另一方面农业税则作为地方财政支撑县级政府的运转。这个时候，因为组织费用来源于农民，乡村组织主要是为农民服务的组织。如果将“三提五统”及农业税费理解为基层政府及乡村组织治理农业的组织费用的话，那么正是通过这种组织费用建立了乡村组织与农民之间的制度性关联，乡村组织则利用这样一种组织费用对农业进行“集体化”的治理。

农业税费改革，彻底取消了原来用于治理农业的组织费用，农业治理的组织费用不再来自农民，而是来自国家，这导致农业治理的财政基础发生了革命性变化，进而导致整个农业治理体系发生变革。因为组织费用不再来自农民，这就取消了乡村组织与农民之间的制度性关联。由于农业治理的组织费用来自国家，从国家输入县级政府，在这个过程中形成“以县为主”的农业治理模式。县级政府（具体的执行机构主要是农业局）对项目资金按照专款专用的原则，在乡村寻找能否与其合作完成项目任务的代理人。那么谁会成为地方政府运作农业项目的代理人呢？地方政府会选择谁作为落实项目任务的代理人呢？就本研究将要分析的商品粮基地县的粮食增产项目而言，能协助地方政府完成项目任务、有效而低成本地与农业项目任务对接的只可能是大户、合作社以及规模化的经营主体，而不是分散的小农户。

2. 交易费用机制

农业税费改革以及乡村机构改革，导致原本能够回应分散小农户农业生产需求的乡村组织结构被破坏，治理功能弱化。贺雪峰认为，以“条条专政”为表现形式的财政专项资金和农业项目，难以和这样一种分散的小农户打交道，因为项目制强调条线的功能而弱化、解构“块块”的功能，这使得科层化的项目组织无法与分散小农户对接，因为只有乡村组织这样的“块块”才能解决常规化的、弥散性的、不规则的小农生产需求，而“条条专政”无法解决这些问题，更无法解决交易过程中的钉子户问题。在分配惠农资金方面也遵循同样的道理，资源无法有效精准分配下去，如果要真正保证财政支农资金精准性的话，那么也就意味着要有很高的交易费用，进而陷入政府与市场的双重失灵，“与分散小农打交道的交易成本无限大”成为惠农财政资金分配的最大的制度性障碍。简而言之，农业通过项目化的方式进行治理后，地方政府在农业项目与农业经营主体对接时面临与分散小农户打交道使交易成本无限放大。

表 1　农业治理转型的三大机制分析

时期	治理主体 组织费用机制	治理对象交易费用机制	治理模式、治理边界机制
税费 改革前	组织费用来源于农民，依托于乡村组织进行收取，乡村组织既是汲取农业税费的主体，也是向农户提供农业公共服务的组织，汲取的功能与服务的功能融为一体	在集体化时代，通过三级所有、队为基础的治理模式解决了国家与散户进行交易的问题，通过乡村组织尤其是村社组织降低了治理散户的治理成本。而在 20 世纪 90 年代末期，因为提取农业税费逐渐面临散户的交易成本问题，而导致乡村治理内卷化以及以农民负担为表现形式的治理危机。实际上，散户作为一个治理对象，在农业税费时代的末期，已经因为存在高昂的治理成本而导致农业治理危机	税费改革前的农业治理模式是集体化的治理，通过收取“三提五统”、共同生产费用，以及筹工筹劳等，以集体化的模式进行治理。乡村组织在农业税费时代具有一定的强制管理能力，能够调整耕地，同时国家在农业生产要素的诸多领域依然发挥着直接的治理功能
税费 改革之后	组织费用机制决定了农业税费改革之后形成“以县为主”的农业治理模式。农业治理的组织费用来源于国家，终端是县，县级政府及其职能部门既是接应国家农业治理组织费用的主体，也是通过地方财政预算，指定粮食生产规划的主体	在取消农业税费，实行“农业反哺”的时代，散户成为国家财政支农的最人制度性障碍。产粮大县，为了完成粮食生产的政治任务，为了降低农业治理的交易成本，具有极大的积极性重构农业经济的微观主体，制造大户与引导工商企业进入种植业领域	农业税费改革以及市场化改革，农业经济的微观主体完全市场化，农民被卷入市场经济当中，作为一个追求利润的经济主体，项目制成为一种沟通政府与农民之间的制度模式。国家或者地方政府通过对农民进行直接补贴，地方政府给农民进行项目补贴，将其纳入地方政府完成粮食生产任务的规划当中来

3. 治理边界机制

自分田到户以来，农业改革可以被归纳为政府治理农业的边界在逐步收缩，市场边界在不断扩张，农业税费改革以后，这样一种政府治理边界的加快收缩，市场化改革的步伐加快，政府直接干预农业生产要素的领域越来越少。在这个背景下，由于保证国家粮食安全依然是国家必须保证的基本社会公共品，进而如何在市场机制配置农业要素的基本前提下，将农业经济主体的生产经营活动纳入政府的粮食生产规划当中来，是一个关键的问题。在农业税费改革之后，沟通政府与农业经济主体之间的制度框架就是农业领域的“项目制”，由政府对农业经济主体进行项目补贴，比如对双季稻生产补贴，进而弥合政府意志与农业经济主体追求经济利润的张力。

（三）农业治理转型与农业结构变迁

如果和税费改革以前以乡村组织为主体的农业治理模式做一个比较的话，可能就会发现，当前中国的这种通过中央政府出财政专项资金，“以县为主”（农业局作为其职能部门）的农业公共品供给、农产品产量控制、试图制造大户并与大户对接的模式，不同于原来依靠乡村组织与小农相对接的模式，原来的治理模式是强调乡村组织的“综合治理”，是一种嵌入乡土社会与小农实际需求的治理模式；而现在农业治理模式，是按照项目制的专业分工、专款专用、事本主义的逻辑，政府特定的专项项目就解决特定的问题，这是一种现代农业治理理念。笔者把这样一种从原来面向小农的、以乡村组织为主体的农业治理模式转变到现在“以县为主”、财政来源于中央、以农业项目运作为主要形式的农业治理模式，概括为农业治理的现代转型。

在这样一种农业治理体系下，国家如何在农业领域寻找与其利益一致，并能有效接应其政策的代理人，成为新的农业治理体系下的关键问题。笔者认为，以规模化为突出特征的家庭农场、工商资本等新型农业经营主体是这一农业治理体系转变过程中的理想代理人，即农业治理转型需要与之相匹配的农业经营主体与之相适应，进而推动农业经营主体的转型与农业的资本化。

下面笔者在梳理农业税费改革以来国家层面干预政策的基础上，以湖南平晚县——一个全国商品粮基地县的地方经验对这个命题进行阐释。

三　国家层面的农业干预

（一）国家对农业干预的表现形式

农业税费改革之后，国家层面的农业干预主要表现为以下两个方面。

第一，出台了推动耕地流转的政策。在农村劳动力大量外流，农业劳动力老龄化步伐加快的背景下，“谁来种田”成为一个中央决策的重要问题，这直接关系国家的粮食安全和农业现代化。以党的十七届三中全会为重要里程碑，农村耕地大规模流转拉开序幕。国家鼓励耕地流转，主要是希望将耕地流转到种粮大户、工商企业、合作社，希望通过这些新型的、规模化的经营主体来遏制农地抛荒，解决“谁来种田”的问题；通过发展规模农业，推动农业现代化，专业化、标准化、资本化。

第二，出台了扶持家庭农场、龙头企业、合作社等规模经营主体的财政扶持政策。国家对农业领域加大财政转移支付，大量的农业项目被输送到农业领域，通过农业项目的实施，推动耕地流转，扶持家庭农场的兴起和工商资本下乡。

（二）项目化动作类型

农业税费改革之后，大量农业反哺资金的分配采取“项目化”运作方式，这成为国家干预农业的新常态，国家主要通过农业项目的安排和分配来体现和表达国家干预农业的意志。自农业税费改革以来，中央财政转移支付于农业领域的力度逐年增大，比如2014年国家向“三农”领域的投资高达1.4万亿元，这1.4万亿元中，绝大部分采取项目化的运作方式。从干预目标来看，这些农业项目可以大致分为三类。

第一种类型是保证国家粮食安全。这些项目包括新增粮食产能工程、超级产粮大县奖补、产油大县奖补、生猪生产大县奖补、高产补贴等项目类型。为了保证国内的粮食安全，中央政府对这些领域的投资额度非常巨大。以产粮大县奖补项目为例，国家对全国800多个产粮大县进行财政转移支付，并重奖粮食产量、播种面积、商品粮供应量排名前200位的超级产粮大县，自2005年国家出台产粮大县奖励政策至2013年，中央财政累计拨付奖励资金1589.2亿元。①

笔者以粮食安全项目为例，分析国家干预在基层政府的实践。2009～2013年国家财政对全国超级产量大县给予年度奖补资金和奖补项目投资（见图1）。

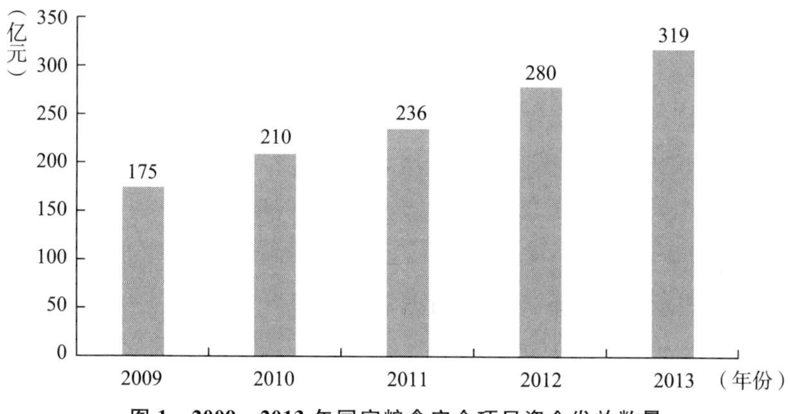

图1　2009～2013年国家粮食安全项目资金发放数量

① 《中央财政拨付319.2亿元产粮（油）大县奖励资金》，财政部网站，http://www.mof.gov.cn/zhengwuxinxi/caizhengxinwen/201308/t20130829_983490.html，2013年8月29日。

第二种类型是致力于推动农业现代化、产业化的项目。这些项目主要投向现代农业示范区项目、现代农业产业园区项目、农业科技示范园项目等。这些农业项目投资资金，主要着眼于推动农业现代化、转变农业发展方式、增强农业产业化等，和第一种类型的项目一样，一般是投资于产粮大县，投资额度巨大。

第三种类型可以看作是为上述两类项目做配套投资的，一般指向的问题比较具体，为解决粮食安全、推动农业现代化和产业化做配套和铺垫的，比如国土综合整治项目、农业综合开发项目、小型农田水利项目、农机补贴项目、农技推广项目等，这种类型的项目主要是解决生产环节单家独户不好办和办不好的田间公共工程等公共品的供给问题。这些项目，与前面两种类型的项目相比，投资量相对较小，在地方的项目实践中，往往被县政府整合到前面两种大型项目中，前面两种项目经常被地方政府看作是地方的战略性项目，并以此为核心，通过配套第三种类型的专门性项目而搭建农业项目平台。①

国家以农业项目的形式，出台财政扶持政策扶持家庭农场和工商资本的原因，除了“谁来种田”这样的问题之外，还有一个重要的原因与农业投资有关系。长期以来，我国国家财政对农业的投资不足，中国幅员辽阔，农业是一个庞大的产业部门，要解决农业领域的投资问题，不可能全部依靠中央政府的公共财政来解决。所以，当前中国政府在农业领域推行项目制，其核心机制在于，中央用农业项目扶持的手段来调动地方政府和工商资本（主要是地方龙头企业）进行配套投资。中央财政投资 1000 万元，中央和地方政府、工商企业等社会资本的配套比例为 1∶2∶3，也就是说中央试图通过 1000 万元的项目投资，来推动地方政府和工商企业 5000 万元的配套资金投向农业领域，以实现“四两拨千斤”的效果。地方政府的配套主要以财政配套和项目配套的形式因应项目制的制度逻辑，而工商资本的配套则构成项目运作的主力，龙头企业一般以项目业主的形式参与农业项目运作。

① 为了保证粮食市场的稳定，防止谷贱伤农，国家对粮食市场的调控也采取项目化运作方式。项目的承担者主要是粮食代储企业，限于篇幅，本文不做讨论。另外，本文的主要分析的领域是农业种植业，实际上，畜牧业领域的农业治理基本上也是采取项目化的运作模式，其和种植业领域大同小异。

农业项目的运作过程构成国家干预农业宏观政策的主要方面。那么，这些农业项目被发包到乡村基层会对农业转型产生怎样的影响，农业项目在县、乡、村这三级政府如何被得到执行，这三级政府通过农业项目对农业领域进行干预的特征是怎样的？笔者以农业项目在县、乡、村的运作为分析对象，分析基层政府的干预对农业转型的影响。得到的基本结论是：基层政府通过农业项目来干预农业生产，直接推动了家庭农场的兴起和农业龙头企业下乡。如果说，中央层面的干预是推动农业转型的初始动力的话，那么直接推动家庭农场兴起和工商资本下乡，是在县、乡、村这三级基层政府，即基层政府的干预是推动农业转型的直接动力。

四　地方经验：湖南平晚县的农业转型

（一）地方情况简介

湖南省平晚县是中国中部地区一个比较典型的农业县。全境总面积 383.8 万亩。该县地处中亚热带季风湿润气候区，四季分明。平晚县地处五岭上升和洞庭湖下陷的过渡地带，即“平晚盆地”北沿。县内中部丘陵起伏，小块平原星罗棋布。全县地貌可分为山地、丘陵、平原、盆地四种类型。平晚县是一个农业大县，2011 年全县耕地面积 104.5 万亩，其中水田 90.1 万亩，旱地 14.4 万亩。农作物播种总面积 257.88 万亩，其中粮食播种面积 152.1 万亩，冬种油菜 71.5 万亩，棉花 11 万亩，蔬菜播种面积 12.5 万亩。

2009 年之前，该县基本上都是小农户进行粮食生产，很少有种粮大户，2008 年全县最大的一个种粮大户是湖镇的王某元，政府鼓励他种了 40 多亩单季稻。该县在 2003 年农业税费改革之前，双季稻种植还很普遍，农业税费改革以后，农业劳动力加速外流，种植双季稻不划算，所以在 2009 年前后，全县的农民绝大部分都像王某元那样种植单季稻。由此，2008 年可以成为分析平晚县农业结构转型的一个起点，那个时候还是以小规模农户为绝对主体的经营结构模式，自 2009 年开始发生变化。

（二）粮食安全项目与家庭农场的兴起

平晚县是中国南方水稻种植区的商品粮基地县，全国产粮大县，是保证中国粮食安全的重地。在工业化时代，在粮食生产越来越成为地方政府财政负担的情况下，从 2005 年农业税费改革取消农业税费开始，国家为了继续保证粮食产量不断增加，不断加大对平晚县的财政扶持力度，进而调动地方政府生产粮食的积极性。国家对平晚县的财政扶持，其中伴随着国家增加粮食产量、发展现代农业的意志。国家的这种意志在农业税费改革之后，主要是通过项目制来实现的，很多中国学者的研究发现，项目制是一种用于体现中央部门意志的制度模式。

产粮大县的项目运作。自 2009 年以来，在平晚县所有中央财政转移专项资金或项目资金当中，产粮大县专项资金的数量一直是最高的，因而成为平晚县农业治理的重点，也是“争资跑项”的重点。以 2009 年为例，共引进项目资金 4500 多万元。其中粮食生产先进县争取奖励资金 3000 多万元。正因为如此，争取全国粮食生产先进县的奖励，历年来都是平晚县治理农业的重头戏，因而可以成为本文分析政府治理农业的重点。

要争取产粮大县的奖励资金，就必须在粮食播种面积上下功夫，只有播种面积上去了，商品粮的总量和粮食生产的总量才会上去，这成为县级政府大力发展和推广双季稻的根本动力。推广双季稻，是提高地方政府入围下一年度全国粮食生产先进县的核心竞争力。问题是，如何把县级政府发展双季稻，争取产粮大县奖励资金的动员和治理过程刻画出来，以及这个过程所呈现出来的农业项目的运作模式和逻辑，就成为理解该问题的基础。

在产量大县奖补项目中，中央和平晚县政府的关系是，中央通过项目发包的方式，将项目资金发包给平晚县政府，同时对平晚县政府完成项目任务的具体情况、粮食生产的绩效进行考核验收。从 2009 年开始，农业部和湖南省政府开始加大对产粮大县的考核力度，不但要求地方政府汇报粮食生产的绩效，而且要求平晚县政府拿出粮食增产的现场给上级领导考察，其中双季稻的生产成为现场考察的重点。每年在早稻插秧和晚稻插秧之后，农业部和省农业厅的领导就会在平晚县委书记、农业局长等的陪同下，在全县检查双季稻播种情况。平晚县政府为了能够应对上级领导的检查，保证考核顺利过关，就必须尽可能多地种植双季稻。

究竟是种单季稻还是种双季稻，应是农民生产决策的事情，农民是按照经济效益的比较来决定究竟是种单季稻还是种双季稻。所以政府的粮食项目实施涉及如何与作为粮食生产主体的农民进行互动的问题。那么地方政府会选择谁来种双季稻呢？这是一个委托—代理的问题，即政府需要通过与粮食生产主体建立一个有关粮食生产的合约，政府对粮食生产主体给予一定的项目补贴，进而将农民的生产决策纳入政府的项目实施规划中来。

1. 政府与市场的边界变化，政府要粮与农民要钱的矛盾

在政府与市场的边界发生动态变化之后，农业生产的绝大部分生产要素按照市场来进行配置，这时决定农民粮食生产行为是否赢利的不再是政府，而是市场，政府无法通过计划指令直接干预农民的生产行为。比如，政府现在希望农民种双季稻，但是县级政府对生产双季稻的农资价格、粮食价格、劳动力价格等是无法控制的。平晚县政府在2009年的时候，也拿"国家粮食安全"等这样的意识形态话语做农民的思想工作，但是农民作为一个独立的经济主体，他们现在有权按照自己的要求安排耕作制度，他们会选择种植对自己来讲更为划算的单季稻。

笔者曾经从成本收益的角度指出，自2000年以后，在中国南方水稻种植区种植双季稻，对于农民而言是一件不划算的事情，正因为如此，本地的散农户普遍不愿意种植双季稻，这与政府要完成强调种双季稻的"政治任务"之间存在尖锐冲突。[①] 地方政府发现散农户模式无法有效运作之后，在政策设计过程中开始抛弃散农户，而注重发展大农户和引进工商企业下乡种田。一方面通过行政的方式强制性推动在政府的双季稻规划区内进行耕地流转，将耕地流转到种粮大户和工商企业的手上；另一方面从项目资金中安排一部分财政资金给帮助政府种植双季稻面积在50亩以上的大户和下乡的工商企业进行150元/亩的补贴，另外还进行集中育秧补贴以及农业保险补贴。

大户种植双季稻的特点，概括起来有以下两点，一是可以保障粮食产量比散户种植一季稻高；二是大户的种植面积比较大，尽管单位面积产量没有散户高，但是总体的纯收益要远远高于散户。正是规模效应，使得大户种植双季稻有利可图。

所以，地方政府从粮食增产、增加复种指数的角度认为：单家独户的单干模式已经严重制约当前粮食生产发展，种植业转型势在必行。扶持和培育耕种水田50亩以上和早、晚两季共种粮100亩以上大户是适合本地种植业转型的理想选择，也是当前粮食生产稳定发展的迫切需要。该县从2012年开始出台对符合条件的种粮50亩以上的规模种粮户种植双季稻每亩补助150~200元。这样地方政府达到了发展双季稻的目的，而种植大户也能通过大面积经营的方式获取利益，政府意愿和大户赢利两者一拍即合，

---

① 龚为纲：《项目制与粮食生产的外部性治理》，《开放时代》2015年第2期。

目前这些大户已经是平晚县发展双季稻生产的主力军。

2. 交易成本逻辑：大户是落实粮食项目的理想代理人

政府扶持大户的另外一个非常重要的原因在于交易成本问题。上面的分析可以看到，政府必须给种植双季稻的主体进行补贴，进而农民“帮助”政府种植双季稻，地方政府和农民之间存在这样一个“交易”。

散农户是高度分散和分化的，因为散农户数量众多，没有办法与政府整齐划一的项目任务相对接，交易成本大，治理成本高，而规模经营的大户和工商企业下乡的资本则可以导致交易对象大幅度减少，降低交易成本。所以，县、乡、村三级干部对制造粮食大户的积极性背后，存在的一个重要逻辑就是一个政府面对分散的农户因为交易成本过高而导致政府失灵的问题，产生这一问题的根源是项目在乡村运作的过程中无法与分散的小农户对接。“制造粮食大户”降低交易费用的机制主要表现在以下几个方面。

（1）建立粮食生产大户之后，打交道的对象减少，进而使项目示范区内对农户双季稻面积的测量、生产过程监控、生产进度统一协调、耕作方式统一、项目资金拨付等治理成本都大幅度降低。

从全县的角度来讲，在表 2 所列举的 10 个乡（镇）当中，大户流转的耕地为 12098.69 亩，涉及的农户数量为 3135 户，这 3135 户的耕地流转给 66 个种粮大户耕作，很显然政府的交易对象巨减。县农业局的技术服务队如果要与这 3135 个散户打交道的话，几乎是不可能的，但是如果将这 3135 个农户的耕地通过土地流转，转化成为 66 个种粮大户，那么农业局与这 66 个大户进行对接就会游刃有余。

而且种粮大户耕作，有利于大户步调与政府保持一致，整齐划一，有利于地方政府按照项目考核的要求、在项目资金的约束下保质、按时应对项目考核验收。

表 2　2013 年 10 个乡镇项目示范区大户流转土地情况

单位：户，亩

乡（镇）	示范区内大户的数量	大户流转土地涉及小组数量	大户流转别人水田涉及户数	本地大户流转水田面积	本地大户种植双季晚稻面积
板市镇	6	17	243	942.80	868.59
大安乡	11	42	404	2129.06	348.96
关市乡	4	10	78	159.54	195.30

续表

乡（镇）	示范区内大户的数量	大户流转土地涉及小组数量	大户流转别人水田涉及户数	本地大户流转水田面积	本地大户种植双季晚稻面积
界牌镇	2	5	61	198.67	181.37
井头镇	8	34	612	1450.81	1059.27
湖　镇	14	42	297	1287.60	1287.60
杉桥镇	2	3	32	109.60	115.70
台　镇	4	4	61	328.58	312.60
西渡镇	12	72	1215	5027.39	2820.80
岘山乡	3	6	132	464.64	347.05
总计	66	235	3135	12098.69	7537.24

（2）将耕地流转给大户，政府与他们打交道时遇到“钉子户”的概率可能为0；而当政府面临数量众多的散户时，出现“不配合的钉子户”的概率将大为提高，“钉子户”的一个特征就是抓住政府在推行项目示范区过程中的弱点进行要价，狮子大开口，并引起其他农户效尤，进而大大提升项目的实施成本。将耕地流转给大户之后，政府与大户对接后，谈判的成本就会降低。

同时散户存在严重分化，家计模式多元，往往与政府的政策目标难以形成一致，有些散户对于政府的扶持，因为面积小而对政策的补贴不敏感（比如说种一亩双季稻补贴150元，或者购买100元的种植业保险返回20%等），但是大户因为面积大，对单位面积上利益流量的小幅度增加，都极为敏感。

（三）农业产业化项目的运作与工商资本下乡

国家为了通过农业项目引导社会资本投资农业领域，进而出台了大量扶持农业龙头企业的财政政策。对于基层政府来讲，其扶持龙头企业的动力是什么，其采取了怎样的干预措施来扶持龙头企业？这和龙头企业流转耕地、进入农业生产环节，及其资本积累之间是什么关系？下面以平晚县对龙头企业的扶持政策和农业产业化项目的实践为例，对此问题给予说明。

1. 县政府扶持农业龙头企业的原因

县级政府扶持农业龙头企业的原因主要有以下两点。一是与政绩考核有关系，县级政府希望通过招商引资推动地方经济增长，GDP在中国一直作为政绩考核的重要指标。扶持农业龙头企业是招商引资的主要方面。二是和农业项目本身的制度有关系。来自中央政府的农业项目资金，对于地方政府而言，是一种推动地方经济发展的重要经济资源，是国家向地方的一种财政转移支付，有利于地方经济增长。所以县级政府有很强的积极性去争取中央财政项目。问题在于，县级政府争取中央的财政项目，既需要县级政府进行财政配套投资，还要有社会资本投资，国家农业项目的一个重要目的就是引导社会资本投资农业领域。所以，县级政府争取中央农业项目时，需要取得地方农业龙头企业的合作投资，这样才能争取来自中央的农业项目。这是县级政府之所以要和农业龙头企业合作，并扶持龙头企业的重要原因。

2. 县政府扶持农业龙头企业的措施

一般来讲，县级政府除了在税收、信贷方面对龙头企业进行支持之外，一个重要的举措，就是将本地的耕地流转给农业龙头企业作为生产加工基地。所以，通过政府行政手段推动耕地流转，成为县级政府扶持龙头企业的一个重要手段。

当前，中国政府对农业领域进行大规模投资，一个重要目的就是转变农业发展方式，推动农业的产业化经营，进而提高农业的市场竞争力。以 2014 年强力推行的现代农业产业园项目为例，该项目以省份为竞争范围，对胜出的县级产业园区，中央财政拿出扶持项目资金 1000 万元，中央财政的这 1000 万元主要用于水利基础设施建设和新技术推广。建设现代农业产业园是一个系统工程，生产环节的公共品投资涉及农田机耕道建设、水利建设、农业技术推广、高产优质农产品的引进等；在加工环节涉及工商企业在农业加工领域的投资、生产加工线的建设、仓储建设等。对生产环节公共品的投资主要由中央涉农项目和地方财政配套及项目配套来完成，而生产加工、农产品存储等则由农业企业配套投资完成。

所以，农业产业化项目的一个重要制度逻辑在于，通过中央财政的项目投资，来推动地方和工商资本配套投资进入农业领域，即通过中央财政来引导社会资本进入农业领域。这个制度逻辑中蕴含着农业产业化的逻辑，并将国家对基础设施的投资和工商企业对农业“生产加工线”的投资对接起来，中央财政投资完善基础设施，工商资本负责对生产加工领域的投资。

工商资本之所以有积极性介入农业进行配套投资，在于政府动员的一个前提就是配套投资能够为资本产生收益。在这个项目中，关于工商资本的利益如何与项目运作实现利益关联，平晚县政府的普遍做法是：将项目区的耕地从农民手中流转出来，将项目区打造成工商资本的生产基地，在生产基地上建立“龙头企业 + 基地 + 代管户（或雇工）”的经营模式，项目区通过公共财政投资形成的高产粮田并实行新品种优质稻推广，由纳入公司产业链条中的大户来耕作。

为什么要进行耕地流转建立农业企业的生产基地，因为具有自主性和独立性经营的分散小农户无法与意欲进行产业整合的工商资本建立交易关系。这主要在于小农户可以根据市场行情来销售优质稻，不一定非要将优质稻卖给进行配套投资的工商企业，小农户的行动逻辑往往是，当合同价格低于市场价的时候，要卖给市场；当合同价高于市场价时则卖给工商企业，这个时候这些工商企业没有办法与分散的小农户形成稳定的合作关系。

地方政府为了保证工商企业进行农业配套投资时能够得到预期收益，为了调动工商企业进行农业配套投资的积极性，一个前提条件就是通过行政手段将项目区的耕地流转出来，流转给工商企业作为农业生产基地，或者流转给愿意与工商企业合作的种粮大户，种粮大户与工商企业对接，交易成本相对要低。这就是为什么产业化项目落地时，在案例县项目区的耕地进一步被地方政府流转出来的重要原因。

以平晚县的西渡镇和台源乡为例，2009～2012 年，平晚县政府为实施粮食安全项目，已经流转了5510 亩耕地，在两个乡（镇）持续推动耕地流转，形成了很多种粮大户（见表3）。

表3　两个乡（镇）产粮项目已流转面积和产业化项目进一步流转的面积

单位：亩

乡（镇）	村名	土地流转	
		2012 年以前粮食安全项目已流转面积	2013 年产业化项目进一步流转的面积
西渡镇	青木村	780	20
	梅花村	950	250
	斗岭村	510	290
	爱吾村	—	750
	通古村	340	320
台源乡	龙福村	544	106
	长青村	818	487
	九市村	443	1169

续表

乡（镇）	村名	土地流转	
		2012 年以前粮食安全项目已流转面积	2013 年产业化项目进一步流转的面积
台源乡	台九村	180	1420
	文星村	50	1220
	爱民村	148	132
	台源村	144	356
	演陂村	33	367
	东湖村	570	280
合计		5510	7167

从 2013 年开始，在产粮项目的基础上，这两个乡（镇）进一步通过行政力量推动耕地流转，在项目区的 14 个村庄，项目计划从 2014 ~ 2016 年进一步流转了 7167 亩耕地。

产业化项目实施过程中存在的一个重大问题，即项目投资的基础设施如何和企业的投资相对接。企业投资的一个前提，就是项目投资能为企业增加收益创造条件。达到这一目的的主要办法就是，一方面将项目建设区的耕地流转出来，作为企业的生产基地，在基地上实行“公司 + 基地 + 农户”的模式，将农户的生产经营活动高度嵌入企业的控制之下；另一方面，是在生产基地内继续进行耕地流转，将耕地流转给大户，建立大户与农业企业进行对接的模式。

所以我们看到，在农业产业园项目的实施基地，西渡和台源 14 村的耕地加速流转。这是从项目制的制度逻辑中推导出来的“公司 + 基地 + 农户”的模式，以及“公司 + 大户”的模式。之所以这样，一个重要的原因是工商资本进行了配套投资，这些配套投资要和项目的基础设施投资所产生的效益相对接。工商企业主要投资农业的生产加工环节，而政府财政投资主要强化基础设施，要保证工商企业在农业的上游投资和项目在下游的投资相对接，必须使公共财政对基础设施的投资能够推动规模化经营，形成工商公司的农业生产基地，将这些公共财政投资所产生的生产效益纳入工商资本的产业整合过程中。当分散的小农户无法被整合进工商资本的产业链条中时，唯一的办法就是进行耕地流转，建立工商资本的生产基地，或者通过耕地流转形成大户与工商资本进行对接。

总而言之，农业产业化项目的制度逻辑，就是通过工商资本参与配套投资，形成“产、供、销、贸、工、农”一体化的产业化模式。这实际上就是将分散的小规模经营通过产业化项目，整合进工商资本的生产链条之中。在这个过程中推动了农业生产关系的变迁。简而言之，产业整合的逻辑，耕地流转的逻辑，大户形成的逻辑，农业结构变迁的逻辑，都可以从农业产业化项目的制度逻辑中推导出来。这就是农业的项目化治理和农业转型之间的另一层逻辑关系。

3. 政府扶持与龙头企业的资本积累

在平晚县，自2009年以来，承包农业项目的一个重要主体是当地的农业企业——安农公司。该企业原来是一个农资经销企业，2009年通过改组，开始大量涉足该县的农业项目运作。从2009年开始，在政府的支持下，在全县6个乡镇流转耕地，到2013年，在全县已经流转了水田3万亩左右。如果没有县乡两级政府的大力推动，安农公司根本就流转不到耕地，农民也不会把耕地流转给安农公司。一是农民不信任外来人，二是他们担心安农公司把耕地种坏了。而安农公司也不能强制性流转农民的耕地。

安农公司流转到这些耕地之后，建立公司的生产基地，在生产基地上实行“公司+基地+雇工”的办法，这些雇工一般是安农公司从外村请的代管户，公司给代管户提供“套餐服务”，包括提供农药、种子、化肥、机耕、机插、机收等农资供应和机械服务，雇工主要负责除草、看水以及田间管理，稻谷收割之后，直接运往公司，公司按照稻谷的价格，扣除套餐价格，给代管户支付费用。笔者的调研结果显示，这是一个不平等的合约。公司从产前的农资供应、产中的机械服务、产后的稻谷价格中赚取利润，这是安农公司从生产环节中获得利润的方式。

实际上，从农业生产环节获取利润并不是安农公司资本积累的主要来源，安农公司资本积累的主要来源是政府的各种农业项目扶持。最近几年，公司承包的项目越来越大，在这个项目承包与实施的过程中，资本迅速扩张，延伸到粮油生产、加工、流通、农资生产与经销等各个环节。目前，平晚县的农业生产，已经在该公司的大力推动下，走向以龙头企业为主导的产业整合。根据笔者的观察，这样的情况，在整个湖南省已经非常普遍。

四　农业结构转型与农民分化

（一）平晚县农业转型概况

在平晚县政府的行政推动下，该县自 2009 年以来土地流转全面加速，规模化的家庭农场不断涌现，而工商资本席卷的耕地规模越来越大。官方的统计数据显示，截至 2013 年，全县 90 万亩耕地当中，耕地流转面积为 50.32 万亩，占耕地总面积的 55.9%；在农村土地流转中，耕地转包面积为 27.16 万亩，占耕地流转面积的 54%；转让面积为 3.44 万亩，占耕地流转面积的 6.8%；互换面积为 0.89 万亩，占耕地流转面积的 1.8%；入股面积为 3.5 万亩，占耕地流转面积的 7%；出租面积为 14.42 万亩，占耕地流转面积的 28.7%；其他为 0.91 万亩，占 1.8%。

政府通过行政手段推动的耕地流转，其主要去向除了安农公司这样的工商企业之外，另外还有两个去向。一是流向种粮能手，2013 年累计流转面积为 32.08 万亩，占耕地流转总面积的 63.8%；二是流向专业合作社，2013 年累计流转面积为 13.28 万亩，占耕地流转面积的 26.4%。目前，全县 50 亩以下的小规模经营户有 11043 户，50～100 亩的经营户有 288 户，100～500 亩的经营户有 190 户，500 亩以上的经营户有 55 户，其中湖南安农农业科技有限公司总耕地流转面积为 3.55 万亩，富农优质稻合作社 5500 亩。

（二）非均衡的项目补贴与农民分化

政府通过行政手段推动耕地流转的直接结果就是本地土地流转租金水平的上涨；政府针对种粮大户和农业企业的补贴增加了它们的竞争力，推动种粮大户和工商企业流转小农户的耕地。这两个结果一起推动了本地的农民分化与农民的无产化。

（三）政府干预与农业项目补贴的中农瓦解效应

在耕地流转过程中，原来很多不需要地租的亲戚、朋友之间的自发性的耕地流转模式被打破。那些外出务工的农户自己不能种田，平时把农田流转给亲戚朋友种，只是为了农田不抛荒，把农田交给种田户耕作，一般不要租金，或者说只需给田主缴纳税费等。这样一种耕地流转模式，往往是按照血缘、人情关系等来进行流转，耕地流转具有很强的嵌入性。现在种粮大户和农业企业在政府补贴的支持下愿意出高租金来流转耕地，那些外出务工或者不方便耕作的农户，更愿意将耕地有偿地流转给种粮大户和农业企业，使原有自发性的耕地流转模式被打破。而形成耕地要素市场，那些原来通过自发流转耕地的中农因为不愿意支付租金而难以再集中到耕地，他们面临瓦解；或者如果不愿意放弃种地的话，就需要像安农公司和种粮大户那样支付地租，最终使收益率减少。

大户补贴直接提升了农业企业和种粮大户在耕地流转市场上的竞争力，那些没有得到补贴的中农和散户，要么没有实力支付租金，要么即使出得起租金，也极大地削弱了其利润空间而遭遇困境。因双季稻生产示范区的项目补贴，增加了种粮大户和企业资本的竞争力，使耕地更倾向于集中，在项目的运作过程中，那些没有竞争优势的中农和散户被种粮大户与企业资本吞并和瓦解。

双季稻生产示范片区的项目补贴，增加了种粮大户和农业企业的竞争力。而且，种粮大户和农业企业在这样一种项目补贴的激励下，愿意流转更多的耕地，进一步推动耕地流转。这其中的机制在于政府对示范区内对种粮大户和农业企业的补贴按照面积来计量，因此它们有扩大耕地面积的冲动，扩大面积之后，补贴得到增加，使耕地进一步集中。

简而言之，在产粮大县项目下的双季稻生产示范片区内，对人户和农业企业进行项目补贴，增强了种粮大户和农业企业的竞争力，迅速打破了原来无租金的亲戚朋友之间的“代种模式”和中农模式，耕地从不愿意支付租金的中农手上向愿意支付租金的种粮大户和农业企业集中（政府的项目补贴大致可以冲抵租金），那些原来依靠无偿的方式流转亲戚朋友耕地的模式被瓦解。而种粮大户和农业企业则在耕地流转过程中增强了竞争性和扩张性，加快了资本积累。

五　总结与讨论

通过前面的案例分析，本文可以得出以下几个基本结论。

第一，中国农业税费改革之后，国家对农业的干预在宏观上表现为国家制定一系列有利于种粮大户和农业企业的农业政策，这些农业政策的意志通过各种类型的农业项目来表达和实现，各级政府通过农业项目对种粮大户和农业企业进行扶持；而在地方干预的实践过程中，农业项目落地往往与县乡两级政府所推动的耕地流转结合起来。种粮大户和农业企业只有依靠政府的力量，将耕地从分散的小农户手中流转出来，通过政府大量的项目扶持来进行积累，才有可能发展壮大。所以，在当前的农业转型过程中，国家干预集中地表现为农业项目的实践过程和地方政府所推动的耕地流转过程。

本文试图通过对这两个层面的国家干预过程分析资本的经营主体——种粮大户和农业企业的产生、兴起及其资本积累的过程。在国家干预的大力推动下，使中国农业转型趋势表现出以下两个鲜明特征：一是形成以规模经营主体为主力的农业经营体系，二是工商资本下乡并形成以农业企业等工商资本为主导的农业产业整合。本文分别以粮食安全项目、农业产业化项目对这两个趋势出现的制度逻辑进行分析。从上述案例县两个农业转型的特征可以看出，该县农业正在快速趋向资本化。

第二，国家干预与新兴农业经营主体之间的相关逻辑可以概括为农业政策执行的代理人逻辑。本文的案例分析表明，地方政府通过国家的粮食项目来干预粮食生产是通过在农业生产活动中选择代理人来实现的，即在农村选择能够实现国家粮食生产目标的代理人，以达到国家在农业生产方面的利益与目标。而调动这些代理人的积极性是通过对他们进行农业补贴和项目进行扶持。在农村以散户为绝对多数的时候，地方政府以行政的手段推动耕地向种粮大户、工商企业和合作社流转，以制造种粮大户作为代理人来完成地方政府的双季稻生产项目。这样一种政府干预形式导致的后果就是在农业转型的过程中，农业生产的利益被作为国家代理人的地方精英所攫取，这些地方精英以大户的形式出现，或者是进入农业生产的地方工商企业。而普通的小农户则成为这个利益重新调整过程中的牺牲者和利益受损者。

第三，代理人的出现和农业税费改革以来农业治理转型的宏观语境有关系。本文将宏观层次上的、与农业政策变迁相关的政治—经济系统性因素归纳为农业治理转型，这个农业治理转型过程所蕴含的三层机制，构成理解地方层次上的农业结构调整的解释变量。

组织费用机制使地方政府不愿意扶持小农户，而是重新寻找代理人以低成本的方式完成项目任务。组织费用机制体现的是，农业治理的组织费用是维系农业大县政府系统运作的重要财政收入不再来源于小农户，而是来源于国家的农业项目。正是因为组织费用来源于国家，县级政府需要接受国家的考核验收，只有在考核验收过程中能拿出“无可挑剔”的粮食生产现场（双季稻种植面积），才能增加县级政府入围“全国粮食生产先进县”的奖励，由此获得产粮大县奖补资金，这决定了县级政府在配置涉农项目以及财政资金的时候，首先要寻找实施项目任务的代理人，优先保证能够完成国家的粮食生产考核验收。协助地方政府以最低的成本、最小的风险完成双季稻生产的项目任务只能是种粮大户和农业企业，而不是小农户，它们是与政府合作完成项目任务的最佳对象。

治理边界机制决定了种粮大户和农业企业在政府补贴的扶持下，帮助政府种植农民认为不划算的双季稻以增加复种指数。从20世纪90年代中国农村的市场化改革以来，政府不断地从农业生产要素的管控中退出，农业生产要素中比如农资、劳动力、耕地、粮食的价格形成机制越来越市场化，除了粮食价格政府还在发挥着调控作用之外，几乎所有的农业生产要素都市场化了，其结果就是，农民种粮的收益主要取决于市场，而不是政府。所以，政府对粮食生产的调控能力是在不断地下降，政府已经陷入市场的全面包围之中。农民的生产决策也以市场为导向，以计算成本收益为依据，通过对小农户和种粮大户的成本收益进行计算之后，其结论是：只有种粮大户和农业企业才能在政府的补贴下，协助政府种植双季稻，小户即便有政府的扶持和补贴，也难以成为帮助政府种植双季稻的主力军。

当政府面对高度分散的小农经济时，存在交易费用过高而难以有效治理的问题。在农业税费改革之后，乡村组织的治理功能被弱化，导致“国家—基层—农民”这样一个治理体系中，作为连接国家与农民节点的乡村组织的治理功能被取消，乡村组织作为维系国家与农民之间的制度性关联的节点被取消之后，中国的“三农”问题面临“市场失灵+政府失灵”的困境，在政府失灵的背景下，作为粮食主产区的地方政府，为了完成保证国家粮食安全的“政治任务”，只有重构农业经营主体——“制造大户”，引资下乡经营种植业，进而在行政力量的主导下推动种植业的快速转型。

简而言之，地方政府一方面扶持种粮大户和农业企业来完成粮食生产的政治任务，政府扶持种粮大户和农业企业打败小农户，流转了他们的耕地之后，破坏了那些以种粮为生的小农户以及中农的生计，加快了农业的资本化和农民的去农化进程；另一方面对分散小农户的农业生产需求不愿意回应，也没有能力回应，使他们成为财政支农资金分配中被忽视的对象，成为“被遗忘的大多数”。正是在粮食主产区地方政府行政推动和项目补贴的扶持下，平晚县的农业结构正在发生快速的变革，农业生产关系正在迅速调整，原本以小农户为绝对主体的农业结构正在被打破，种粮大户及联合形式的合作社、农业企业正在快速崛起，农业生产关系的资本化趋势正在形成。

第四，国家在农业转型过程中的作用大致可以被归纳为两种：一是直接推动作用。国家在农业生产要素全面市场化和乡村集体组织瓦解的背景下，重新培植与其利益相一致、便于农业政策执行的代理人的这一动因，是国家对农业转型的直接推动作用。二是间接推动作用。从国家干预的角度解释 2006 年农业税费改革之后中国的农业转型过程，并不意味忽视资本积累、商品化、技术进步、农业劳动力转移等因素在农业转型过程中的作用。这些因素在中国农村土地集体所有制的约束下，难以获得大规模的耕地，规模经营受到阻碍。在国家基于重新寻找农业领域政策执行代理人的推动下，农村土地流转的枷锁被打破，商品化、资本积累、技术进步、农业劳动力转移等因素长期积累的推动农业转型的能量被释放，所以国家干预也为资本积累、商品化、技术进步、农业劳动力转移等推动农业转型的因素发挥了作用，解除了枷锁。

第五，本文的分析主要是基于湖南省中部一个粮食主产区而得出的。显然，湖南省的经验和从中归纳出的结论不能代表整个中国的实际情况，之所以选择湖南省平晚县作为分析对象有以下优势。一是湖南省是中国的粮食生产大省，是中国南方水稻粮食生产最为重要的省份之一，国家粮食安全政策实践对象的重点就是湖南省，因而从政策实践层面来讲，湖南省具有典型性，从湖南省所概括出的经验，应该可以大致反映出在中国中部经济相对落后的农业省份，尤其是水稻生产地区，国家政策的干预与农业转型之间的内在关联。二是平晚县是湖南省的典型，是一个典型全国产粮大县，是国家产粮大县奖补政策和农业产业化政策实践的重点对象。由于本文的分析对象主要是水稻生产，因而其结论也仅仅是反应粮食生产领域的国家干预与农业转型之间的关系。

第三篇

农业转型与阶层再造

论中坚农民*

贺雪峰

摘要 在城市化背景下，大量农村人口从土地中脱离出来，进城务工经商。这些进城农民的主要经济收入不再依赖土地和其他各种农村的获利机会。这样就增加了部分不愿意或者无法离开农村的中青年农民从土地或者其他农村的获利机会中获取收入的可能，从而在农村形成了一个主要收入在村庄、社会关系也在村庄、家庭生活完整、收入水平不低于外出务工家庭的新生农村中农群体，这个中农群体一般占到农户总数的10%～20%，在乡村治理中起着非常重要的作用。从乡村治理的角度看，这个新生农民群体也是基层治理的中坚力量，所以也可以称为中坚农民。

关键词 社会分层 城市化 土地流转 乡村治理

在农村资源不断流出的背景下，农村为什么还可以保持秩序？这需要我们对农村社会结构进行仔细分析。本文试图通过对城市化背景下兴起的一个重要的农民群体——中农群体的考察来回答上述问题。中农，又可以称为中坚农民。

一 改革开放以来的农民收入分化

20世纪80年代开始的分田到户，为了做到公平，在分田时一般以生产队为基础，将耕地分为不同等级，再按人口将不同等级土地均分给农户。因为中国农村人多地少，劳动力过剩，农民承包土地的时候，十分关心分地的公平性。按人均分的土地决定了同一个村社集体的农户有着大致相差不多的农业收入。在人多地少，存在大量农村剩余劳动力的情况下，决定

* 本文原载于《南京农业大学学报》（社会科学版）2015年第7期。

农民收入差异的是农业以外的收入，有几种收入对农民家庭十分重要。一是副业收入，即在种田以外，如养猪种菜等获得的收入；二是手工业收入，比如各种工匠的收入；三是经商的收入；四是务工收入，尤其是沿海地区，乡镇企业发展很快，农民务工离土不离乡越来越普遍，务工收入越来越成为农民家庭的重要收入甚至主要收入。此外，村组干部也有误工补贴，因为村组干部是不脱产的，是分有承包地和可以获得务农收入的，村组干部的务工补贴就成为额外的收入。总体来讲，几乎所有农民家庭都有种自家承包地所获得的农业收入，同时在不脱离农业的条件下，农民家庭开始有农业以外的收入，农业以外收入的多少决定了农民家庭经济条件的好坏。

到了 20 世纪 80 年代中后期，农村经济分化进一步加剧，而且全国情况也开始出现越来越大的差异。从沿海发达地区来看，乡镇企业快速发展，“三来一补”的外来加工贸易（珠三角）和私营企业（浙江尤其是温州）等农村工业快速发展，越来越多的农民家庭离土不离乡，越来越多农村劳动力主要进厂务工，相当一部分农民家庭收入主要来自务工收入，农业收入成为补充。同时，因为乡村工业的快速发展，尤其是民营经济的发展，农村出现了农民企业家阶层，这些企业家阶层或者自家办厂，或者管理集体乡镇企业，有了远高于一般农户的收入。

从全国一般农村地区情况来看，20 世纪 80 年代后期，乡镇企业的发展也带来了农民务工收入的增加。但总体来讲，全国多数地区乡镇企业兴盛时间不长，到了 90 年代中期，中西部地区绝大多数乡镇企业都垮掉了，主要因为农产品过剩卖不出去，农村产业结构调整力度加大，农民收入增长困难，“三农”问题凸现。

进入 20 世纪 90 年代中后期，沿海发达地区出口导向的加工制造业终于大成气候，开始吸收大量中西部农民工前来务工经商，与此同时，中国城市化速度骤然加快，1996 年中国的城市化率不到 30%，到了 2014 年中国城市化率已超过 54%。城市化就是大量农村人口进城了。

进入 20 世纪 90 年代中后期，中国农村出现了两类差异极大的地区，第一类地区是人口流入的沿海发达地区，典型是珠三角和长三角地区。因为乡村工业的发展，这些发达地区吸引了大量外来劳动力到此就业，农村城市化，城乡一体化，珠三角和长三角的农村已经融入区域性的城市带中，成为城市带的内在部分。这些沿海发达地区内部，农民分化为不同的部分，一是企业家群体，二是出租房屋的群体，三是本地务工群体，四是少数继续从事农业生产的群体，五是大量的外来农民工群体。此外，村社干部也是一个十分重要的群体，这个群体越来越多地与富裕起来的企业家群体重叠。第二类地区是人口流出的中西部农村，进入 20 世纪 90 年代以来，中西部地区，青壮年劳动力越来越多地进入沿海发达地区或城市务工经商。目前，全国中西部地区的绝大多数青壮年劳动力已经进城务工经商，但进城青壮年劳动力很难在城市获得足够养活全部家人的稳定收入与就业，他们的父母、子女大多仍然留在农村，从而在中国中西部农村地区普遍形成了“以代际分工为基础的半工半耕”的家计模式。全国农村大约有 70% 的农户家庭存在着这样的半工半耕结构，由此中国中西部农村地区就形成了与过去农村相当不同的分层结构。

二　当前农村社会的一般结构

在一般农业型农村地区，农民显然也已经产生了巨大的分化，不过，总体来讲这种分化是不稳定的，是与农民家庭周期有密切联系的。在当前中国快速城市化的背景下，农村最大的变化是大量农民进城。农民进城造成了农民分化，这种分化对乡村社会及其治理有重要影响。

当前农民有两种十分不同的进城，一种进城是通过考大学或务工经商赚了钱，有稳定就业与收入来源，真正可以在城市买房安居的进城。这样的农民进城，可以全家进城，而不必为进城失败留下返乡的退路。他们因此进城去了，一般再少与村庄发生联系。他们也可以说是村庄成员，因为他们是从村庄走出去的，且与村庄存在密切的社会联系，但他们主要的利益关系已经不在村庄，也与村庄渐行渐远。他们之前承包的土地使用权因为 30 年不变，因而仍然具有一定支配权，但他们一般不去耕种，而是流转给亲朋邻里耕种。这些进城农民由此与村庄之间仍然存在联系，所以也可以算作村庄社会结构的组成部分。

第二种农民进城是农村青壮年劳动力进城务工经商，以获取务工收入，而家庭中年龄比较大的父母仍然留村务农，从而使农民家庭中有了以代际分工为基础的务工和务农的两笔收入。这样的农民进城只能是“半进城”，这个“半进城”有两层意义，一是家庭成员中只有部分成员进了城，还有部分成员没有进城。二是进城的农民也可能返乡。当然，进城农民在城市务工经商顺利，可以在城市安居时，他们也可能将留村务农的父母接到城市。

当前，在中国一般农业型地区中，最为普遍的农户正是这种“以代际分工为基础的半工半耕”家庭，家庭中的年轻子女进城务工，年老父母种田，这样的农民家庭，进城年轻人就与村庄有着紧密的关系。一方面村庄中基本的生产生活秩序是留村务农父母进行生产生活的基础；另一方面年轻人进城失败，就可以返乡务农，有了退路。2008 年金融危机，面对大量农民工失业返乡，农民的说法是，失业没有什么大不了的，吃饭的时候多摆一双筷子罢了。

目前中国大约 70% 的农民家庭存在这样的“半工半耕”结构，这种结构是当今中国农村最为基本的结构。但这种结构并不稳定，因为留村务农的父母可能会越来越年老，以至于不再有能力种田，他们就将自己承包耕地流转给亲朋邻里耕种。

农村中存在的第三种结构性力量，就是因为种种原因，却没有进城务工经商而是留村务农的年富力强的青壮年农民及其家庭。年富力强的一对夫妻可能因为父母年龄太大需要照料，或子女过于年幼，而无法进城务工经商。年富力强的年轻夫妻留村务农，只种自家承包的责任田，经营面积太小，所获收入太少，在农村难以体面生活。因此，他们积极地将外出务工农户不再耕种的土地流转过来，达到适度规模经营，比如达到 30 ~ 50 亩的经营规模。他们每年从农业中可以获得 3 万 ~ 5 万元的纯收入，又通过农村副业获得一定收入，加之农村生活成本低，他们就可以获得不低于外出务工的收入，同时又可以保持家庭生活的完整。这种以适度农业规模经营为主体的主要收入在村庄、社会关系在村庄且收入水平不低于外出务工又可以保持家庭生活完整的农户，就是我们所说“中农”。

年富力强的农民夫妻留在村庄，一定要有超过自家承包地的收入。通过流转外出务工农户耕地来形成适度规模经营，只是形成中农的一种方式，而且是主导方式。其余方式还有比如种植经济作物、搞专业养殖、发展林果业、精养鱼池、当农村经纪人、做代理、开商店卖农资、手艺工匠等，或当村干部，等等。总之，在农村就可以获得不低于外出务工收入的青壮年农户，保持了家庭生活完整，参与村庄各种社会事务。这个群体成为村庄社会结构中的“中坚农民”。

第四种农户是家庭中缺少进城务工的年轻力壮劳动力，又缺少从承包地以外获取收入能力的农户，这样的农户，除耕种自家承包地以外，不再有其他比较重要的收入来源。这样的农民大多是老弱病残农户，是农村真正的弱势群体。

依据上述划分，当前中国一般农业地区主要有四种代表性的农户，分别是：进城户，半工半耕户，中农，老弱病残户。总体来讲，进城户比较稳定，且正在逐步地完全地脱离村庄。半工半耕户的情况比较复杂，从收入上讲，有些家庭父母已经年老，获取的农业收入越来越少，而进城的年轻子女仍然无法获得在城市体面安居的就业与收入条件，随时可能退回农村。绝大部分此类家庭有或多或少的务农收入，但存在家庭的分离。

中农家庭也不稳定，其原因有二，一是中农家庭从农村所获得的收入不稳定，如种其他农户的承包地可能随时被收走，在农村从事的副业本身也不稳定；二是中农家庭随时可以调整家庭策略，比如随着年幼子女成长，外出务工经商的机会增多。从具体农户来讲，中农是不稳定的，但从产生中农的条件来看，中农则又是相当稳定的，因为随着农民越来越多地进城，农村有了适度规模经营的条件，且农村有各种副业机会、经纪机会、商业机会、手工艺机会，这些机会就为中青年人留村创造了条件，就会有人来捕获这些机会。

老弱病残户也可能随着年幼子女成年后外出务工，获得务工收入，从而变成半工半耕户。因此也是不稳定的，是与家庭生产周期有关的。

以上四种农户在当前一般农业型地区的比重大致是：进城户占10%左右，半工半耕户占70%，中农户占10%，老弱病残户占10%。

以上结构是按户来统计的，若按照在村庄的人数来统计，则进城户就不应该再计入，在半工半耕户中，进城务工经商的年轻人也不应当再计入，因此，村庄中就主要有两种人群，一是中农，二是老弱病残，老弱病残包括了半工半耕户中留村务农的老年父母。此外当然还有未成年的儿童。在这样一个留村的农户结构中，中农户的比重依然是10%，最多不过20%，而老弱病残的农户要占到绝对多数。

从以上结构中就可以看到中农在农村社会结构中的关键性位置。实际上，在当前农村人、财、物流出的背景下，正是中农的存在及由此形成了“中农+老弱病残”的社会结构，保证了农村社会的基本秩序。

三　中坚农民的再生产

中农之所以会出现，与农村中仍然存在的各种获利机会联系在一起的。

中国当前农业基本经营制度是以家庭承包为基础的统分结合、双层经营的体制，土地属于村社集体所有，而由农民分户承包。农户还拥有一户一宅的宅基地使用权。按户承包按人均分的土地承包制，在农户只能从农业中获取收入时，农户家庭收入水平相差不多。虽然也有农民从事副业、手工业，或通过种经济作物来增收，但总体来讲，农民之间的收入差距不大。

进入 20 世纪 90 年代，中国城市化加速，农民从土地中脱离出来，进城务工经商，但农民并不同时放弃务农。务农有两种形式，一是农忙回来务农，农闲外出务工；二是年轻人外出务工，中老年人务农。随着农民进城务工人数的增多，速度加快，兼业式的半工半农越来越少，而以代际分工为基础年老父母务农的情况越来越普遍。

当前，中国一般农业型地区的农村已经普遍形成“以代际分工为基础的半工半耕”，这样的农户家庭大约占到全部农户家庭的 2/3。这样的“半工半耕”农户，家庭收入来自“务工收入 + 务农收入”，务农收入都差不多，而在已经形成全国统一劳动力市场的情况下，务工收入也不会相差太多，因此在农民家庭收入中，差距最大的是外出务工经商农户中外出务工劳动力的人数。适龄外出的劳动力越多，家庭收入就越高。有的农户，父母仍然年轻，成年未婚子女也外出务工，则可能达到家庭收入的最高值。

因为土地第二轮承包期为 30 年不变，有一些村民通过考大学等途径移居城市，而不再种地，还有一些农户主要收入依靠务工，他们暂时性地将承包地流转出来。这些流转出来的承包地首先被那些年富力强但因种种原因无法或不愿离开农村的农户流入，从而形成适度规模经营。在村庄中，总有部分青壮年劳动力因为各种原因无法或不愿进城务工经商，他们留在农村，仅靠自家承包地，就业严重不足，无法获得体面的农村生活，他们就有最为强烈地从进城不种地的村民那里流入耕地的愿望，进城村民的承包地一般以极低的价格、口头协议、不正规地流入这些留村的中青年农民手中。流入土地的留村中青年农民也有义务照看帮助进城农户在村庄的房子乃至老年父母。这种土地流转既不正规，也不稳定，进城农民进城失败，随时可以回村要回承包地自种，而流入土地的农户准备进城务工了，他们随时可以将流入的土地退还给原来的承包农户或者流转给其他农户。与这种不正规的口头协议的土地流转相一致的是，土地租金很低，一般每年只有每亩 100 ~ 200 元，甚至很多都不用支付租金，但有照顾流出土地农户在家的老人和房屋的义务。

留家在村庄而没有进城务工经商的中青年农民，他们可能正是因为在农村有比较多的收入机会才没有进城去的。比如兄弟姐妹都进城务工或到城市工作了，所有的承包地都流转给他，他就可以形成适度规模经营，其收入不低于进城务工，他也就没有必要进城去了。再比如，有手艺可以在农村获得非农的务工收入，开商店、搞规模化养殖，或成为农资代理经纪人、农机手、当村干部等，这些农业以外的收入，再加上种自家承包地的农业收入以及较少的农村生活支出，就为中青年农村劳动力留在农村提供了经济上的条件。农村中的各种获利机会都会被这些留在农村的中青年农民所捕捉到。农村中的获利机会越多，能够留守在农村的中青年农民也就越多。反过来，如果资本下乡，通过所谓农业产业一体化将各种农村获利机会垄断，农村中的中青年人就无法再留守农村，而不得不进城务工经商去了。因此，当国家支持资本下乡流转农民土地以及支持资本到农村搞所谓产业一体化、发展第三产业时，也就消灭了农村中农赖以生存的基本经济收入。

当前农村中仍然存在着各种各样经济收入的获利机会，这就为农村中青年人留守农村成为中农及中坚农民提供了可能。

哪些中青年农民会选择留守农村？其中一种农村中青年人不善于社交，有进城恐惧症，对外出打工没有安全感，这样的中青年农民不愿离开农村。这种情况也很普遍，毕竟外出务工经商是不稳定的，是要漂泊的甚至常遭到白眼的。还有一类中青年农民就是喜欢自由的农村农业生活，喜欢安静。

除以上两类不愿意进城务工经商的农村中青年人以外，还有更多农村中青年人是因为各种原因无法进城务工经商，其中最为普遍的是家庭中有失能老人，或年幼子女，进城务工经商不方便。此外，还有比如是村干部，无法进城。当然，村干部也会有一定的收入，即误工补贴，但是不高。这些不能进城的中青年人，当他们从“不能”中解脱出来，比如年老父母去世，子女已经长大，辞去村干部职务之后，他们就可能进城务工去了。在他们还未进城的时候，很难仅靠种自家承包地来获得村庄中等收入的条件，从而难以保持住体面的村庄生活，他们因此不得不寻找各种可能的农村获利机会。

当农村有一定的获利机会，从而可以让“不愿或不能”进城的农村中青年人在不离开农村情况下面获取一定收入的机会，甚至可以获得不低于外出务工收入机会，可以达到村庄中等收入水平，保持住村庄中的体面生活时，这些“不愿或不能”进城的农村中青年人就留守在农村，获取这些农村收入机会。若农村中获利机会越来越少，“不愿或不能”进城的中青年农民就越来越难以从农村获取收入，就越来越难以保持住农村的体面生活，[①] 他们就会被迫进城务工。

当前中国一般农业型地区，农村中仍然有各种获利机会，从而可以为那些“不愿或不能”进城的中青年农民提供获利机会。一般农业型地区大约有 10% 的中农户，有的地方还可能更高一点。也就是说，农村仍然有相应的让中农获利的市场机会。只有保护了这样的市场机会，才可以保留住中农，若这样的市场机会全被资本所占有，农村的中农就会被消灭。

目前，国家似乎正支持资本占领已经不多的农村市场机会，从而消灭中农，但资本无法与农村的老弱病残结合形成稳定的治理结构。中农是农村治理的关键，消灭中农，后果很严重。

四　中坚农民的功能

在农村人、财、物流出的情况下，中坚农民对保持农村基本的生产生活秩序具有极其关键的作用，正是中坚农民的存在，使中国乡村治理具有了可持续性。培育中坚农民而不是与农村几无关系的所谓“新型农业经营主体”，应是当前农村政策的重点。

中坚农民的重要特征是他们的主要收入来源在农村、社会关系在农村、可以获得不低于进城务工经商的收入、又可以保持家庭生活的完整，他们就不仅是村庄中说得起话办得成事的人，而且他们的利益与村庄关系极其密切，他们成为村庄公共品供给最积极参与者，成为维护村庄秩序的最重要的骨干，成为农村社会资本最关键的节点，成为村庄与外界联系最方便的中间人，成为村组干部最重要的后备人选队伍或就是村组干部。

中农第一个重要功能是在农业尤其是粮食生产中起到重要的不可或缺的作用。当前中国农户承包土地中，已有大约 28% 的承包地发生了流转，其中除少部分流转给所谓“新型农业经营主体”以外，大部分都流转到中农手中。中农因为年富力强，他们耕种的土地都是精耕细作的，粮食亩产

---

① 比如务工收入高，会推高农村的人情往来，留守农村中青年人如果没有相应的收入，就无法参与人情循环，他们就会被村庄淘汰，虽然他们留守在村庄。

也通常高于一般农户，更是远远高于规模经营的所谓新型农业经营主体。同时，中农有着比较强的采用农业新技术的动力和能力，也往往会购买农机使用。中农在采用新型农业技术时，对老人农业也有带动作用，并且可以与老人农业形成互补。

同时，中农流入一般农户的耕地，只是短期流入，这样就不会影响进城失败农民的返乡，从而可以与进城农民形成土地功能上的互补。

当前中国大部分耕地是由仍然留村务农的中老年人耕种，这些中老年农民耕种自家的承包地，优点是精耕细作，在土地上投入劳动比较多；缺点是采用农业新技术的能力比较差，使用新型农业装备的能力比较差，与上级各种优惠政策的对接能力比较差，与各种社会化服务打交道的能力也比较差，“中农 + 老人农业”就可能相对克服老人农业的不足，弥补部分传统小农经济的缺陷。

中农的第二个重要功能是维护农村社会基本秩序。中农的主要收入甚至唯一收入在农村，社会关系也在村庄，无论是在生产方面还是在生活方面，中农都有着强烈地维护农村生产生活基本秩序的愿望。他们最关心村庄公共品供给的状况，既有强烈的需求也有一定的能力。他们代表村民向上级表达公共品需求的偏好，监督在村庄实施的财政支农项目，提议村民共同解决灌溉“最后一公里”难题。同时，中农还是村庄社会秩序的维护者，是人情的主要参与者，是婚丧嫁娶等农村重要仪式活动的参与者乃至主持者，等等。

中农还是村干部的主要人选，或当村干部必须要以中农作为前提。村干部一般都是农村中的精英者，能说会道、年富力强、素质比较高。在农民工大规模进城务工经商之前，农民家庭收入主要来自农业，村干部是不脱产的干部，家中也有承包地，也有农业收入，同时再加上当村干部有误工补贴，村干部家庭收入就不低于一般农民家庭，这样，当村干部就可以比较体面，具有一定的权威。但农民工开始大规模进城务工经商之后，一般农民家庭形成的“以代际分工为基础的半工半耕”家计模式，因为有了城市务工收入，一般农户家庭收入水平就比较高了。村干部负责村庄治理的职责，无法进城务工经商，而且村干部的误工补贴远低于进城务工经商的收入，这样一来，仅仅依靠务农收入和误工补贴，村干部家庭收入就远低于一般农民的收入，村干部因此成为村里穷人，也就成为说不起话办不起事的人。因此，在不能离开村庄进城务工经商的前提下，村干部就必须在自己承包地以外获取其他收入，以达到村庄一般农户平均的收入水平。

换句话说，只有村庄中的中农才是村干部的适合人选。反过来就是，村干部必须从农村获取各种收入以变成中农。若村庄生产中农的空间消失，村干部的人选也就没有了基础。

综上所述，中农是当前中国一般农业型地区乡村治理最基本也最重要的阶层基础。正是“中农 + 老人农业”使中国一般农业型地区仍然可以保持秩序，使国家资源可以有效地延伸到农村最基层。

五　农业的资本化与中农的消失

因为担心无人种田，当前中央政策比较强调培育新型农业经营主体，主要是适度规模经营主体。地方政府则普遍将适度规模经营理解为发展现代农业和规模经营，尤其热衷于推动资本下乡。当前正在全国进行的农地确权和正在建立的农村土地产权交易中心试图通过正式、规范、相对稳定的土地经营权的流转形成稳定的农业规模经营主体。通过农村产权交易流转土地经营权，其前提必然是形成规模，一定会将很多愿意种田的农民挤出农业。在不可能靠行政强制来推动农村土地经营权流转的前提下面，愿意种田的农户要将承包地经营权流转出来，前提必然是高租金。而且，即使目前进城务工经商不种田的农户，他们将承包地经营权正规、稳定地流转出来，就意味着他们进城失败也不可以随时收回承包地自种，他们当然也就必须要求更高的土地租金。也就是说，国家推动农村土地规模经营，扶持新型农业经营主体，这些新型农业经营主体只能用远高于农民自发流转土地的租金来获得农户承包地的经营权，高租金租入农户承包地种粮很难赚钱，非粮化就有可能成规模经营主体的选择，进而影响到国家粮食安全。怎么办？一些地方政府因此给规模经营主体以高额补贴，比如上海和苏州每年都给规模经营主体每亩高达 400 ~ 800 元的租金补贴。

在政府的补贴下，新型农业经营主体以规范、稳定且高租金的契约，将农民承包地的经营权流入，形成了规模经营，而之前依靠从进城农户那里低租金获得土地以形成适度规模经营的中农，既付不起这个租金，也很难再租入土地，他们也就无法再在农村待下去。中农开始消失。

农业资本化不仅表现在农业规模经营上，而且国家通过诸如农机补贴等给资本以巨大的进行农业产业一体化的能力，从而将当前一般农业型地区仍然存在的各种获利机会一网打尽，之前农村存在的各种滋养中农的市场机会也就不再有了。中农终于被消灭了。

一旦中农消失，农村社会中所存在的就只有两种结构性力量，一是无法进城的老弱病残，二是外来的政策扶持起来的规模经营主体。外来规模经营主体流转土地的目的是来赚钱，他们收入在农村，或农村是他们获取收入的一个部分，但他们的社会关系不在村庄，甚至与村庄毫无关系。他们要了农民的地，然后就与农民没有了关系。这样一来，农村社会就形成了“资本+老弱病残”的结构，这种结构缺乏基本的联系，更不用说存在相互支持、相互补充的有机联系，其结果必定会使农村基层治理无法维持，农村基本秩序面临解体。

在中国正艰难走出中等收入陷阱的现阶段，农村作为中国现代化的稳定器与蓄水池，具有无比重要的战略意义。没有农村的稳定就没有国家的稳定，没有农村的秩序就没有国家的秩序，没有良好的基层治理就不可能有良好的国家治理。如上所述，当前农村治理与秩序的一个重要前提是中坚农民群体所起到的关键性作用。当前“三农”政策存在的严重问题在于，缺乏战略远见的农业政策正在破坏农村秩序与治理的基础。以解决“无人种田”这个假命题为开端的推动农村土地流转、扶持新型农业经营主体的政策正在动摇乡村治理的根本。

“中农”阶层：当前农村社会的中间阶层*

杨　华

摘要　从土地耕种规模及收入状况的角度，可以将当前农民划分为精英阶层、中上阶层、中农阶层、中下阶层、贫弱阶层五大阶层。其中作为经营小规模家庭农场、获取中等水平收入的中农阶层，因其独特的社会禀赋和在农村阶层结构中的特殊位置，在乡村治理和农村政治社会事务中扮演着中间阶层、释放中农价值的角色。鉴于“中农”阶层在农村社会和乡村治理中扮演的重要角色，政府应当通过相关措施培育和扶持“中农”阶层的发展壮大。

关键词　中农阶层　农村社会　阶层分化　中间阶层　中农价值

一　问题意识

调查发现，随着农地流转加速，在农村内部形成了新的阶层分化和重构现象，有一部分农户因为转入土地而经营着中等规模土地。这部分农户因其经营的土地属于中等规模，在村庄中的经济收入水平也属中等，故称“中农”阶层。由于他们独特的社会禀赋，以及在阶层结构中的特殊位置而在村庄政治社会生活中扮演着极其重要的角色。

在社会分层研究中，城市新兴中产阶层或曰中间阶层被赋予和寄托了独特的社会价值和功能。在社会分化加剧、贫富差距日益拉大的社会分层结构中，中产阶层在经济、政治、文化等方面均居于中间状态，其一旦获得合法性地位及其社会认同，便有可能发挥该阶层的“中间价值”，预留社会政策调整空间，以缓解上下两层的矛盾冲突。① 当前，我国多数农村地区

---

* 本文原载于《开放时代》2012 年第 3 期。

① 张宛丽：《对现阶段中国中间阶层的初步研究》，《江苏社会科学》2002 年第 4 期。

的农民已不再是铁板一块，他们被分割为职业取向、利益来源、经济收入、关系重心、价值观念和政治态度差异等极大的不同阶层，[①] 但是农村社会并没有因此而陷入各阶层间的矛盾和摩擦的泥淖，依然保持着相对的安定平稳。之所以如此，是因为在农村也有类似于城市新兴中产阶层的存在，在农村社会扮演着中间阶层的角色，润滑和整合分化的各阶层。

从笔者及所在团队在安徽芜湖农村的调研来看，根据土地耕种、社会资源占有情况，可以将当前农民大致划分为精英阶层、中上阶层、中农阶层、中下阶层和贫弱阶层五大理想阶层。[②] 其中，“中农阶层”作为农村社会的中等农户阶层，因其独特的社会禀赋和在阶层结构中的特殊位置，在乡村治理和农村政治社会发展中充分发挥了其特有的中间价值作用，成为农村阶层结构中的主导阶层。本文将着重论述中农阶层的形成过程、社会禀赋、结构性位置和中农价值。

二　土地流转与农村阶层重构

从1984年中央“一号文件”提出鼓励土地使用权向种田能手集中，对转出土地使用权的农户予以适当经济补偿的主张起，国家政策在强调稳定农村土地承包关系的前提下，始终允许和鼓励农户按照依法、自愿、有偿的原则，实现土地使用权、经营权的流转，以既保护农民的权益，又保障土地的合理有效利用。由于各地农村经济、社会、文化条件的不同，在具体实践中，土地流转在时间、规模、原因和方式上有很大的差异。例如在江汉平原农村，20世纪90年代的土地流转主要是税费负担过重，农民将土地抛荒，抛荒的土地在村集体的组织下进行了流转。[③]

（一）土地流转的原因

在笔者调查的安徽芜湖农村，导致村内土地自发流转主要有以下两个原因。

---

① 陆学艺：《当代中国农村与当代中国农民》，知识出版社，1991，第45页。

② 杨华：《当前我国农村社会各阶层分析——探寻党和国家政权在农村社会的阶层基础》，待刊稿，2010。

③ 陈柏峰：《土地流转对农民阶层分化的影响——基于湖北省京山县调研的分析》，《中国农村观察》2009年第4期。

1. 人口流动

芜湖农村地处长江中下游平原，紧靠上海、江苏、浙江等沿海发达省市，由打工带来的人口流动在该地区较早出现。笔者调查的新林村，在 20 世纪 80 年代就有一批人前往上述地区谋生，但这批人较少，可能与当时人们观念还不开放有关。90 年代尤其中期以后，新林村农民开始大规模外出务工、经商，有接近 40% 的家庭有外出务工人员，10% 的家庭全家外出务工或经商。这在乡村治理上导致的一个结果是，农村义务工（如修渠、平整土地）组织成本越来越高。人口流动的另外一个结果是土地开始出现流转，全家外出务工的家庭将所有土地无偿流转给村社其他人耕种；田地较多而有外出务工人员的家庭，因为耕种不过来，而流转一部分土地给他人。

2. 职业分殊

农民依靠不同于农业生产的方式维持家庭的生活，这些不同生产的方式就是农民的职业分殊。外出务工本身就是农民职业分殊的主要表现，新林村在 20 世纪 90 年代至少有超过 10% 的农民不再依靠农业维持家庭生活。同时，也出现了其他“离土不离乡”的职业，这与芜湖的地理条件有关系，它能够承接长江三角洲一带的产业转移，不少农民不离开农村就可以就地就业。另外像建筑业、个体工商业、手工业、养殖业、种植业等也在当地兴起，吸纳了大量本地劳动力。这样，职业的分殊又释放了原本被束缚在农业上的劳动力，使他们可以放弃土地而从事其他的行业获得出入，其所持有的这部分土地就被流转出去了。从调查的情况来看，由于职业分殊带来的土地流转主要是部分流转，而非全部流转，因为承包耕地者的农民一般是以兼业的方式在本地就业，不会完全抛弃土地。

这一时期土地流转的主要方式是农户之间的小规模流转，流转一般在一个生产队范围内，或在相邻田地的农户之间，范围不会超出行政村。流转关系主要基于姻亲、血缘、人情、面子、朋友等，没有具体的纸质协议。当地土地流转还有一个基本共识是，土地无偿流转也没有流转期限，土地的转出方在庄稼收获后可要回土地。这种流转方式的形成一方面与当地土地价值较低有关；另一方面基于农民对未来职业的预期，一旦在其他方面赚不到钱而无法生活，就可以回到土地上“刨食”。

综上所述，20 世纪 90 年代中后期以后，由于人口流动和职业分殊两个方面的原因，农民不仅在利益上开始分化，重要的是农民对土地价值的意识也开始分化。在对待土地上，人们开始有机会成本和比较效益的意识，当在土地上的比较效益低、机会成本高时，这部分农民就会放弃或部分放弃对土地的经营，转而更多地寻求效益更高的职业。村内自发的土地流转也就成了必然的现象。人口流动和职业分殊在2000年以后以更快的速度发展，由此带来的土地流转力度加大，对农村社会的影响也更大。

（二）土地流转类型

农村自发的土地流转是在农户分化之后出现的，即首先有农户的分化，分化为外出经商户、半工半农户、小农兼业户、举家务工户、纯粹务农户等，由此出现了土地流转的社会现象。但从调查的情况来看，农户的分化并不等于农村就形成了稳定的阶层分化，也就是说农户分化之后并没有带来农村阶层的固化，分化的农户变动性依然极强。例如在20世纪90年代，半工半农户很可能转身一变就成了小农兼业户，而纯粹务农户也可能随着孩长大外出务工而成为半工半农户，举家务工户也可能因为生命周期的缘故而返乡务农，等等。

但是，经过十几年的土地流转实践之后，村社土地不断循环、交错流转，逐渐集中到一部分农户手中，于是在土地耕种上就形成了等级差别。有的农户耕种数十亩土地，有的农户只有三五亩土地，而另一些农户则不再耕种土地。由于土地耕种的差别，尤其是取消农业税之后，农业耕作有了可观的收入，不同农户在农地上的收益差距越来越大，农村阶层分化开始凸显。村社自发土地流转的最终效果是之前农户的分化被固化了，农村阶层被重构。1995～2008年，就占有耕种而言，安徽芜湖农村的农户可以分为以下几类情况。

第一类，家庭人口规模较小，原本有1～3亩土地，完全束缚在耕地上只能维持一家人基本生活，无法改善生活质量、供养子女读书以及解决老人养老问题。在这种情况下，一般是夫妻俩都外出务工，将小孩扔给老人管，或者小孩长大后一起带去打工。举家外出务工，生活各方面的开销较大，诸如租房屋、水电费、生活费以及其他消费（衣物、请客、逛街购物等），一年到头能够存得下来的收入也就是0.5万～1万元。

这一类农户还有另外两种情况，一是少部分人是举家在外做生意，年收入不等，一般在3万元以上，也有年收入上10万元的，但人数很少。二是因为老弱病残幼、无技能、无劳动能力等缘故，虽然种植田亩数少，但是无法外出务工或者搞兼业，因此家庭收入低，只能维持在最低生活水平线上，年收入在5000元以下。这种情况农户的土地一般都流转出去。

第二类，耕种 4 ~ 5 亩土地，夫妻两个人只能出去一个人，另一个在家。一般是妇女在家种地、看孩子和照顾老人，男人外出务工。但是男人并不是全年在外，农忙季节还得回来帮忙，一般在早稻栽秧后一个月、双抢后一个月以及冬季农闲的 4 个月能够外出务工，一年大约有 6 个月的务工时间。但是，如果扣除过年一个月，以及受天气影响半个月没有事做的话，那么一年只有四个半月的时间在务工。妇女在家务农一般除了生活之外，最多能剩 3000 ~ 4000 元，男子务工一般在 5000 ~ 8000 元。这样的农户家庭一年收入不会超过 1.2 万元。

这部分农民既不愿意丢地，也种不了更多的地，一般维持原状。但随着年龄的增长，在外务工越来越困难之后，就希望多种地、少外出。

第三类，自己原有 6 ~ 8 亩地，再转入他人 3 ~ 4 亩地，一般耕种 8 ~ 12 亩地。这部分农户与第二种农户类似，也是妇女在家照顾家庭、土地，男子外出务工。区别是，因为种的田多了，妇女在地里忙不过来。田地多了，施肥、打药、灌水等农活也就多了，因而男子除了冬季农闲可以外出务工外，其余时间都留在家里侍弄庄稼。去除过年 1 个月，以及户外务工受天气影响半个月，男子一年外出务工的时间满打满算也只有两个半月，收入在 4500 元左右。耕种 8 ~ 12 亩的地，能够收入 8000 元左右，因而这部分农户整年的纯收入在 1.2 万 ~ 1.5 万元，一般不会超过 1.5 万元。

这部分农户希望转入更多的土地，从而不再外出务工也有足够的收入。

第四类，自己原有 6 ~ 8 亩土地，转入土地后，其耕种的土地在 15 ~ 40 亩。夫妻两个都在家务农，两个劳动力加一台拖拉机，就能将这些田地精耕细作地种好，除了收割要请大型机械外，一般不用另请劳动力帮忙。男子零星时间在近处务工，收入在 2000 ~ 3000 元。这部分农户的收入在 1.5 万 ~ 3 万元，这个收入在农村算中等。有了这个收入，家庭生活就比较殷实、从容，孩子的学费、建房娶儿媳妇、老人的赡养都不成问题，因此即便冬季农闲时间，男子也不再需要外出务工，而是留在家里享受悠闲的生活。

这部分农户可以不再转入更多的土地，而是随着年龄的增长（60 岁以后就种不了太多的土地了），便开始转出土地，直到没有劳动能力时将土地完全转出。

第五类，自己有 1 ~ 6 亩的土地，但一般耕种较少，只图口粮，其余土地转出，或者全部转出。这类人包括村庄里的政治精英、经济精英和知识精英。

（三）农村阶层

以上对农村农启的土地耕种及家庭收入情况做了简单的介绍，农村的社会阶层显得较为清晰，可以明确地分出五大阶层（见表1），即精英阶层、中上阶层、中农阶层、中下阶层和贫弱阶层。

表1 农村阶层状况

比较项	精英阶层	中上阶层	中农阶层	中下阶层	贫弱阶层	备注
所属类别	第五类农户，政治、经济、知识精英	第一类农户中举家外出经商	第四类农户	第一类农户中夫妻双方外出务工，第二、第三类农户	第一类农户中无法外出务工农户	在土地流转中，中农阶层逐渐形成
耕地占有及流转	1～6亩，转出	1～3亩，全部转出	15～40亩不等，转入土地	1～3亩，转出；4～12亩，自耕	1～3亩，自耕	土地不断向中农转入
占农户比重（%）	3～5	10	15～20	45～55	10～12	中农占的比重适中
年均收入（元）	≥2万；≥10万	≥3万	1.5万～3万	0.5万～1.5万	≤5000	中农的收入水平呈中等状态
土地流转意愿	希望转出	希望转出	希望转入	希望转出；不流转；转入	希望转入更多土地	中农有意愿转入土地
家庭结构	全家在村	全家不在村	第四类中男子完全在村	第一类中夫妻外出；第二、第三类中男子外出2～4个月	在村	中农构成在村的主体部分

1. 精英阶层

精英阶层主要由第五类人组成，包括政治精英、经济精英和知识精英，占农户的3%～5%。经济精英是农村中的富裕农户，他们在20世纪80～90年代通过经商、开矿、投资办实业及其他门道而拥有数十万元到数百万元不等的年收入，其土地全部转出。这部分人虽然较少，但是作为一个拥有庞大资产的阶层却富含极大的政治意义，因为近三十年来"党建"政策和话语都鼓励由富人出来担任村干部，以带头致富并带领群众致富，简称"双带"。这种村治现象被热捧为"富人治村"。政治精英主要包括现任村组干部、老村组干部，不耕种土地，年收入在2万元以上。知识精英，在农村主要包括农技员、教育工作者、医务人员、传统文化人（如主持仪式的老礼生)，耕种较少的土地，年收入在 2 万元以上。

2. 中上阶层

中上阶层主要是指举家外出经商阶层，他们一般从 20 世纪 90 年代开始到附近城市或沿海城市经商，经过若干年的经营，有一定的家底，年纯收入在 3 万 ~10 万元，能够在城市安家立足和完成家庭劳动力再生产。这部分农户占农村总户数的 10% 左右。中上阶层的主要特点是不耕种土地，将土地完全转出去，其利益关系和社会关系完全在村外，因此他们希望农村土地私有化、能够自由买卖，这样他们就能获得土地的完全自主控制权。

3. 中农阶层

中农阶层包括第四类农户，耕种自家和转入的土地，耕种面积在 15 ~ 40 亩不等，年收入在 1.5 万 ~3 万元之间，在家时间长，占农户比重的 15% ~20% 。这类农户耕种中等规模土地、获取中等水平的收入，不需要外出挣钱，生活较为悠闲自在。

4. 中下阶层

中下阶层包括第一类农户中夫妻双方外出务工，以及第二、第三类农户，即通常讲的举家外出务工农户、两类兼业农户和半工半农户，他们或耕种较少土地（4 ~12 亩)，或不耕种土地，年收入在 0.5 万 ~1.5 万元，在农村属于中下水平。中下阶层占农户的 45% ~55% 。

5. 贫弱阶层

贫弱阶层是农村社会的最底层，耕种 1 ~5 亩土地，因老弱病残、鳏寡孤独、既缺少技能又缺少劳动力，或好吃懒做、家庭学生多等缘故，无法外出务工、经商或兼业，因而他们占有极少的经济资源（年收入在 5000 元以下)，生存空间受到极大限制，缺少象征性资源，无法增加自己的社会资源。这样的农户占农村户数的 10% ~12% 。

三　乡村治理中的“中农”现象

在安徽芜湖农村调查发现，农村虽然分化为五大阶层，但它们在农村社会中扮演的角色和发挥的功能却不一样。中农阶层在农村生产、生活和交往中的地位举足轻重，甚至在乡村治理中出现了所谓的“中农”现象。中农现象是指中农阶层主动介入或被纳入乡村治理中来，由于他们的身影、行为、活动及观念影响着乡村治理的整体面貌，进而形成不同的农村政治社会现象。

（一）中农充任大部分村组公职，否则农村社会和乡村治理就会出现困境

从调查的实际情况来看，在大部分农村地区，除村两委主要职务是由富裕农户担任外，其他农村公职如村委会副主任、关工委主任、妇联主任、治保主任、监督委员会成员、党小组负责人、党员等，尤其是村民小组长，一般都由中农阶层的农户充任。2000年以后，我国农村人口流动加剧，税费改革及取消农业税并没有阻碍或减缓这个过程，反而有更多的农民因为摆脱了农业税的羁绊而加入流动潮流，留在农村的青壮年越来越少、老弱病残妇幼越来越多，这个时候只有中农阶层还全年留在农村，从这点而言，他们就是村组干部的最佳候选人。除了中农阶层，其他阶层都不适合或不愿意担任公职、承担公共事务，如举家外出经商农户全家几乎全年在外赚钱，无时间、也无心担任公职；举家外出务工户、半工半农户、兼业户、贫弱阶层在农村的时间不充裕，更何况他们还要为生计奔波，根本没有心思、没有精力去做村干部要做的琐事，等等。

在农村人口大量外流、职业越来越脱离农业的情况下，如果没有全职务农的中农阶层留在农村，那么农村的大部分公职将无人充任。笔者及所在团队于2010年“国庆”期间在安徽芜湖农村调查发现，2008年芜湖农村对土地进行整治之后，大部分土地强行以“每亩每年400斤稻”流转给少数几个种粮大户，使原来在土地上谋食的农户不得不外出务工。其严重后果就是原来的中农阶层因丧失土地而消解，他们在外出务工之后，村民小组长等职务立马出现了空挡。没有了小组长，农村社会的摩擦就没有人去劝解，矛盾无法化解在萌芽状态，农村基层组织也无法将国家政策、上级精神贯彻到农村，甚至连开个会都没有人去通知、农业补贴的折子也发不下去，更何况农村社会的公共设施的维修等也没人管。

调查期间，当地农村正好在搞“撤村并居”的整村推进工程，凡是由没有流转土地的中农担任小组长的村民组工作都进行得很顺利，而没有村民小组长或小组长外出务工或兼业小组，由于小组长忙于的是自己的生计，对村组工作三心二意、敷衍塞责因而无法按时完成任务。足见农村公职由中农阶层充任的重要性。

（二）中农阶层扮演着农村基层组织与农民的中间人角色

调查发现的另一个现象是，中农阶层常常扮演农村基层组织与普通农民之间的中间人角色，甚至可以说是国家与农民关系的“接点”。

20 世纪 90 年代末因农民负担过重、基层干部腐败等缘故，干群矛盾恶化，农民对基层干部严重不信任，甚至对基层组织不认同；但是基层组织依然是唯一具有合法性的治理的农村组织，这一点在农民那里也不否认。这使基层组织在农村治理中的特点就是具有“合法性”但没有“认同感”，但农民因为不认同而不予配合、不予合作，使基层组织的治理绩效大打折扣。

中农阶层因其禀赋、人格及家族势力等缘故，在农村各阶层，尤其是在中下阶层、贫弱阶层中威望甚高，普通农民对他们有着极强的“认同感”，乃至在诸多事务上听令于他们。尽管农民对他们有认同感，但没有合法组织农民对农村进行治理的权力。所以，中农阶层在农村治理中的特点是，有认同感而无合法性，无法单独使农村治理运转起来。

如果将农村基层组织的“合法性”与中农阶层的“认同感”结合起来，就构成了国家与农民关系的“接点”。依照这个“接点”治理，就既具有国家的“合法性”，又有农民的“认同感”，[①] 基层组织与农民的关系就可以呈现出良性发展态势，乡村治理就会在国家权力和农民配合下有效地展开。

在解决农民纠纷中，如果只有乡村干部在场，则纠纷双方谁都可能不给调解人面子，使调解陷入僵局，若有一两个中农在一旁替村干部说话，纠纷双方就可以看在中农的份上，相互妥协，使矛盾朝着和解的方向发展；又如，疏通农村水利设施，村干部在名义上有组织村民出工出劳的权力与合法性，但是村民不理会村干部，村干部也无能为力；若村干部与同一村民组的中农一同做工作，中农则会利用他在农民中的号召力将农民组织起来；再如，中央和上级政府关于农村的方针政策，村干部亦可利用中农集农民“认同感”于一身的角色贯彻下去。反过来，农民有事找乡村干部，或因为双方之间信任度很低，或普通农民怯于与乡村干部打交道[②]，或乡村干部对普通村民有种权力优越感，使得普通农民与乡村干部打交道的成本太高，[③] 且难以获得满意的收获，而通过中农阶层的介入与乡村干部接触则既降低了成本，又能满意而归，等等。

总之，在农村社会，因为中农阶层的存在，农村基层组织与农民的互

---

① 袁明宝：《接点治理：国家与农民关系视野下的国家政权建设》，华中科技大学硕士学位论文，2010。

② 如见到村干部心里就紧张、不会说话、说错话等等。

③ 包括心理成本、物质成本和时间成本。

动就有了中间人，有了缓冲地带而不直接面对冲突和摩擦；国家与农民关系就有了“接点”，国家通过“接点”的治理才有了可能。

（三）中农阶层作为农村民主政治参与和建设主体而存在

学界似乎有个共识，即除了经济比较发达、土地级差地租比较高、集体经济比较发达、矿藏资源比较丰富的行政村外，一般农民对农村政治都比较冷漠，表现为不关心农村政治、不积极参与村“两委”选举、不参加村民代表会议等。但是如果用社会分层的视角去看的话，就会发现农村中既有政治冷漠阶层，也有对农村政治、国家的农村政策比较关心的阶层，而中农阶层则属于后者。

调查了解到，除了农村一般公职是由中农阶层充任外，农村中的绝大部分党员、村民代表、老干部也属于中农阶层，这些人本身就属于政治体系的一部分，是农村中的政治活跃分子，他们有着较高的政治热情和政治抱负，希望对农村政治事务的参与既能改变农村面貌，又能实现政治抱负和政治使命。他们积极参与村庄政治的渠道有以下几条：一是积极参加或要求召集党内活动，尤其是党组织选举，通过党内民主来实现农村政治民主；二是积极参加或要求召开村委会选举、村民代表会议和村民会议，并在其中扮演积极分子角色；三是利用其特殊的政治身份，向村“两委”建言，以改变农村政治生态和治理状态；四是通过他们与普通民众的关系，在街头巷尾、茶余饭后宣扬自己的政治主张和政治态度，表达对农村政治的看法，并在一定程度上形成村庄舆论；五是村“两委”通过各种方式、活动与他们沟通、交流乃至拉拢、套近乎；等等。

不在政治体系内的中农，虽然不像在政治体制内的中农那样有着广泛参与政治的渠道，但他们也在积极创造各种方式参与农村政治。例如，他们作为农民利益代言人经常找村干部反映问题，带领农民集体向农村基层组织施压要求解决问题。调查发现，因反映乡村水利、道路、地方势力欺压百姓等问题而导致的农民集体上访事件，组织者或召集人一般是具有一定威望的中农；中农通过组织村民参加村委会选举、村民代表选举、村民小组长选举来表达自己的政治态度和治理主张，许多不称职的小组长、村委会主任、村民代表都是因为中农带头“造反”而下台的；中农密切关注国家在农村的政策，包括惠农政策、土地制度，并利用国家政策维护农民权益；因为中农阶层与普通村民的良好关系，常常扮演着基层组织与农民互动的中间人角色，通过这个角色他们不仅能够参与村庄政治与治理，而且在一定程度上影响村庄政治与治理。

如此一来，中农阶层就成了农村民主政治的参与和建设的主体，正是因为中农的存在构成了对农村政治精英的监督与牵制，表达了下层农民的政治与治理主张，促成了政治精英与下层农民一定程度上的结合与互动，农村的政治民主方得以实现，否则在大多数农民对政治冷漠的情况下，农村政治就真的成了政治精英的“独角戏”和“逐利场”。

（四）中农阶层在农村建设中的身影十分活跃

调查发现，在农村主张搞基础设施、公益事业建设并因而积极投入人、财、物的，要数中农阶层。因为中农阶层完全以耕种土地为生，主要的活动范围在农村，其主要的利益来源、社会关系完全被限制在土地上、农村里，因而他们最愿意承担建设农村社会的责任。并且，中农阶层在农村生活的时间最长，也最了解农村最缺什么、最需要什么、怎么建设。中农阶层不仅在经营着土地，而且在经营着农村社区。

而其他利益来源不在或不完全在土地上，社会关系不在或不完全在农村里的农户，则不仅对农村需要什么不敏感、不甚了解，而且因为不关乎自身利益，而对农村建设不上心、不积极、不主动，遇到要出钱出力的事情就拖沓推诿，或者想搭便车，或者有意阻挠。中农阶层最不可能成为农村建设的“钉子户”①，而诸如富裕农户、举家外出经商农户则最有可能成为这样的“钉子户”，乃至破坏者；而半工半农户、兼业农户也对农村建设半心半意。

以上说明，在当前农村社会各阶层利益来源和社会关系高度分化的情况下，农村社会的建设主体也发生了剧烈更迭，中农阶层越来越承担着农村建设的重任，其他阶层则逐步脱卸了这个责任。如果将中农阶层人为地消解，使所有农民都变成打工者，都成为在利益来源、社会关系与土地、与农村不相关者，那么，最终将无人关心农村，农村基础设施、公益事业建设都搞不成，农村果真就会衰败下去，成为外出务工人员“回不去”的地方。②

四 中农阶层的社会禀赋

既然是中农阶层而不是其他任何阶层在税费改革之后的乡村治理中兴

① 吕德文：《治理钉子户——农村基层治理中的权力与技术》，华中科技大学博士学位论文，2009。

② 贺雪峰：《地权的逻辑：中国农村土地制度向何处去》，中国政法大学出版社，2010。

起一股“中农现象”，则必定有其区别于其他阶层的独特社会禀赋。在经济学中有生产要素禀赋的概念，指的是经济发展或生产过程中获得某种资源的比较优势。笔者受此启发，将社会禀赋定义为一个阶层在既定的政治社会环境中所秉持的较其他阶层具有比较优势的某些属性和特性。从新林村的调研来看，中农阶层有五大基本社会禀赋。

（一）主要利益关系在土地上、主要社会关系在农村里

这是决定性因素，它决定了其他所有的社会禀赋。相对于上层农民、举家外出经商、务工农户，中农阶层的主要利益关系在土地，兼业农户只有部分利益关系在土地上。主要利益关系在土地上，就意味着它要生活于农村，其最主要的社会关系在农村；既关心农田水利基本建设等具体问题，又关注国家在农村的各项政策与土地制度安排；要与村干部搞好关系，以获得更多优惠政策和国家政策信息；关心土地本身和保护耕地等问题，在农业耕种上讲求精耕细作以获得最大收成；等等。

中农阶层的主要利益关系在土地上，必然要在农村耕种和生活，这就要求有一个人际和谐、社会安定、充满人情面子的村社。在这里不仅能够度过生活的时间，而且能够获得人生的意义与价值体验，否则它无法在这里安身立命。所以，中农阶层不仅要经营土地，而且要经营村社。经营村社除了建设农村的外部环境之外，还要营造人文氛围，即搭建农户之间、各阶层之间的良性关系。中农阶层要同各阶层搞好关系，不仅要主动介入村社事务，与各阶层农户建立良好关系，而且要协调阶层、农户间的关系，扶助下层农户。而主要社会关系不在村社的阶层，对村社内部农户间、阶层间的关系漠不关心，对任何影响村社关系的事情都容易采取“事不关己高高挂起”的态度。

譬如，在当前大量人口外流的农村，中农阶层“留守”农村，它与农村交往最密切的群体是中下阶层和贫弱阶层，这两个阶层占农村户数的绝大部分（60%左右），只有交好于他们才能使整个村社关系融洽。因此，中农阶层不仅乐于照顾属于中下阶层中举家外出务工农户、兼业农户留守在农村的“老弱病残妇幼”，使外出人员有个稳定的“大后方”；而且对于处于农村最底层的贫弱阶层也眷顾有加，经常给予他们救济和帮扶，成为贫弱阶层连接农村阶层政权、争取国家政策的中间人。这样，中农阶层的身边就能够聚拢中下阶层和贫弱阶层，调动他们参与建设村社的热情。

（二）经济收入属中等水平，生活较为悠闲，闲暇时间充分

中农阶层耕种 15～40 亩不等的土地，年纯收入在 1.5 万～3 万元，尽管在农村属于中等水平，但家庭基本开支、孩子结婚建房、老人养老等开支基本能支付得起，因此家庭生活较为轻松富裕，不会为经济所困所累。中农阶层这个禀赋，会带来一些良好效果：无须再外出务工，不为生计奔波，因而有更多的闲暇时间；无须为钱财发愁，精神和精力都比较充沛，因而行事比较从容自信、有魄力，不瞻前顾后，适合做村组干部和农民代言人；经济宽松，有外借、资助中下阶层和贫弱阶层的能力；等等。

就在村的阶层而言，中下阶层和贫弱阶层都是为了生计而奔波，农闲时间还要外出务工、兼业，很少有剩余时间。而中农阶层除了务农外，不需要外出务工，闲暇时间较多，即所谓“甩甩鞭，不荒田”①。这样，中农阶层就可以利用闲暇时间和精力参与村社交往、走门串户，扶助老弱病残妇幼，以活跃大量人口外流后的农村社区；便于参与农村公共事务以及村庄政治活动，促进农村民主政治化发展；务农时间较为灵活，适合担任处理农村棘手的问题或突发性事件，随时去调解农户矛盾，要有足够的耐心和时间对群众做劝服解释工作的村民小组长。

（三）在村时间最长，熟悉农村事务和地方性规范

相对于其他阶层，中农阶层因为长期在农村务农，对农村社会各方面最为谙熟。这个禀赋使他们成为村民小组长、村民代表等职务的最佳人选，或者介绍他们入党，使其成为农村基层组织与农村社会打交道的中介人、代理人；即便不担任任何职务，乡村干部要进入村民小组办事，也要首先通过他们了解情况；外出务工经商农户返回农村，也要到他们那里去打听农村情况，等等。同时，中农阶层对农村地方性规范也最为了解，而且他们也是这些规范的坚定的遵守者，这与他们的主要利益关系在土地上、社会关系在农村里密切相关。如此，中农阶层往往是“守旧”“保守”的阶层，是农村传统文化、习俗和道德的主要保持者和践行者。中农阶层恪守农村地方性规范，敢于制止不良现象、纠正行为偏差，敢于介入矛盾纠纷并指出乡村干部的不正之风。正是他们的道德模范效应，而成为下层农户的追随对象。

---

① “甩甩鞭，不荒田”的意思是，今天用牛犁一点，明天犁一点，田就不会荒着。

（四）拥有高质量的社区关系与超社区关系

拥有质量较高的社区关系和超社区关系，是一个阶层在阶层结构中身份与地位的象征，中农阶层在这些方面较其他阶层具有优势。一方面它拥有较强的社区关系。农村土地自发流转不是按照市场原则进行，而是深嵌在血缘、亲情和面子之中，租金为零或较少，一般优先转给兄弟、家族成员等亲朋好友等。这样，谁的这种关系多，谁转入的土地就多，而这些关系在农村社会往往会转化为“势力”，即人多势众。因而中农阶层一般都是由关系资源比较丰富的人群构成。有这些关系资源，中农阶层就可以依仗其力量影响农村政治生态、改变政治格局，并成为各政治力量拉拢的对象；亦可以仰赖该力量对抗乡村“混混”对下层农户的欺辱，保护村社，等等。

另一方面中农阶层拥有较强的超社区关系网络。现代性进入农村后，农村社会也逐渐开放活跃起来，超出村社的关系网络对农户的生产、生活和交往变得尤为重要。中农阶层的超社区关系网络的建立，一是他们有较多在外工作、经商、定居于城市的亲朋好友；二是他们耕种较多的土地，必须与社区之外的农业生产资料供应商、粮食收购商、农村信用社等发生实质性往来，并努力建构实质性关系。而农村中下阶层和贫弱阶层在超社区关系网络方面缺少社会资源，但是并不等于他们不需要这些社会资源，恰恰是缺少才更显弥足珍贵。中农阶层拥有这些关系资源，就成了他们在农村的重要社会资本，可以利用它们为中下阶层和贫弱阶层等农户提供资金、信息和其他关系资源支持，给下层农民带来福利，并因此获得中下阶层和贫弱阶层的追随与认同，并形成对这两个阶层的支配。虽然诸如政治精英、富裕农户的超社区关系网络也比较广泛，但因为他们的傲慢、偏见和自以为是，并没有带来阶层间的融合，反而形成了阶层排斥，加剧了阶层间的隔阂。

（五）当前农村政策和土地制度安排的既得利益者

中农阶层是在土地流转过程中生成并稳定成型的，他们是当前土地制度安排、国家惠农政策的最大受益者。农村第二轮承包后，农村土地制度逐渐变成了以集体所有制为基础，对农民土地承包权实行物权保护的农地承包权制度。《土地管理法》和《农村土地承包法》都规定“赋予农民长期而有保障的农地使用权”，“增人不增地、减人不减地”；并且，中央政策鼓励农民土地使用权和经营权在自愿、有偿的原则下规范流转。这样一种土地制度的安排能够保护占农村多数的中农阶层的利益。而税费改革后的一系列针对种田农户的惠农政策，如农技补贴、良种补贴、农机补贴、家电下乡等，也使耕种中等规模土地的中农阶层大受其惠。作为制度和政策的受益者，中农阶层最主张保持现有土地制度不变，甚至要求更稳健的土地制度和更惠利的农村政策，诸如农业各项补贴应该向种田户倾斜，积极支持国家的新农村建设战略和治安维稳措施，主张修建更多公共设施（如水利、道路、机耕道、沼气池、饮用水、平整土地），等等。总之，凡是对农村稳定和发展有利的政策、措施，中农阶层都极力支持和拥护。

五　中农阶层的结构性位置：关系性的探讨

乡村治理中“中农现象”的出现，除了跟中农阶层特有的社会禀赋有关系外，还与它在农村阶层结构中的位置相关。中农阶层的结构性位置是指中农阶层与其他各阶层的相互关系及其在阶层结构中的主次差别。从这个角度探究中农阶层的基本属性，既可以在一个更为立体、多元、动态的层面揭示中农阶层的整体面貌，又可以鲜活地透视中农阶层如何在与其他阶层互动过程中形成了上述“中农现象”。下文笔者从理想状态上，逐一论述中农阶层与农村贫弱阶层、中下阶层、中上阶层、地方势力、富裕农户和精英阶层的关系。

（一）与贫弱阶层的关系

贫弱阶层因其贫弱和生活方式的巨大差异而受到农村精英阶层和中上阶层的歧视，他们极少与贫弱阶层直接发生关系，[①] 而中下阶层虽然与贫弱阶层在阶层地位、经济资源和象征性资源上较为接近，但其常年或大部分时间在外务工、经商或兼业，两者的接触和交往较少。

唯独与贫弱阶层有密切接触的是中农阶层。贫弱阶层在人际关系、资金、信息、农业技术、超社区关系等方面要仰赖中农阶层，即通过中农阶层获得这些生活、生产和交往所必备的资源。例如，作为人基本需求之一

① 在安徽芜湖调查时，发现中上阶层及以上阶层的农民甚至不知道他们村社里还有贫弱的阶层，更不清楚村社有因为无人照顾、赡养而自杀的贫弱阶层的老人，等等。上层农民对调查者反映的贫弱阶层状况的反应，就像吃不起饭就喝肉粥的故事一样，让调查者惊叹农村上层农民与贫弱阶层的分裂之严重。

的“交往需求”,[①] 贫弱阶层只能从中农那里获得，因为只有中农阶层愿意跟他们交往。贫弱阶层通过中农阶层的中介沟通与政治精英的关系，获得政策性的扶持和照顾，如低保评定，各项补助、救助发放，都可以向他们倾斜；通过中农的中介保持与富裕农户、中上阶层的联系以获取资金支持，以解人情、生产、子女就学结婚等燃眉之急；通过中农阶层的中介获得超社区的关系资源，如通过中农阶层的引介和担保，向银行、信用社借贷，向农资、农机和农技公司赊账，乃至就医、子女就学、就业、打官司等，只能依赖中农阶层的关系网络和社会见识，否则贫弱阶层就一筹莫展。中农阶层对贫弱阶层富于极大的同情心，也直接给予贫弱阶层以建议、施与、帮扶和救助。

正因为如此，贫弱阶层对中农阶层感恩戴德、感激甚巨，对中农阶层言听计从，乃至唯命是从，极少予以反驳，更不会唱反调。在农村政治社会活动中，贫弱阶层是中农阶层的“追随者”，中农阶层能够指挥和调动贫弱阶层。

（二）与中下阶层的关系

中下阶层的经济资源和象征性资源较贫弱阶层稍好，生存得到保障，但经济并不富裕，要为家庭生计、开支奔波，超社区的关系网络的质量并不高，与村社内部上层农民交往甚少。与贫弱阶层一样，中下阶层在村社内部的主要结交对象也是中农阶层，他们亦需要从中农阶层那里获得相应的人际关系、资金、信息、农业技术、超社区关系等资源支持。

不同的是，贫弱阶层虽然有求于且得到了中农阶层的很多实惠，但并不受制于中农阶层，假若没有中农阶层，贫弱阶层也能过下去；但是，中下阶层还是受制于中农阶层。这源于中下阶层的阶层“软肋”，他们要么举家在外务工，要么夫妻俩有一方在外务工，要么有一段时间在外务工或兼业，总之有人要离家一段时间，那么在这段时间内：一是家里的老人、妇女、小孩、病号，还有家庭的房子、财产、土地、人情乃至牲口要有人照料。二是诸如架电线、修电器、调解纠纷、干重活、拉水泥、建房子、割稻子以及斥责坏习惯、找乡村干部办事等，都需要有人去接应、处理这些事情。这些事情看起来虽然琐碎细小，但对外出人员来说是“天大的事”，

---

① 〔美〕亚伯拉罕·马斯洛：《动机与人格》第三版，马良诚等译，中国人民大学出版社，2009。

把这些事安排妥当了，他们外出的“大后方”就稳当了，就可以安心在外工作，否则后院起火，外出就难以安心，就会遭受重大损失。[①]

显然，中下阶层没有经济实力将这些事务完全交给市场去解决，更何况很多事情市场也解决不了。中下阶层的这些事务，只有一天到晚守护着村社（待在农村）、有闲情逸致、有道德情操、熟稔家户情况（知道哪家需要哪方面的照应）、有时间有能力的人能够胜任。显然，在农村各阶层中，完全符合这些条件的只有中农阶层。

中农阶层揽下了这些活，给中下阶层帮了大忙，这也就成了中下阶层与中农阶层建构关系的一个抹不去的“软肋”。从中下阶层“外出”务工、经商或兼业的那一刻起，它与中农阶层的关系就不是平等的。中下阶层依赖中农阶层的照应，中农阶层出于自己的禀赋而予以照应，它的软肋就被捏在了中农阶层手中，只要不停止“外出”就要受制于中农阶层，就要拜倒在它的门下，听它的话，按它的指示办事，唯它马首是瞻。这样，由于中下阶层对中农阶层的这种“结构性依赖”，中农阶层与中下阶层就形成了支配与被支配的权力关系。

而在中下阶层“外出”之前，这种结构性依赖关系并没有形成，两者之间也不存在支配与被支配的关系，更多的是平等农户之间的交往和互惠关系。一旦建立了结构性依赖关系，中农阶层的道德优势就凸显出来，中下阶层处于道德的劣势，对中农阶层有抱愧之心，因此两者之间的道德势能就在互动中转变成权力势能，构成权力支配关系。在农村中的具体表现有：每次外出人员返乡都要到某些中农家里去拜访、致谢，更进一步套近乎、拉拢关系；中下阶层虽然外出习得了外边新的观念、行为准则、处事风格和生活习惯，但返乡之后不能改变由中农阶层定义的竞争标准、行为规范和道德准则，还得按照村社本身的逻辑来办；在农村政治社会事务中听从中农阶层的安排、调动，如在村委会选举中由中农决定投票去向，又如尽管不热心搞农村基础设施建设，但碍于中农阶层的面子还得出钱出物，等等。

总之，由于中下阶层对中农阶层的结构性依赖，中下阶层在农村政治

① 例如，老弱病残妇幼一旦没有人照料、看护，要么会出问题（老人自杀、妻儿子女得病等），要么外出者返乡耽搁工作，要么外出者将他们也带上，几个方面都因外出务工的大后方不稳而会造成很大损失。

社会事务中最有可能成为中农阶层的“同盟军”。

（三）与中上阶层的关系

中上阶层与农村还发生着微弱的关系，且主要是与中农打交道，一是他们的土地流转给中农阶层，后者向他们支付少量的地租，[①] 或象征性地送点农产品[②]，因而中农阶层与他们有交情；二是中上阶层的老人可能还留在农村，需要中农阶层照料。中农阶层举家外出经商，小孩在城市经商或读书，但可能家里还有老人，不习惯城市生活而需要在农村养老送终，但中上阶层无法自己照料，只能托付给中农阶层。三是中上阶层若父母故去，[③] 每年“清明节”还得返回农村扫墓祭祖，因而需要中农阶层接待；四是中上阶层在农村的亲戚朋友就是中农阶层本身，这是为什么中农阶层有较多土地的重要原因。

因此，中农阶层与中上阶层千丝万缕的关系，使得中上阶层无法完全摆脱农村，便可能成为中农阶层最主要的超社区关系之一。通过中农阶层的中介作用，中上阶层的这种超社区属性便能与村社、中下层农民发生关联，从而成为惠及中下阶层和乡村治理的积极因素。[④]

（四）与精英阶层的关系

1. 与富裕农户的关系

富裕农户一般居住在农村或附近城镇，与农村中下阶层、贫弱阶层几乎没有直接来往，而与中农阶层的关系主要体现在两个方面。一是转入富裕农户的土地，这同中农阶层与中上阶层在土地上的关系类似；二是鉴于中农阶层与中下阶层、贫弱阶层的特殊关系，富裕农户要想在农村政治上有所作为，就得首先笼络中农阶层。富裕农户依然保留着农民身份、不完全脱离农村，一个很重要的原因是他们的抱负不仅在经济上，而且在政治上，他们希望担任村干部、县乡人大代表、政协委员，以此沟通与国家权力机关的关系。富裕农户的这种政治热情不仅有内在的驱动力，而且被

---

① 在中西部地区，地租一般为一两百元，不会太多。

② 中农阶层向中上阶层送点农村特产，如红薯粉、红薯干、萝卜干、干辣椒、水果、蔬菜，等等。

③ 第一代外出农户还会返乡给亲生父母扫墓，到第二代之后则可能完全脱离与农村的关系。

④ 如从农村走出去的成功人士积极给农村建设出钱出力、出谋划策，成为乡村治理中的“第三种力量”，“庄外的庄里人”等。见罗兴佐：《第三种力量》，《浙江学刊》2002 年第 2 期；吕德文：《涧村的圈子》，山东人民出版社 2009 年版。

“富人治村”话语所建构和强化。

为此，富人就要寻找政治上的群众基础，就必须得到农村多数人的支持，但他们恰恰与占多数的中下层农民没有深厚的关系。为了解决这个矛盾，富裕农户只能通过中农阶层打通与中下阶层、贫弱阶层的关系。笼络了中农阶层，就等于有农村大多数的“选票”。出于这些考虑，富裕农户就得与中农阶层结好，至少在需要的时候是如此。

2. 与政治精英的关系

中农阶层与政治精英的关系如下。一是农村政治精英大部分都由中农阶层充任，包括村组干部、党员、村民代表、党小组成员、老干部等；二是村干部选举、落实村“两委会”决议、贯彻上级方针政策、调解农户矛盾、了解农村基本情况等，村“两委会”都需要得到中农阶层的支持，需要中农阶层去沟通下层农民、做他们的工作、获得他们的拥护，一句话，中农阶层是沟通基层组织与农民关系不可或缺的桥梁；三是中农阶层的利益关系主要在土地上，因而需要了解国家的农村政策、补助措施和政策走向，也希望得到基层组织的大力扶持、希望基层组织在农村基础设施上有更多的投入等，因此他们必须主动结交农村基层组织。

这样，因为彼此的需求，政治精英也就成了中农阶层在农村里的强关系，而这一关系又有利于提升中农阶层在下层农民心目中的地位（即与权势阶层“有关系”），反过来强化中农阶层对下层农民的权力支配关系，从而使其作为上层与下层的中间人角色更为凸显。形成正反馈。正因为如此，政治精英往往也有意建构中农阶层与自己的强关系，以彰显中农阶层“与村干部有关系”的状态，从而凸显、强化中农阶层与下层农民的权力支配关系。这样，政治精英只要抓住了中农阶层，就等于抓住了下层农民。

3. 与知识精英的关系

知识精英一般有着较强的正义感、道德优越感和士人情结，因而对农村政治、经济和社会事务较为关心，有极大的参政议政、建设农村的热情。但他们无法直接实现自己的抱负，在政治上他们希望有参政议政的平台、希望政治精英采纳自己的建议。在社会层面，他们有很多建设和改造农村的计划，如农村礼仪传统传承、农技推广、卫生观念变革、孝道伦理维护等，都需要由在村时间最长、有一定社会责任感、时间充裕的中农阶层具体贯彻在日常生活中。因而，知识精英在农村主要结交的对象是中农阶层，希望通过频繁的交往，进而影响其他农民。而中农阶层在诸如农业知识、科学技术、医疗卫生、传统礼仪礼节、外界见识等方面又要求助于知识精英，也有结交知识精英的意愿。因此在农村，中农阶层与知识精英的关系如鱼水般融洽。

六　中农价值：农村社会的“中间价值”

当前学界探讨的城市中间阶层，主要是指相对产生于前工业革命初期的旧中间阶层而言的“新中间阶层”，主要是指以脑力劳动为主，具有较高学历，接受过专业化训练，以工资、薪金谋生的被雇佣者。按照张宛丽的定义：“‘新中间阶层’概念表述的是在工业化社会结构中的社会地位分配系统上，分布于竞争性较强、市场回报较高、具有特定社会影响力的一些不同职业群体，他们在职业收入、权力、声望、教育等社会资源的分配中处于大致相同的，社会中等水平地位状态的，一个异质性的地位群体集合概念。”①

研究发现，在中国社会结构转型的具体情境下，新中间阶层主要具有以下社会功能，一是贫富分化及社会利益冲突的缓冲功能，二是社会地位公正获得的示范功能，三是社会主义市场经济及现代性社会价值的行为示范功能。② 其中，新中间阶层在社会分化加剧、贫富差距日益拉大的社会分层结构中，处在经济、政治、文化等方面的中间状态，能够起到缓解上、下阶层间矛盾冲突和安全阀的特殊功能。张宛丽将之定义为“中间价值”。③“中间价值”是“新中间阶层”由于它在社会阶层结构中的独特位置，以及它特有的阶层属性所具有的政治社会功能。

中农阶层在农村有着完全不同于其他阶层的社会禀赋，它在农村阶层结构中处于其他各阶层无法比拟的特殊位置，并彰显其“结构性力量”。因此按照“中间价值”理论，中农阶层在农村政治社会中理应扮演独一无二的角色并释放出其独到的价值。为了叙述的一致性，此处称之为“中农价值”。“中农价值”是中农阶层的社会禀赋和结构性位置共同作用于中农阶层本身所释放出来的政治社会功能和价值属性。

① 张宛丽、李炜、高鸽：《现阶段中国社会新中间阶层的构成特征》，《江苏社会科学》2004年第6期。

② 张宛丽：《中间阶层：具有缓冲与示范功能的社会力量》，《中国党政干部论坛》2005年第10期。

③ 张宛丽：《对现阶段中国中间阶层的初步研究》，《江苏社会科学》2002年第4期。

（一）作为农村各阶层的润滑剂、缓冲器和整合力量的价值

在阶层分化背景下，农民问题的实质是阶层之间的关系问题，即如何处理好农村各阶层关系、协调各阶层利益是当前农民问题的核心。当前农村利益关系异常复杂、阶层分化十分剧烈，但却没有出现阶层之间的剧烈冲突，更没有所谓的“阶级矛盾”，其中一个重要原因是中农阶层在各阶层之间扮演着润滑剂、缓冲器和整合力量的角色，它使得分化的农村社会重新整合起来。中农阶层的整合作用，主要表现在以下四个方面。

1. 中农阶层及时调处各阶层、各家庭之间的摩擦和纠纷

农村社会分化之后，不可避免地会出现各阶层间的摩擦、矛盾与纠纷，如普通农民与政治精英因后者的腐败、不作为等缘故产生互不信任、工作中的正面冲突；下层农民与上层农民因价值观念、生活习惯以及相互鄙夷等缘故产生的矛盾、冲突；知识精英因道德优越感、正义感等秉性与政治精英、上层农民摩擦出的各类火花；上层农民因土地流转与转入土地的农户之间矛盾；各农户之间日常性的摩擦，农村灰色势力见利忘义，欺占下层农民的利益；等等。中农阶层与各阶层都存在着某种强关系，而且他们本身具有道德性以及家族势力，因而有能力在各阶层间来往穿梭，从中斡旋，将各类矛盾纠纷及时解决。

2. 中农阶层在一定程度上能够协调各阶层之间的利益关系

农村阶层分化之后，利益关系是各阶层之间最重要的关系，这个关系处理不好就会出大乱子。农村的利益关系主要表现为公共利益的分配与贫富差距问题。在公共利益分配问题上，中农阶层会极力主张向中下阶层倾斜，以平衡利益分配。贫富差距是客观存在的问题，无法通过劫富济贫达到平衡，但中农阶层可以说服上层人士通过让渡一部分利益的方式，使下层农民也受惠，从而消除各阶层之间的紧张关系。典型的如，上层农民经商、开矿、搞工程、搞建设等，则可以中农阶层为中介，将业务交给下层农民去做。

3. 中农阶层是沟通农村下层与上层的桥梁

下层农民因其经济资源、象征性资源的严重缺失，在社会交往中往往被排斥在上层人士的交往范围之外，无法与后者建立联系以获取相关的经济资源和象征性资源。如果按照这个刚性结构发展，就很可能使下层农民与上层人士产生隔离，至出现社会资源上的“马太效应”，即富者恒富，贫者恒贫。但是因为有中农阶层这个桥梁在，上下层农民就可以交流，下层

就有机会借助上层的社会资源上升至上层，形成良性社会流动。例如，中下层农民可以通过中农阶层的中介，达到与政治精英接触以获取救助的目的，或与上层农民发生借贷关系以救急或缴纳子女学费；中下层农民可以借助中农阶层的关系，转入上层人士要转出的土地，从而上升至中农阶层；下层农民可以通过中农阶层向政治精英表达政治态度及对农村公共品需求的表达；而政治精英则可以通过中农阶层的人脉关系，笼络下层农民，博取选票；等等。

4. 中农阶层的竞争规范使农村社会竞争保持在各阶层都能接受的程度

农民尽管分化成不同的阶层，但是大部分农民依然还共同生活在一个社区内，那么哪个阶层的竞争规范、价值标准会成为整个社区公共的行为准则呢？在大部分农村地区是中农阶层的行为准则具有公共性。这可能源于它既是农村社会的中间阶层，又是主导阶层。就前者而言，中农阶层在经济上较为充裕但不是富得流油，既没有消费的焦虑，也不会过分消费，由它定义的竞争规范和标准（典型的如办酒席的规模与档次），半工半农阶层能够承受得起，中下层农民虽然有难言之隐，但达不到也不会觉得丢太大的脸，而上层人士按中农的标准去做，也不会觉得太掉身价，依然能够获得面子和声誉。就主导阶层而言，中农阶层能够通过他们的行为、力量、德行将自己的规范、价值贯彻到农村社会生活中去。

因此，中农阶层的竞争规范和标准，是各个阶层都能够接受的，是一种既体现差别又相对公平的规范，因而能够整合各个阶层，而不会引发阶层之间的恶性竞争、妒忌、鄙夷，以致社会各阶层的分裂。假设农村社会的规范是由上层农民定义的话，那么广大下层农民根本无法达到标准，而不能在竞争中获得社会地位、面子和荣耀，会产生人生的失败感和无意义感，并可能将之归结为上层农民，阶层之间的“气”就此生发出来，就会产生或明或暗的阶层斗争，如暗地里报复上层农民、阻挠他们的发展、破坏他们的声誉等。富裕阶层定义的社会规范，是对大部分人不公平的行为准则，应尽量避免将其上升至村社的公共层面。

（二）作为党和国家政权在农村的阶层基础价值

如果说在农村改革之初、农村社会分化较小的情况下，党和国家政权在农村的基础是均分土地、普遍受惠的所有农民的话，那么在农村社会阶层高度分化、利益高度不一致、人员高度流动的今天，农村中的哪个（些）阶层会是党和国家政权在农村的基础和坚定的支持力量，这是一个急需回答的问题，以便于党和国家的农村政策及时调整。

中农阶层在以下几个方面决定了它是党和国家政权在农村当仁不让的阶层基础。一是它的主要利益关系与社会关系在农村里，同时又是党和国家现行政策和土地制度的既得利益者，最关心和支持党和国家的农村政策；二是它的社会禀赋和结构性位置决定了它最适合承担连接农村基层政权（或国家）与农民关系的重任，扮演国家政权与农民打交道的中间人角色，疏通上下关系，使上传下达和乡村治理成为可能；三是占农户约 12% 的贫弱阶层是中农阶层的“追随者”，占农户 45% ~55% 的中下阶层是中农阶层的“同盟军”，贫弱阶层和中下阶层在一定程度上都受中农阶层的支配和调动，因此抓住了中农阶层（占农户 15% ~20%），就等于抓住了农村 70% ~80% 的农户，反之政策出错①就会丢失这些农户的支持。

（三）作为经营小农村社主体的价值

小农村社既是农民生产、生活和交往的社区，也是农村人口流动后外出务工经商人员的“大后方”。在农村人、财、物整体外流的条件下，哪个阶层在经营着小农村社，显然，只有主要利益关系和社会关系均在农村的阶层才有责任经营小农村社，经此裁量只剩下中农阶层、中下阶层和贫弱阶层，而后两者因为整日奔波于生计，既没有任何禀赋，又没有多少能力和时间来承担超出家庭以外的责任。最后只剩下中农阶层。

一方面中农阶层维系村社道德、斥责不良行为、调解农户纠纷，帮助外出人员照应留守的“老弱病残妇幼”，通过走门串户了解农户情况、活跃村社交往，抵制外来势力对村社的侵害，使村社依然富于浓厚的人情味和道德内涵，令置于其中的人依然能够获得体面的生活、面子和荣耀，也使外出人员能够出得去、回得来。另一方面中农阶层是农村基础设施建设的积极倡导者和践行者，这既是其基本利益使然，也与其社会禀赋和结构性位置相关。他们有时间、有精力、有能力出头；能够调动、说服贫弱阶层和中下阶层；有一定制止钉子户、搭便车者的能力；能够游说基层组织，说动富人支持，援引超社区资源；等等。由此，中农阶层不仅经营着农村土地，还经营着小农村社。

---

① 比较明显的政策错误是，地方政府强行推进的大规模土地流转，将中农阶层赶出了农村，从而消解了中农阶层，丧失阶层基础。

七 结论

在本文中，首先论述了农村土地集中的微观经验，回答了为什么农村会出现小规模家庭农场，其中村社土地的自发流转发挥了重要作用。土地的相对集中所形成的经营中等规模土地、获取中等水平收入的农户，构成了农村稳定的中农阶层，这是农村最近二十年新兴的一个阶层。在农村愈发开放、高度分化的情况下，该阶层因其主要利益关系在土地上、社会关系在农村里而拥有其他阶层难以企及的社会禀赋，这些社会禀赋又使其在农村的阶层结构中占据着主导地位。中农阶层的社会禀赋及其在阶层结构中的特殊位置，是中农阶层释放异于其他阶层的中农价值的基础性条件。中农阶层在参与乡村治理、农村政治社会事务和其他阶层的交互作用中，释放了中农价值，造成了一系列政治社会效应。中农阶层不仅在中部农村存在，也是广大中西部农村普遍存在的社会现象，对它在农村社会和乡村治理中扮演的角色还需要进一步的调查和挖掘。

中农经济的兴起：农业发展的去资本化及其机制*

——基于皖中吴村的调查

张建雷**

摘要 不同于主流理论所强调的资本主义农业发展模式，中农经济的兴起，展示出我国小规模农业发展的另一种前景：在以生产传统主粮作物为主的普通村庄，通过农户间自发的、互惠性土地流转，并依托于家庭劳动力的自我开发，所形成的适度规模经营的中农经济，能够实现小农经济自发的转型升级，扩大农业就业，增加农民收入，提高农民的组织能力，并将从根本上改变了我国农业的过密化现实，实现农业的发展和乡村的繁荣。中农经济实现了以农民为主体的农业和农村发展，充分体现了农村内部实现发展的潜力，这对国民经济的发展有着重要的影响。

关键词 中农经济　家计生产　社区互惠　去资本化　农业发展

一　导言

当前，我国农业发展道路问题引发了激烈的争论。主流的观点认为，分田到户以来形成的小规模农业，生产效率低下，只有推进农业规模经营才能提高农业生产效率，实现农业现代化。① 这一观点的理论预设是，较大

---

* 本文原载《中国乡村研究》2016 年第 13 辑，由张建雷、曹锦清、阳云云合作完成，编入本书时有所删减。

** 张建雷，西北农林科技大学人文社会发展学院讲师，主要研究方向为农村社会学和经济社会学。

① 张忠根、黄祖辉：《规模经营：提高农业比较效益的重要途径》。《农业技术经济》1997 年第 5 期；马晓河、崔红志：《建立土地流转制度，促进区域农业生产规模化经营》，《管理世界》2002 年第 11 期。

的生产规模会使得土地、机械、劳动力、管理、技术等全部生产要素得到较为充分合理的利用，从而取得规模效益。[①] 这也是亚当·斯密和马克思的经典理论认识，斯密认为规模化生产和劳动分工能够带来生产力最大限度的改良；[②] 马克思进一步指出，由于排斥生产资料的积聚以及生产过程的分工协作，落后的小农生产必然被效率更高的资本主义大农场生产所取代。[③] 主流理论对规模效益的强调深刻地影响着我国政府部门的农业政策方向，改革开放前的农业集体化改造，以及当前许多地方政府不遗余力地开展大规模土地流转以推动农业规模经营的实践，反映出长期以来该理论的深远影响。

但是，工业经济中的规模效益理论并不能被简单地应用于农业经济领域，农业的发展受到人地关系的严格限定。[④] 有研究者指出，在耕地不足带来的生存压力下，明清以来我国的乡村经济变迁并非是按照斯密和马克思所预设的道路，而是沿着恰亚诺夫的逻辑演进，即小农家庭在边际报酬极低的情况下继续投入劳动力，从而形成了以小农家庭经营为主体的农业过密化增长。[⑤] 农民家庭的这一独特组织逻辑意味着中国的农业发展似乎还有另一种不同的道路。

近些年来，贺雪峰等人在农村调查中发现，自 21 世纪以来，在农民大量外出务工经商的同时，他们的耕地以极低的价格流转给在村务农的亲友，从而在农村中形成了一个种植 15 ~ 40 亩田的中等规模的农业经营者群体，即农村中的新“中农”阶层。[⑥] 他们认为，在当前农村人财物大量外流的背景下，新兴起的“中农”阶层已经成为当前农村社会的中间阶层和乡村治理的主体，成为维护农村秩序的基本力量。

---

① 周诚：《土地经济学原理》，商务印书馆，2007，第 128 页。

② 〔英〕亚当·斯密：《国富论》，郭大力、王亚南译，上海三联书店，2009，第 3 ~ 7 页。

③ 《资本论》，中央编译局译，人民出版社，1975，第 551 ~ 553 页。

④ 〔美〕黄宗智：《明清以来的乡村社会经济变迁：历史、理论与现实》（卷一），法律出版社，2014，第 1 ~ 8 页。

⑤ 〔美〕黄宗智：《长江三角洲的小农家庭与乡村发展》，中华书局，1992；〔美〕黄宗智：《华北的小农经济与社会变迁》，中华书局，2000。

⑥ 贺雪峰：《取消农业税后农村的阶层及其分析》，《社会科学》2011 年第 3 期；陈柏峰：《中国农村的市场化发展与中间阶层——赣南车头镇调查》，《开放时代》2012 年第 3 期；杨华：《“中农”阶层：当前农村社会的中间阶层——“中国隐性农业革命”的社会学命题》，《开放时代》2012 年第 3 期；林辉煌：《江汉平原的农民流动与阶层分化：1981 ~ 2010——以湖北曙光村为考察对象》，《开放时代》2012 年第 3 期。

显然，贺雪峰等人更侧重于“中农”的阶层属性及其所蕴含的社会学命题。但是，在笔者看来，当前农村中新兴的“中农”阶层更具有农业经济学意义，区别于以耕种自己家承包地为主的小农户，以及雇工生产的资本化大农场，这些基于小农村社内部的土地流转而自发生成的中等规模农业经营，构成了一种独特的农业经济形态，即中农经济。笔者所关心的问题在于，中农经济究竟呈现什么样的经济形态，它的出现是否能够显示出我国传统农业发展的一条新的路径？笔者将以安徽省吴村为案例[①]，以在该村的经验调查为依据，对中农经济的微观经济形态进行考察，并尝试揭示其所蕴含的发展机会及对国民经济的可能影响。

二　中农经济的兴起

吴村地处安徽省中部的丘陵地带，下辖 16 个自然村，现有人口 1115 户 4142 人，耕地面积 5900 亩。吴村是一个典型的农业型村庄，农作物种植以水稻为主，有早稻、中稻、晚稻三种形式。早期以早稻、晚稻连作为主，近年来，随着劳动力进城务工经商，大多都改为种一季中稻和一季小麦，形成稻——麦轮作的种植格局。自 20 世纪 80 年代开始，吴村的农民就开始到外地务工经商，以到浙江、上海为主，从事建筑行业居多。但这一时期的外出务工农民多是有手艺的年轻人，外出务工的机会并不是很多。到 90 年代，在早期外出务工的亲友的带动下，大量的村民开始涌向江、浙、沪地区，并于 1995 ~ 2000 年形成外出务工的高潮。目前，全村外出务工经商人口约 2000 人，占全村总人口近 50%。在外出务工的人口中，30 岁以下在工厂里打工的比较多，如进入温州的皮鞋厂、服装厂、玩具厂等，30 岁以上的主要从事建筑行业，如做瓦匠、木匠，或做小工。此外，吴村在本地县城打工的约有 200 人，主要是做小生意，或在饭店、超市里当服务员等。

目前，吴村的在村人口约有 2000 人，主要为 50 岁以上的中老年人以及留守在村庄的妇女和儿童（见表 1）。

---

① 2014 年 10 月，笔者在该村进行了为期 20 天的驻村调查，刘洋和管姗博士共同参与了本次调研。文中所涉地名和人名为匿名。

表 1　吴村的农业经营规模分布

耕种规模（亩）	农户		耕种面积	
	户数	占比（%）	亩数	占比（%）
0	472	42.3	0	0
1～14	545	48.9	2000	33.9
15～50	79	7.1	2270	38.5
51～99	12	1.1	820	13.9
100～150	7	0.6	810	13.7
总计	1115	100	5900	100

资料来源：根据户籍资料如同村干部及村民组长的访谈计算所得。

从表 1 可以发现，随着大量劳动力外出务工，或由于留守在村庄中的老人年纪较大，吴村约有 42.3% 的农户不再种田。不过，村庄中仍有 545 户农户（占 48.9%）从事着 1～14 亩田的小规模农业生产，耕种的土地以自己家承包地为主，总耕种面积占全村总耕地面积的 33.9%。值得注意的是，村庄中出现了大量耕种规模在 15 亩以上的农户，这些农户除耕种自己家的承包地外，还流转了其他农户的耕地，形成了适度规模经营的“中农”。

根据贺雪峰等人有关中农的定义，笔者对中农的界定采取了如下的标准：一是经营 15 亩以上（这是由于农户自己家的承包地一般很少超过 10 亩，必须要经过土地流转才能形成 15 亩以上的规模）。二是存在村庄内部亲友间的土地流转。三是以家庭劳动力为主，并辅之以中小型机械投入。不过，这个标准不同于贺雪峰等人对中农经营规模 15～40 亩的限定。笔者认为，基于上述标准，中农的经营规模亦可以扩大到 50 亩以上，少数亦可以达到 100 亩以上的规模。在吴村，共有这类中农农户 98 户，占全村总户数的 8.8%，但其所耕种的土地面积却占到全村总耕地面积的 66.1%，中农已经成为村庄中重要的农业经营者。

（一）农业商品化、农村劳动力转移与中农的兴起

自 20 世纪 80 年代以来的农业商品化和农村劳动力转移，构成了中农经济兴起的重要背景。80 年代初，国家逐渐放开了农产品流通市场，开始实行粮食商品化改革，一直到 2004 年粮食价格和粮食购销市场全面放开，粮食市场体系基本形成。① 粮食市场化改革带来了粮食价格的波动，80 年代初，粮食产

① 熊万胜：《体系：对我国粮食市场秩序的结构性解释》，中国政法大学出版社，2013，第 70 页。

量连续 3 年超速增长，但到了 1984 年粮价持续下跌，1985 年出现了粮食减产的情况，并连续 4 年全国的粮食生产都处于徘徊状态，一直到 1989 年才开始好转。[①] 但 1995 年以后，水稻和小麦的价格又开始持续下跌，并于 2000 年下跌至最低点，再加上这一时期农业税费负担不断加重，种田几乎没有多少收益，反而还要投入大量的劳动力和农资成本。因此在 1995 ~ 2000 年，许多农户纷纷丢弃自己家的承包地，到城市中打工，寻求能带来更多收入的务工机会，由此导致了大量的农田抛荒。以吴村所在的庐江县为例，2000 年，庐江县农田抛荒面积达 5609.5 公顷，占该县总耕地面积的 9.26%。[②] 1995 ~ 2000 年，吴村亦有大量的农民丢弃承包地进城打工，导致大量耕地抛荒。至 2003 年，吴村的耕地抛荒面积甚至已经达到了近 2000 亩，占全村总耕地面积的 30%。

在这种情况下，一些在村务农的农户便开始“捡”外出务工户的抛荒田种，捡别人的田种不仅不需支付田租，农业税费还是由原承包户承担。由于土地长期抛荒后，土地肥力便无法保持，而且今后再想重新耕作也非常麻烦。因此，外出务工户多愿意将土地“赠送”给在村务农的亲戚或邻居耕种。许多外出务工户以避免承担农业税费负担，甚至向村委会退还了自己家的承包地，交由村委会重新发包。由此，一部分在村务农户便获得了扩大耕地规模的机会，形成村庄中适度规模经营的中农。杨家湾自然村共有 5 个中农，表 2 反映了杨家湾自然村的这 5 个中农的发展过程。

表 2　杨家湾自然村 5 个中农的发展过程

户主	年龄	家庭劳动力情况	规模及过程	购置机械情况
杨国光	53	妻子在县城陪女儿读书，农忙（收割和栽秧）时妻子回来帮忙，并少量雇工	2006 年前种自己家的 5 亩田，农闲时打小工。2006 年开始流转生产队亲戚和邻居的土地，种了 30 亩田，2008 年种了 80 亩田，2013 年种了 100 亩田	2006 年花 1.5 万元买了一台中型拖拉机和 2 台小型拖拉机，2012 年又花 1 万元买了一台打田机和一台担架式喷雾器
王大福	63	夫妻两个劳动，儿子在外打工，儿媳妇在镇上租房子陪小孩读书	20 世纪 90 年代开始捡生产队抛荒的田种，种了 20 亩田，2005 年扩大到 30 亩田，2008 年至今维持在 50 亩	1995 年花 1000 元买了一台小手扶拖拉机，2005 年又花 6000 买了两台小拖拉机，2008 年花 7000 元买了一台中型拖拉机。

① 杜润生：《杜润生自述：中国农村体制变革重大决策纪实》，人民出版社，2005，第 151 页。

② 庐江县地方志编纂委员会：《庐江县志（1986 ~ 2005）》，黄山书社，2010，第 341 页。

续表

户主	年龄	家庭劳动力情况	规模及过程	购置机械情况
杨东山	56	夫妻两个劳动，女儿嫁到外地	2003 年开始种兄弟（外出打工）的田，有十几亩，2008 年至今扩大到 30 亩田	2004 年花 2000 元买了一台小手扶拖拉机，2010 年又花 3000 元买了一台小拖拉机
杨海军	62	夫妻两个劳动，儿子全家在外打工	2008 年前，杨某军在外打工，妻子在家种自己家的承包田。2008 年杨某军回村种亲戚的田，种了 30 亩	2008 年买了两台小手扶拖拉机，花了 7200 元
杨建设	56	妻子在家带孙子，儿子和儿媳在外打工，杨某设种田，农闲时外出打小工	2003 年开始种兄弟和侄子的（均外出打工）的田，有 20 亩田，没有扩大规模	2003 年花 2000 元买了一台小手扶拖拉机

从表 2 可以发现，在 20 世纪 90 年代，中农开始出现，但这一时期中农的数量较少，规模也较小，杨家湾村仅有王大福 1 户中农，规模为 20 亩，其他的务农户只种自己家的承包地。该时期中农的兴起主要受到了以下两方面因素的限制：一是农业机械尚未普及，尤其是收割机较少，稻谷的收割主要由人工来完成，在当时普遍种植双季稻的情况下，7 月收割完早稻后必须要赶在 8 月之前将晚稻的秧苗插好，大多数农户的劳动能力有限，无力扩大规模；二是农业商品化增加了农业的市场风险，粮价长期在低水平浮动，2000 年前后，早稻和晚稻的价格跌到了 70 元/担，种粮不仅无法产生收益，甚至还要亏损。

一直到了 2003 年，随着宏观政策的调整，农业税费在全国范围内逐渐减免直至取消，粮食市场体系基本形成，粮食供销市场秩序日趋稳定，粮食价格稳步提升，这逐步增强了农民扩大农业经营规模的动力，中农的数量和规模都开始迅速增加。吴村的中农开始扩大农业经营规模，同时许多原来只耕种自己家承包地的小农户也开始积极地流转土地，发展成中农。杨家湾村的中农从一户增加至 5 户，经营的规模也逐年扩大，并开始购置农业机械，不断增加农业投资。

由此可见，农业商品化成为中农兴起的一个重要机制。农业商品化所产生的农业市场风险，加速了农村劳动力的非农转移，为中农的出现创造了条件。但较高的农业市场风险也限制了中农的发展，不过随着新时期粮食市场秩序的基本稳定，中农开始迅速扩张。稳定发展的农业商品市场构成了中农不断扩张的重要动力。

（二）中农经济的基本特征

区别于马克思主义传统下所强调的中农的阶级属性，以及贺雪峰等学者所强调的中农的阶层属性，笔者更侧重于强调中农的农业经济学意义。为此，本文将分别从农业生产中的土地、资本和劳动力要素，来概括这一新兴农业经营者的基本经济特征。

第一，中农的耕种规模一般在 15 亩以上，其耕种的土地主要源于同村内外出务工的亲戚或邻居间的土地流转，并且基于亲友间的互惠关系，土地流转通常仅需支付极少的租金或不需支付租金。但农户所拥有的血缘和地缘关系很少会超过自然村的界限，受制于自然村的耕地面积，以及中农家庭的劳动能力限制，中农的耕种规模很少会超过 100 亩。从表 1 中可以看到，中农的经营规模主要集中在 15 ~ 50 亩，该范围内的中农数量占全村中农总数的 80.6%。一般情况下，15 ~ 50 亩也是家庭中夫妻两个劳动力所能耕种的较适当范围，超过 50 亩的规模则意味着需要更强的劳动能力，只有较少的家庭才具备这样的劳动能力。此外，每个中农都是基于自己所拥有的血缘和地缘关系所流转的土地，在自然村落中，村民的血缘和地缘关系范围都相差不多，这也是形成中农 15 ~ 50 亩平均规模的另一重要原因。

第二，在中农形成过程中，资本投入有了一定程度的增加，但资本投入的规模较小，这主要体现在对中小型农业机械的广泛应用上。在吴村，小农户较少配置农机具，一般是几家合用一台小型耕田机，或临时雇用他人的机械。但中农户一般都添置了 3 台中小型拖拉机（农户称之为“标配”），一台中型拖拉机价格在 8000 元左右，小型拖拉机的价格为 2000 ~ 3000 元，中型拖拉机主要用于耕田、开沟等，小型拖拉机主要用于小规模的平整土地、拖运等；此外，农户还多准备一台小型拖拉机以备用。3 台拖拉机的总价值不超过 1.5 万元。

在中农的资本构成中，几乎无须大型农机具如大中型拖拉机、收割机等，一台 75 马力的拖拉机价值 10 万元左右，收割机的价格也在 10 万元左右，这对耕种规模在 100 亩以下的中农而言，投资大型机械既不划算，也不必要。大型拖拉机一天可以耕地 60 亩，中小型手扶拖拉机一天可以耕地 20 亩，但大中型拖拉机耕田的效果并不是很好，不能保证地块平整以及根除杂草，不如自己的中小型拖拉机耕田仔细。收割时可以请外地的大型收割机（每亩约 60 元），若是自己买收割机，则投资巨大，得不偿失。

第三，中农的劳动力构成主要是家庭劳动力，并且以夫妻两个劳动力为主。在家庭的劳动分工中，主要的农业劳动由丈夫承担，妻子以家务劳动为主，在家做饭、收拾家务，并喂养一些鸡、鸭、猪等家畜。在农忙季节，妻子会帮丈夫做些力所能及的农活。在小型农用机械的辅助下，这种以家庭内部夫妻分工为主的农作安排，很少有雇工的需求。但在农忙季节（主要是在播种和收割季节），为避免错过农时，有时必须要请人帮忙。但许多中农往往采取同相邻的一些小农户换工或帮工的形式，比如由于自己有机械，在耕田时就可以顺便帮相邻的小农户平整土地、开沟等。

以上从生产要素的三个主要方面描述了中农的经济形态。中农经济兴起于农村劳动力非农转移的大背景下，村庄内部土地流转的互惠体系，小规模的机械投入以及家庭劳动力的充分利用成为中农经济的基本特征。这也表明，在中农经济的形成过程中，土地、资本和劳动力的配置并没有呈现资本积累的特征，在一定程度上，中农经济的兴起更可以看作在变化了的人地关系下小农经济的自发调整和升级。

三　家计生产、社区互惠与中农经济的去资本化机制

恰亚诺夫认为，小农家庭生产不同于资本主义生产，小农家庭生产不雇佣家庭外劳动力，其目的在于满足家庭消费需求，而资本主义生产则是为追求利润而生产并积极地扩大再生产。① 波兰尼则将为满足自己家庭的消费需要而进行的生产活动称之为家计生产，波兰尼同样认为，家计生产不同于为市场交换而进行的生产，前者所遵循的是前资本主义社会中家计经济的自给自足，后者的目的则在于通过市场交换谋求利益的最大化。② 恰亚诺夫和波兰尼的理论很容易使人发生误解，即以家庭消费为目的的农业生产都是自给性的，而只有以市场交换为目的的生产才能满足农业商品化的需求。然而，在农业发展的实践中，农业的家计生产并不必然排斥农业商品化，在农业商品化过程中，为市场交换而进行的生产恰恰是农户满足家庭消费需求的一种合理选择。黄宗智的研究曾出色地论证了农业商品化的

---

① 〔俄〕恰亚诺夫：《农民经济组织》，萧正洪译，中央编译出版社，1996，第41～42页。

② 〔英〕波兰尼：《大转型：我们时代的政治与经济起源》，冯钢、刘阳译，浙江人民出版社，2007，第37～58页。

发展是如何不断强化农户农业生产的家计原则的。[①] 20 世纪 80 年代以来，在我国农业商品化不断深化的过程中，中农的生产活动同样体现出家计生产的原则，并随着生产的扩大而不断强化着这一原则。

（一）家计生产与劳动力的自我开发

由农业商品市场所推动的中农经济的扩张，并没有导向农业生产的资本主义化，而是沿着恰亚诺夫的逻辑演进，即随着生产规模的扩大不断强化家庭劳动力的自我开发程度，以满足日益增长的家庭消费需求。[②] 下面三个案例分别显示了不同规模中农户的劳动和经营情况。

案例 1

周某平，今年 62 岁，夫妻俩种 30 亩田，自己家有 7 亩田。大儿子已经结婚，小儿子未婚，大儿子夫妻俩在外打工，小孩 4 岁留在家里由夫妻俩照顾，小儿子也在外面打工。周某平一直在家种田，没有手艺，没出去打过工。1996 年开始捡生产队的抛荒田种，种了十几亩，不用给租金，用牛耕田。2005 年，周某平把牛卖了，花 1 万元买了两台拖拉机，一台 6 马力，一台 15 马力。规模也扩大到了 30 亩田，都是本生产队外出打工的亲戚邻居的田。2005 年后种田有了收益，开始给亲友租金，每亩 100 斤稻谷。

周某平种了 7 亩双季稻，另外 23 亩稻、麦轮作，种一季粳稻一季小麦。此外，还养了两头猪，20 只鸡，20 只鸭，又在自留地里种了 0.5 亩蔬菜。妻子负责做家务、种菜、带孙子、喂猪、鸡、鸭，很少有空闲的时间，田里的农活主要是周某平负责，一个人干，不雇工。犁田用自己家的拖拉机，播种、打药、施肥都由自己完成，仅收割时需请外面的收割机，播种和收割时妻子会到田里帮忙。

投工情况[③]：1 亩双季稻 12 个工，7 亩双季稻共计 84 个工；1 亩粳稻 5

---

① 〔美〕黄宗智：《长江三角洲的小农家庭与乡村发展》（中华书局，1992）、《华北的小农经济与社会变迁》（中华书局，2000）。

② 值得注意的是，在恰亚诺夫那里，随着家庭消费需求压力增大，劳动力自我开发往往意味着单位劳动报酬的递减。而在中农经济中，土地规模的扩大改变了单位劳动报酬递减的趋势，劳动力的自我开发将带来总产出和单位劳动回报的增加。

③ 1 个工相当于约 6 个小时的劳动时间。

个工，1 亩小麦 4 个工，23 亩稻、麦共计 207 个工。经营 30 亩农田，年总计投工 291 个，其中妻子分担约 50 个工。

周某平家每年的家庭总收入约 3 万元。家里的生活基本不用花钱，蔬菜、粮食、肉、蛋都可自给，孙子的生活费、人情开支和水电费用每年约 1 万元，每年可节余 2 万元。周志平将节余的钱全部积攒了下来，准备给小儿子结婚用，小儿子结婚、盖房至少要花 20 万元。

案例 2

金某生，今年 45 岁，种 50 亩田，自己家只有 2.5 亩田。大儿子今年 19 岁，在合肥技校读书，小女儿 6 岁，读学前班。金某生夫妻俩都没有文化，一直在家种田，没出去打过工，唯一一次出远门是送儿子到合肥读书。2000 年开始种生产队的抛荒田，种了 30 亩田，买了台小拖拉机。2006 年扩大到了 50 亩，开始付租金 200 元一亩，又花 9000 元买了一台拖拉机。

金某生种了 10 亩双季稻，另外 40 亩种一季稻和一季麦，夫妻俩一起劳动。每年春季，金某生还在稻田里养了 600 多只鸭子，夏季就开始养鹅，700 只左右。夫妻俩种田、养殖从来不雇工，都是自己干，白天基本没有空闲的时候，晚上金某生还经常到河里抓鱼抓虾。

投工情况：1 亩双季稻需 12 个工，10 亩田共计 120 个工，1 亩粳稻 5 个工，1 亩小麦 4 个工，40 亩稻麦共计 360 个工；养鸭、养鹅各 3 个月，共计约 180 个工。夫妻俩年总计投工 660 个。

金某生家每年的家庭总收入约 7 万多元。2 个小孩读书一年要花去 3 万元，人情开支和生活费用另需 1 万元，每年可节余 3 万多元。家里的房子是 80 年代的旧平房，金某生准备重新盖两层的楼房，约需花费 20 万元。

案例 3

刘某，今年 53 岁，种 100 亩田。两个儿子都已结婚，儿子和媳妇都在外面打工，留下两个孙子在家里，一个 8 岁，一个 4 岁。分田到户以后，刘某就在家里种田，1995 年开始种生产队的抛荒田，种了 40 亩田，添置了一台小型耕田机。2003 年，又买了一台小拖拉机。2007 年规模扩大到 70 亩，又花 8000 块钱买了台大的耕田机。2011 年，又花

1000 元买了一台担架式喷雾器，规模扩大到 100 亩，都是本生产队的田，每亩给 100 斤稻谷的租金。

刘某的 100 亩田种一季稻和一季麦，没有种双季稻，妻子要照看两个小孩，没有时间帮忙。妻子主要是在家里看小孩、做家务、养鸡种菜，田里的农活几乎都是刘某一个人干，仅在必要的时候才少量雇工。

投工情况：1 亩粳稻 5 个工，1 亩小麦 4 个工，100 亩田共计 900 个工。雇工情况：播种 10 个工，打药 20 个工，收割 10 个工，共计 40 个工。刘某自己投工 860 个。①

刘某的家庭年收入约 8 万元。家里每年的生活和人情开支要花 2 万元，主要是两个孙子花钱多，剩下的收入全都攒了下来。2006 年，刘某花了 20 万元盖了一栋两层楼房，自己攒的钱不够，还借了 4 万元，2010 年才把钱还完。2012 年，刘某又给两个儿子各盖了一栋楼房，花了 30 多万元，不够的钱由两个儿子出，两个儿子各出了 10 万元。

在上述三个案例中不难发现，中农的生产主要以家庭中的夫妻劳动为主，并且随着生产规模的扩大，劳动力的劳动强度也在不断提高。虽然生产规模的扩大，中农均逐年添置了一些中小型农用机械，但机械投入的增加并没有减少中农的劳动投入，中农的劳动量反而在不断增加。这是由于，中小型农用机械作为辅助性生产工具不仅能有效地提高劳动效率，而且还能提高中农劳动力的自我开发程度。如案例 2 中，金某生此前仅有 1 台小拖拉机，规模扩大以后，就必须要请别人的机械耕田，但添置了大拖拉机以后，就可以全部由自己完成，无须再请别人帮忙。在上述三个案例中，在不计算家庭副业和家务劳动的投入下，当农户家庭的生产规模从 30 亩扩大到 50 亩或 100 亩时，农户的劳动投工分别达到了 291、660 和 860 个工作日。这意味着农户几乎全年都处于充分劳动状态，包括高强度的劳动。

① 从刘某投工的情况看，他全年几乎完成了普通人 3 倍的劳动量（平均每天大约工作 14 个小时）。这有两个原因：一是农业劳动的劳动量并不是均质分布的，农闲季节较为轻松，如仅需每天到田里放放水就算完成了一天的工作量。但到了农忙季节，需要完成较多的重体力劳动，一个单位劳动就相当于往日数倍的工作量；二是刘某的勤奋和极好的体力，他几乎每天都要到田里去，正如他所说的“只要想干，每天田地里都有干不完的活”，并且他干活几乎不需要休息，有着远超于常人的体力，如其他的中农给几十亩稻田打完农药后，通常都累得不行了，一般要休息 1 ~ 2 天才能恢复体力，但刘某打完农药后，第二天依然还能正常到田里干活。不过，像刘某这样劳动能力强的农民毕竟是少数。

并且，在生产过程中，吴村的大多数中农都没有雇工的需求，雇工仅限于少数规模在 100 亩左右的中农户但即使如此，雇工也是极少的。如案例 3 中，刘某的雇工仅占总劳动投入的不到 1/20，而刘某的全年劳动时间竟达到了 860 个工作日，显然，这意味着他一个人几乎完成了 3 个人的工作量。

对于中农而言，雇工生产并不是一种有效的生产方式，这不仅在于雇工的监督困境，还在于雇工的人工成本将抵消或侵蚀掉可能的收益。以吴村的双季稻种植为例，种双季稻的收益比种一季稻和一季麦的收益要高，每亩可多收入 120 元。[①] 但双季稻种植需要大量的人工，尤其是 7 月下旬早稻收割后，必须在 8 月初或立秋之前将晚稻手工栽下去。7～10 亩双季稻是夫妻两个劳动力能够承受的最大规模，超过 10 亩就要雇工，农忙期间空余劳动力较少，且 7～8 月又是气温最高的时候，若请人插秧，一个人一天可以插一亩，人工费用 160 元，还要负责一日三餐和烟酒，总计要 200 元。这不仅抵消了种植双季稻所可能增加的收益，甚至每亩还要减少 80 元左右的收入。

因此，在中农的生产过程中，最大限度地开发家庭劳动力（甚至是在其劳动强度已远远超过正常劳动强度的情况下），而不选择雇工经营，这是其实现家庭全年劳动收益最大化的一种合理选择。同时，这种以家庭劳动力自我开发为核心的生产机制也决定了中农经营规模的范围，即不能超出家庭劳动力的经营能力。这也是吴村中农的规模普遍维持在 15～50 亩，仅有少量劳动力较强的中农家庭能够将经营规模扩大到 100 亩（如刘某）的原因。

在中农经济中，家庭全年劳动收益最大化，将有效地缓解日益增长的家庭消费压力。在上述 3 个案例中，中农家庭的劳动收入除用于家庭日常生活消费之外，仍有着较多的剩余，但这部分剩余并没有立即投入农业的扩大再生产，而是全部积攒下来，用在一些极为重要的家庭消费上，如子女的教育、结婚、盖房等。这些消费是农户实现家庭再生产和家庭发展的关键，但花费也较大，往往要花费几乎全部的家庭积蓄。

这表明，在中农的生产过程中，家庭消费构成了中农不断强化劳动力

---

① 在吴村，每亩双季稻的总产量约 1800 斤（早稻 800 斤，晚稻 1000 斤），以 1.3 元/斤的收购价格计算，收入为 2340 元。若种植一季稻和一季麦，粳稻亩产约 1200 斤，收入 1560 元，小麦亩产约 600 斤（吴村地势较低，雨水多，小麦产量不高），以 1.1 元的收购价格计算，收入 660 元，每亩稻麦总收入为 2220 元。因此，相较于种植一季稻和一季麦，种植双季稻可增加 120 元的亩均收益。

自我开发程度的重要推动力，正如恰亚诺夫所言，农户受家庭消费需求的驱使而从事劳作，并随这种需求压力的增强而开发更大的生产能力。[①]

因此，中农总是根据家庭劳动力的能力，合理地安排农作物的种植结构和规模，不雇工或尽可能地减少雇工，以实现家庭劳动力最大限度的开发，创造最大化的家庭劳动收益，不断满足日益增长的家庭消费压力。

那么，中农是如何扩大再生产的呢？马克思理论认为，在农民的家计生产中，生产剩余完全被家庭消费所消耗掉了，因此这种生产方式仅能维持着简单再生产状态，并不具备扩大再生产的条件。但是，在吴村的中农兴起过程中，中农生产规模的扩大却是普遍的事实。显然，在中农的扩大再生产过程中，有一种截然不同的再生产机制。

（二）社区互惠与中农经济的扩大再生产

在吴村中农的兴起和扩大再生产中，并没有呈现出资本积累不断增加，生产规模持续扩大的过程，村庄社区中的互惠机制成为中农经济兴起和扩大再生产的基础。

在农村社会，自然村庄构成了一个最为基本的“熟人社会”，其内部的基本关系是建立在血缘和地缘基础上的，“血缘和地缘的合一是社区的原始状态”[②]。尽管随着打工经济的兴起，农民的流动性增加，村庄的封闭性被打破，但自然村落本质上仍保留着熟人社会的性质。[③] 在熟人社会中，人际交往遵循着社区互惠的基本原则。在村庄生产和生活中，有许多事情是农户无法单独完成的，如红白喜事、盖房、灌溉、生产安排等，必须通过其他村民的合作互助才能共同完成。在吴村，有农户举办红白喜事时，全村的成员都要赶去帮忙，买菜做饭、布置场地、招待外地的亲友等。此外，社区互惠更多地还体现在农民的日常生产生活中，如换工、帮工、照看小孩、互赠食物、临时借贷或借用农具等。不同于市场条件下的商品交换关系，这种互惠关系是多方面和长期的，“来来往往，维持着人和人之间的互助合作”[④]，村落社会构成为一个稳定的人情互助圈。

正是借助村落社区的互惠关系，中农经济得以生成并实现了生产规模

---

① 〔俄〕恰亚诺夫：《农民经济组织》，萧正洪译，中央编译出版社，1996，第 49 页。

② 费孝通：《乡土中国》，上海人民出版社，2006，第 58 页。

③ 桂华、余彪：《散射格局：地缘村落的构成与性质》。《青年研究》2011 年第 1 期。

④ 费孝通：《乡土中国》，上海人民出版社，2006，第 60 页。

的扩大。中农的土地主要来源于村内的土地流转，普遍的模式是：外出打工的农户，或那些因年轻的劳动力外出打工仅剩无劳动能力的老年人在家的农户，将不种或无力耕种的土地流转给中农耕种，不收取任何租金或仅收取少量的口粮。在吴村，2004 年农村税费改革之前，由于种田普遍没有收益，中农流转土地既不需要支付费用，也不需要承担农业税费。税费改革后，种田的收益逐渐增多，土地流转开始支付租金，租金的支付通常是实物性的，如每亩 50 斤或 100 斤稻谷。徐屯的中农徐某保共计种了 70 亩田，自己家有 9 亩，其他的田均流转自本村的亲戚和邻居（见表 3）。

表 3　徐某保的土地流转情况

流转方	流转面积（亩）	开始流转时间	流转原因	同徐某保的关系	年租金
徐某满	5.5	2003	全家外出打工	兄弟	不要租金
徐某德	4.5	2000	全家外出打工	兄弟	不要租金
徐某平	9.0	2006	儿子外出打工，老人种不动	堂兄弟	500 斤稻谷
徐某生	3.0	2006	全家外出打工	堂侄	200 斤稻谷
徐某辉	10.0	2010	全家外出打工	邻居	1000 斤稻谷
徐某强	2.0	2011	年纪大种不多，留 1 亩自己种	邻居	200 斤稻谷
王某发	1.5	2010	年纪大种不多，留 1 亩田自己种	邻居	150 斤稻谷
王某镇	7.5	2000	全家外出打工	发小	不要租金
王某林	9.0	2007	全家外出打工	邻居	900 斤稻谷
王某华	9.0	2011	全家外出打工	邻居	900 斤稻谷

徐某保所在的徐屯另有 5 户中农，分别耕种了 80、40、20、20 和 50 亩田，同徐某保一样，均是基于自己的亲属和邻里关系流转土地。根据亲疏关系的远近不同，土地流转的租金呈现“差序格局”的分布，兄弟、关系好的邻居流转通常不用租金，堂兄弟、叔伯以及关系一般的邻居则需要给每年每亩 50 斤或 100 斤稻谷。但租金的多少并不是流转双方讨价还价后的结果，而更具有象征意义，是中农实现了劳动收益后反馈给流转土地的亲友的一件“礼物”。正如徐某保所言：“事先没有说要给多少，都是熟人，说是随便给，是个意思就行，我就按行情给的，别人给多少我也给多少。”徐某保通常是在过年时将租金（稻谷）交给他们，徐某保的兄弟和发小虽然不要租金，但过年时，徐某保也要给他们送 100 斤稻谷和自己种的蔬菜，以作

为过年期间的口粮为名。此外，徐某保还经常给生产队的几个老人帮忙，如帮助仍在种田的老人犁田和托运稻谷，或帮他们跑腿办些急需的事情。

对于外出务工户而言，将土地流转给中农耕种，不仅能够避免土地抛荒，而且，留守在家里的老人也能得到照顾。在此意义上，土地流转的社会效益远远大于微不足道的租金收入，土地流转成为村庄中人情互惠的一般机制。此外，社区内部的互惠关系也构成了一种稳定的信任机制，流转双方虽然并没有关于租期和租金的一纸合约，但这不存在任何的市场风险。并且，租金通常是在稻谷收割后（一般在春节时）交付，这意味着中农的扩大再生产几乎不需要任何的预付资本。因此，对于中农而言，借助村庄中的这种人情互惠机制，他们便能够以极低的成本实现耕地规模的扩大，增加家庭的全年劳动收益。

因此，在以中农为核心的村庄土地流转格局下，并没有形成土地的资本化运作，即“土地财产以货币计价并在市场上进行交换”。[①] 土地流转“嵌入”农村社区内部的互惠关系之中，在此过程中所实现的土地资源的优化配置有着明确的社区边界，体现了社区效益的优化。

不过，借由社区中的互惠关系流转土地也构成了中农进一步扩大再生产的限制。这是由于社区中的互惠关系并不是超地方性的，而是以自然村为基本单位的。[②] 因此，中农生产规模的扩大很难超越自然村的地域范围；而且，在自然村内有着若干个中农，每个中农都基于自己的亲属和邻里关系流转土地的情况下，中农再生产的扩大又受到自然村中所交往的关系圈大小的限制。以徐屯为例，共有耕地 346 亩，6 户中农总计耕种了 280 亩，占自然村总耕地面积的 81%，剩下的 66 亩耕地由留守在村的 10 多户老人耕种。按徐某保的说法，徐屯的耕地“都已经被‘瓜分’完了，该流转的都流转了，不想流转的都自己种着，再想扩大规模已经不可能了”[③]。显然，社区互惠的地方性也为中农经济的扩大再生产划定了限度。

（三）中农经济的去资本化

如上所述，在中农经济的兴起和扩张过程中，家庭劳动力和社区互惠

---

① 周诚：《土地经济学原理》，商务印书馆，2007，第 281 页。

② 王铭铭：《社区的历程》，天津人民出版社，1997，第 136 页。

③ 徐某保之所以能种到 70 亩田的规模，有两个原因，一是徐某保的亲戚和朋友关系相对多一些，二是徐某保一直在家种田，较早就开始流转土地。亲戚朋友多和流转时间早也是吴村的这些规模较大的中农户得以流转较多土地的重要原因。

关系替代了资本要素的投入，使得中农几乎不需预付资本，就可以顺利地完成农业生产并实现扩大再生产，中农经济呈现出去资本化的生产机制。在这一过程中，中小型机械投入的增加和土地租金的发生并没有改变中农经济的生产机制。中小型农机械不仅没有替代家庭劳动力，反而由于其有助于提高劳动效率，不断强化了家庭劳动力的开发程度。土地租金亦没有改变土地流转的互惠性，而是作为“礼物”在社区内部流动，不断强化着社区互惠关系。因此，家庭劳动力的自我开发和社区互惠也构成了对中农资本化的限制。

那么，中农是否有可能突破家计生产和社区互惠的限制向资本主义农业生产跃进呢？这其中的关键问题在于中农的生产剩余是否能够转化为资本，并能使其生产规模的扩大并超越家庭劳动力和社区关系的边界，以实现资本剩余的不断积累和扩大。

在吴村的中农兴起的过程中，许多中农逐渐从 10～20 亩的规模扩大到了 30～50 亩，更有甚者扩大到 100 亩，这似乎显示出了中农生产进一步扩大的可能。但整体来看，吴村中农的生产规模普遍维持在 50 亩以下，即使少数达到了 100 亩的规模也并没有超越家庭劳动力和社区的边界。生产规模的进一步扩大需要更大规模的、跨越社区边界的土地流转，即一个完全市场竞争的土地流转市场，显然，这需要较高的交易成本以及更高的土地租金。此外，生产规模的绝对扩大，还意味着更多的雇工成本，以及更大规模的机械和农资投入。总之，要有足够的资本积累以满足土地、劳动力和机械的预付资本需求。

但是，正如前文所提到的，中农的生产完全是以家计生产为目的，中农生产的剩余几乎全部用到了诸如小孩教育、结婚、建房等家庭消费上，只有很少的部分用于生产性投资如添置中小型农业机械（每件不超过 1 万元）。并且，由于农业剩余有限，往往要付出多年的积蓄才能满足部分家庭消费需求。而在家庭消费需求得到满足后，中农的积累也基本消耗殆尽。因此，在家计生产的基本原则下，中农经济并不存在生产剩余向资本转化的可能。从本质上讲，可以将中农经济看作是一种去资本主义化的经济形态。

四　中农经济与农业发展的实现

以家计生产为目的的农业经营方式似乎很难同“发展”联系起来，在马克思和斯密的经典理论中，小农的家计生产意味着边际收入递减和农业增长的停滞。黄宗智曾指出，在中国的农村经济变迁中，由于耕地不足所带来的家庭生存压力，小农家庭不得不在边际报酬极低的情况下继续投入家庭劳动力，由此形成了的农业过密化，即有增长而无发展。① 大量的农村剩余劳动力，及由此导致的农民收入低水平和农业极端过密化，这也被认为是我国农业长期得不到很好发展的根本原因。整体来看，在我国长期维持“人均一亩三分，户均不过十亩”的小农经济格局下，我国农业的过密化状况似乎很难改变。② 但是，中农经济的兴起却为这种改变提供了另一种可能。在中农经济条件下，农村劳动力就业机会的扩大，农民收入的增长，以及农民组织化程度的提高，从根本上改变了我国农业的过密化实际，使我国实现农业真正的发展得以可能。

（一）农村劳动力就业的扩大与农民收入的增长

20 世纪 80 年代以来的工业化对农村经济产生了重要影响，非农就业机会增多，使农村劳动力成为相对稀缺的资源，单位劳动收入开始显著增加，外出务工给农民带来了更多的家庭收入，这为农村经济实现真正的发展和繁荣提供了可能。但是，工业化并没有完全解决村庄中劳动力过剩的问题，当前仍有大量的农村人口无法被城市工商业所吸纳，而只能滞留于村庄中，继续从事小规模的农业生产以维持家计。因此，由工业化所带来的农村经济的发展，并没有从根本上改变农业的过密化实际。

在吴村外出务工的人口中，能够获得稳定就业机会和较高务工收入的往往是那些青壮年劳动力以及有技术的劳动力。对于那些没有技术的农民，以及 50 岁以上的中老年农民而言，他们往往很难找到稳定的工作，只能在建筑工地上打小工，多数还要兼顾农业才能维持生计。那些 60 岁以上的老年劳动力则几乎没有任何非农就业的机会，只能在村务农。但对于这些在村务农的农民而言，他们仍有足够的劳动能力来从事适度规模的农业生产。吴村的中农主要由这些在村务农的中老年劳动力构成（见表 4）。

① 〔美〕黄宗智：《长江三角洲的小农家庭与乡村发展》，中华书局，1992，第 11 ~ 12 页。

② 〔美〕黄宗智：《制度化了的“半工半耕”过密型农业》（上），《读书》2006 年第 2 期。

表 4　吴村中农的年龄结构及各年龄段耕种规模

单位：户，亩

年龄段（岁）	户数	耕种规模	户均规模
30～39	2	105	52.5
40～49	20	1025	51.2
50～59	32	1200	37.5
60～69	39	1450	37.2
70～79	5	120	24.0
总计	98	3900	39.8

资料来源：笔者根据户籍资料进行统计所得。

从表 4 可以看出，中农的年龄主要分布在 40 岁以上，并集中分布在 50～69 岁之间，对于这部分农户而言，虽然年纪较大很难在劳动力市场上获得非农就业的机会，但他们仍具有从事 20～50 亩田规模的农业生产的能力。

但是，由于吴村长期维持着“人均一亩三分，户均不到十亩”的小农经济格局，近些年来由于子女分户现象增多，户均耕地规模更是缩减到了 5 亩，在普遍从事主粮作物种植的情况下，如此狭小的人均耕作面积显然极大地限制了这些在村务农户劳动能力的开发，导致其长期处于“半就业”状态。以水稻种植为例，随着小型农业机械的普及，从播种到收割，每亩水稻最多仅需 6 个工作日的劳动。因此，在吴村户均 5 亩的农业经营规模下，种植双季稻或稻麦轮作，则一个农户家庭全年的农业劳动投入不超过 60 个工作日。若再加上农户从事家庭副业如种菜、养鸡等的劳动投入，则农户家庭全年的劳动时间也不会超过 100 天。由此有“一年十二个月，三个月种田，三个月过年，还有半年农闲”一说。

在中农经济条件下，生产规模的扩大将极大地改善这些在村务农户的劳动力利用状况，为他们提供更多的农业就业机会。表 5 显示了吴村 10 户不同规模中农的劳动和收入情况。

表 5　吴村 10 户中农的劳动和收入情况

单位：工，万元

中农	年龄	种植规模（种植结构）	年均劳动投入	家庭年收入
杨某设	56	20 亩（10 亩双季稻，10 亩稻麦）	210	1.80
周某平	60	30 亩（7 亩双季稻，23 亩稻麦）	291	2.31

续表

中农	年龄	种植规模（种植结构）	年均劳动投入	家庭年收入
梅某强	65	40 亩（5 亩双季稻，35 亩稻麦）	375	4.32
金某生	45	50 亩（10 亩双季稻，40 亩稻麦；600 只鸭鹅）	660	7.00
王某福	60	50 亩（10 亩双季稻，40 亩稻麦）	480	5.00
梅某强	53	55 亩（5 亩双季稻，50 亩稻麦）	510	5.15
周某林	53	60 亩（8 亩双季稻，52 亩稻麦）	564	5.60
徐某保	59	70 亩（7 亩双季稻，63 亩稻麦）	651	6.20
徐某民	49	80 亩（10 亩双季稻，70 亩稻麦）	750	7.17
刘某华	53	100 亩（稻麦）	860	8.00

表 5 显示，当生产规模逐渐从 20 亩田扩大到 100 亩田时，农户的家庭劳动投入逐渐从 210 个工作日增加到 860 个工作日，考虑到农业生产的季节性，中农的劳动投入则遍布全年，几乎实现了全年的充分就业，这从根本上改善了农村劳动力无法实现充分就业的问题。同时，随着劳动投入时间的增加，中农家庭的全年劳动收入也从 2 万元左右提高到了 8 万元，这已接近甚至超过青壮年劳动力外出打工的年收入。对于大多数耕种规模在 20 ~ 50 亩田的中农而言，每年可以稳定地实现 2 万 ~ 5 万元的家庭收入，这基本相当于外出务工的收入水平，足以保障其体面的村庄生活。更重要的在于，相较于外出务工所导致家庭成员的分离，中农能够享有较为完整的家庭生活。因此，中农经济的兴起极大地缓解了农村剩余劳动力的问题，以及由此导致的农民收入增长过低的问题，从而扭转了长期以来农业的过密化。

（二）农民合作组织与农业生产的再组织化

自分田到户以后，吴村的农业生产格局一直维持着分散、自发的状态，以小农家庭自主经营为主。近年来，由于青壮年劳动力大多进城务工，留守在村务农的许多老人和妇女识字不多，在农作物的病虫害防治环节经常出现各种各样的问题，如用错农药，不懂得控制剂量等，不仅影响到农业生产，并时常导致农药中毒事故的发生。为解决这一问题，由吴村村委会于 2009 年牵头成立了植保服务专业合作社，为村民提供病虫害防治服务。

村委会向县农业局申请支持，获得了 20 台喷雾器，其中有 14 台背负式喷雾器，6 台担架式喷雾器，村委会出资 5000 元用于配套防护服、口罩、手套等防护用品以及喷雾器的日常维护。合作社的主体由吴村的中农构成，设有理事会负责合作社的日常管理和运行，理事会成员有20名，4位村干部，16位中农（每个自然村一人）。合作社设立了两处病虫害观测点，又从县农业局聘请了3名农业技术人员。技术人员会根据在观测点的观测结果，定期向合作社发布病虫害的信息，并提供具体的技术指导，如何时打药、打什么药，以及药品的用量和使用方法等。然后再由合作社组织购买农药，并统一开展病虫害防治工作。

防治工作的具体开展主要由病虫害防治小组负责，合作社在每个自然村均设立了一个病虫害防治小组，共有16个小组。每个小组有三名成员，全部为本自然村的中农，由本自然村的合作社理事作为组长，负责组织协调。防治费用由农户承担，主要包括购买农药的费用以及防治服务费。农药由合作社统一购买，价格比市场价略低一些。服务费主要用于支付防治员的劳务，每亩20元。除此之外，合作社并不收取其他费用。

相较于农户自发开展病虫害防治而言，合作社的病虫害防治工作更加科学、合理，也更有效果。在农户自发打农药的情况下，很少根据病虫害的具体情况合理用药，总是以为农药打得越多越好，每一季水稻平均要打药七八次，花费72~86元的农药成本。由合作社开展病虫害防治后，平均每亩水稻打药5次，防治成本仅需66元。并且，农户多是在出现了病虫害之后才开始打农药治虫，合作社则是以病虫害的监测和预防为主，能够及时、准确地掌握病虫发生的动态，从而保障了防治的效果。

吴村的植保合作社充分发挥了统防统治的功能，既有效地控制病虫危害，又减少了化学农药的使用量和农户用药的盲目性，提高了病虫防控水平和种粮效益。合作社成立以后，防治面积逐年扩大，至2012年已覆盖了村庄的全部耕地。此外，合作社还定期组织农民到县城和乡镇参与农业技术培训，一般是由有文化、有能力的中农作为代表参加，回来之后再向其他农户传授。

在吴村合作社的发展过程中，有些合作内容已经超过了植保服务的专业范围，延伸到其他领域。如徐某保联合了合作社中的几个中农，形成了一定的销售规模，开始统一销售粮食，以增强同粮贩子议价的能力，这使他们的水稻销售价格每公斤提高了0.1元，从而得以在一定程度上避免粮贩子的过度压价。

吴村合作社可借鉴的意义就在于，以中农作为合作社的主体，从而顺利解决了合作社的组织基础问题。分田到户以来，如何重新组织农民发展生产一直是困扰我国农业进一步发展的难题。发展农民合作社实行产供销一体化被认为是一个可能的方向，但在较低农业产值的约束下，分散的小农之间似乎很难自发性地发展出合作组织，以至于曹锦清得出了“农民善分不善合”的论断。[①] 随着农村主要劳动力外出务工，留守在村庄的多是老人、妇女和儿童（又称 386199 部队），这使得农户间自发性地合作更加不可能。许多地方政府便开始积极推动资本下乡发展合作社[②]，这又导致合作社制度的“名实分离”问题。[③] 由此可见，农民组织的困境即在于其所面临的组织主体和组织能力的结构性困境。而在中农经济的条件下，农民组织的结构性困境可以迎刃而解。相对较大的生产规模，以及由规模的扩大所带来的农业产值的提高，使村庄中的中农有着较强的合作意愿和合作能力。并且，由现实的合作所带来的效率和效益的提升，给了他们极大的动力将合作维持下去。

此外，依托于以中农为主体的合作社组织，小农生产也得以有效地组织起来。例如，在吴村植保合作社建设过程中，形成了中农带动小农的格局，使整个村庄联结成为一个农技服务网络，从而解决了自上而下的农机推广体系难以同分散农户有效对接的问题。

因此，中农经济的兴起深刻地改变了村庄中农业生产组织格局，以中农为主体的农民专业合作社的建立，为农业生产的再组织化提供了可能。

（三）农业经营主体的再造与农业持续发展的可能

中农经济的另一重要意义在于实现了农业经营主体的再造，从而为农业的持续发展提供了可能。当前，随着农村劳动力大规模向城市转移，形成了农村中以中老年人和妇女为主的农业劳动力结构，这引起了社会各界对今后谁来种田这一问题的担忧。[④] 这一担忧刺激了政府部门推动资本下乡发展农业规模经营的实践，政府试图以此来营造出新型的农业经营主体，以推动中国农业的未来发展。显然，上述讨论隐含着对农村现有劳动力在

---

① 曹锦清：《黄河边的中国》，上海文艺出版社，2000，第 166～167 页。

② 冯小：《农民专业合作社制度异化的乡土逻辑——以“合作社包装下乡资本”为例》，《中国农村观察》2014 年第 2 期；仝志辉、温铁军：《资本和部门下乡与小农户经济的组织化道路——兼对专业合作社道路提出质疑》，《开放时代》2009 年第 4 期。

③ 熊万胜：《合作社：作为制度化进程的意外后果》，《社会学研究》2009 年第 5 期。

④ 2012 年 3 月份全国两会期间，15 位院士联名提案解决今后无人种田的问题，引起了社会的广泛关注。见李剑平：《师昌绪等 15 位院士：提防人口大国无人种地》，中国科学院网站，http://www.cas.cn/xw/zjsd/201203/t20120319_3512146.shtml，2012 年 3 月 19 日。

农业生产能力方面上的不信任，并忽视了当前农村中农经济兴起的事实及其对于农业发展的意义。

如前所述，当前农村的中老年劳动力（以家庭为单位）仍有着足够的劳动能力从事20～100亩规模的农业生产活动。并且，由此所形成的中农经济有效地解决了村庄中的农田抛荒问题。以吴村为例，在中农经济的条件下，村庄中那些外出务工的农户全部将其耕地流转给中农耕种，这使中农的耕种面积占到全村总耕地面积的66%，吴村其余的耕地仍由小农户耕种，村庄中基本没有抛荒的农田。20世纪90年代中期以来，吴村所面临的农田抛荒问题得到根本解决。

对于中农而言，在其家庭劳动能力的范围内，耕地资源总是稀缺的，耕地规模的扩大即意味着家庭劳动收益的增加。因此，他们有着极强的动力维持及扩大适度规模的农业生产，并积极进行农业生产投资，组织生产合作，学习农业技术。吴村的合作社建设充分表明，中农在组织生产合作，学习及推广农业技术上有着巨大潜力和优势。并且，中农经济的形成对小农的生产和组织有着极强的带动和指导作用，正如吴村经验所显示的，在农业生产环节，中农成为小农生产极为便利的帮扶者，在生产组织上，小农又可借助中农的“便车”改变生产的无组织状况及由此产生的效率损失。

因此，中农的兴起既能够较好地弥补由农村劳动力转移所带来的农业生产者“缺位”问题，还能够有效地克服小农生产的不足，并带动小农更有效地参加农业生产。从农业发展的角度来看，中农的兴起实现了农业经营主体的再造，作为农村中新兴生产力的代表，中农成为农业发展的主要推动者。

在我国小农经济仍将长期存在的基本国情下，中农所推动的农业发展并没有破坏小农经济的稳定秩序。由中农和小农共同构成的农业生产格局实现了小农经济的自我完善和升级，并得以避免农村中的阶层分化和农民的半无产化命运，农民的半无产化往往是由资本所推动的农业发展道路的必然后果。

五　中农经济对国民经济的可能影响

中农经济的兴起，展示出了我国小规模农业发展的另一种前景：在以生产主粮作物为主的普通村庄，通过农户间自发的、互惠性土地流转，并依托以家庭劳动力为基本单位，所形成的适度规模经营的中农经济，能够实现小农经济自发的转型升级，扩大农业就业，增加农民收入，提高农民的组织能力，实现农业的发展和乡村的繁荣。

中农经济充分体现了农村内部实现发展的潜力，这不同于由农村劳动力向城市转移所实现的农民收入增加，后者往往是以农村生产要素流失和乡村衰败为代价的。这不同于以资本为主导的大农场发展模式，农业的资本化往往意味着由资本主导的农业剩余分配以及农村中的阶级分化。中农经济实现了以农民为主体的农业和农村发展，这对于国民经济发展有着重要的影响。

改革开放以来，我国采取了出口导向型发展战略，依靠劳动力的比较优势大力发展加工制造业，获得了经济的高速增长。同时，农村劳动力大规模向城市转移，若按居住地计算，2013 年我国的城市化率已经达到了 53%，仍有 6.3 亿人口生活在农村，其中农业劳动人口约 2.5 亿。在这部分农业劳动人口中，大多数为中老年劳动人口，以及一部分没有（务工）技术的中青年劳动力，他们的劳动能力和技术难以满足城市工业的劳动需求，只能在农村务农以维持家庭生计。但是，在农村从事小规模粮食作物种植，不仅限制了其农业劳动能力的发挥，而且小规模粮食作物种植的低收益还将导致其家庭收入长期维持在温饱水平以及贫困状态。而中农经济的兴起，显著地扩大了这批滞留在农村的劳动人口的就业机会和家庭收入水平，从而使他们得以破解上述发展的困境，实现农民增收和乡村的稳定。

此外，当前我国的工业发展仍处于国际产业链低端，主要集中在低附加值、低利润的劳动密集型产业，这就决定了当前农民进城务工的低福利待遇和低工资水平，只有当我国实现了工业转型升级，转向了高附加值、高利润的产业链高端，才有能力为农民工提供更高的工资水平和更好的社会保障。[①] 因此，在我国当前的发展阶段，农民进城极少能够获得稳定的就业和福利保障，多数只能是年轻时进城务工而年老返乡务农，或年轻人进城务工，他们的父母在家务农，从而形成了“半工半耕”的小农经济制度。[②] 在此意义上，2.6 亿农民工进城，并非是一次性进城，而是多次在城乡之间往

① 贺雪峰：《论中国式城市化与现代化道路》，《中国农村观察》2014 年第 1 期。

② 〔美〕黄宗智：《制度化了的“半工半耕”过密型农业（上）》，《读书》2006 年第 2 期；贺雪峰：《论中国式城市化与现代化道路》，《中国农村观察》2014 年第 1 期。

返。村庄构成了农民往返城乡之间的基础，而中农经济的价值就在于，维系了一个稳定的村庄生产和生活体系。中农经济有效地保持了土地肥力和耕作便利，并再生产了村庄熟人社会的互惠体系，这使得外出务工的农民在进城失败返乡后仍能够继续稳定、有序的地在村庄生产生活。并且，随着不同农户家庭生命周期的变动，一些中农户由于年龄的增长体力衰退便会退出中农生产，外出务工返乡的农户便可借此顺利转变成为中农。由此，便形成农民在城乡之间的良性互动，使得农村真正成为中国现代化的稳定器和蓄水池，为我国工业转型升级提供缓冲的空间。

六　总结

笔者立足于安徽省吴村中农经济的微观经验，意在探寻我国小规模农业的发展前景及其可能。中农经济兴起于农业商品化和农村劳动力转移的背景下，村庄内部土地流转的互惠体系、小规模的资本积累和家庭劳动力充分利用成为中农经济的基本特征。在中农经济的生产过程中，商品化的农业生产并没有导向生产的资本化，而是随着生产规模的扩大不断强化家庭劳动力的自我开发程度，以满足日益增长的家庭消费需求。同时，借助社区内部互惠性的土地流转，中农几乎不需要预付资本，就可以顺利地实现扩大再生产。因此，在家计生产和社区互惠的基本原则下，中农经济构成为一种去资本化的经济形态。在中农经济条件下，农村劳动力就业机会的扩大，农民收入的增长，以及农民组织化程度的提高，从根本上改变了我国农业的过密化实际，使我国实现农业真正的发展成为可能。中农经济实现了以农民为主体的农业和农村发展，充分体现了农村内部实现发展的潜力，使农村真正成为中国现代化的稳定器和蓄水池。因此，中农经济所体现的农业发展逻辑，根本不同于主流理论所预期的资本介入农业取代小农家庭经营的发展模式，而是充分显示了我国在以粮食作物种植为主的普通村庄发展小规模农业的潜力和前景。这在我国当前以及今后相当长的时期内仍是以粮食作物种植为主的农业生产格局下，无疑有着更重大的启示意义。

农地规模经营与农村社会阶层结构重塑*

——兼论新型农业经营主体培育的社会学命题

赵晓峰　赵祥云**

摘要　本文通过对比分析农地规模经营的三个典型案例发现，在新型农业经营主体的培育过程中，多元利益主体间存在资源禀赋差异，他们为达到资本优势互补，结成了复杂的“吸纳—依附”关系网络，进而重塑了农村社会阶层结构。而这种重塑在农业生产领域规模经营与农业服务领域规模经营两种模式中具有不同的表现形式。在农业生产领域规模经营模式中，农村社会阶层分化趋势明显加快，中坚农民和普通农户处于弱势地位；而在农业服务领域规模经营模式中，农村能人主要负责为农业生产提供相关服务，中坚农民和普通农户开展农业生产，农业收益由多元主体共享。农业服务领域规模经营模式所产生的阶层重塑样态表明，小规模经营仍有生存空间和发展潜力，通过农业服务领域规模经营实现农业现代化更符合现阶段中国的国情。

关键词　新型农业经营主体　农地规模经营　社会阶层结构

一　问题的提出

2013年中央“一号文件”明确提出：“坚持依法自愿有偿原则，引导农村土地承包经营权有序流转，鼓励和支持承包土地向专业大户、家庭农场、农民合作社流转，发展多种形式的适度规模经营。”“培育壮大龙头企业，

---

* 本文原载《中国农村观察》2016年第6期，收入本书时进行了修订。

** 赵晓峰，西北农林科技大学人文社会发展学院副教授，研究方向为新型农业合作社发展与中国乡村治理；赵祥云，西北农林科技大学陕西省乡村治理与社会建设协同创新研究中心研究人员，研究方向为经济社会学。

创新农业生产经营体制，实现农业产业化。”而中国共产党十七届三中全会则明确提出：“加快构建以公共服务机构为依托、合作经济组织为基础、龙头企业为骨干、其他社会力量为补充，公益性服务和经营性服务相结合、专项服务和综合服务相协调的新型农业社会化服务体系。”中国共产党十八大报告也提出，要“培育新型经营主体，发展多种形式规模经营，构建集约化、专业化、组织化、社会化相结合的新型农业经营体系”。随着政府大力推动农地流转、扶持新型农业经营主体发展，中国农地流转面积不断增加。公开数据显示，截至2014年6月底，中国土地流转面积已经达到3.8亿亩，占全国耕地面积的28.8%，是2008年土地流转面积的3.5倍。政府通过推动农地规模经营和新型农业经营主体培育来构建新型农业经营体系和新型农业社会化服务体系。但是，在这个过程中，如何避免小规模农户的正当权益受损，使他们能够分享农业现代化发展的红利，成为学界关注的一个焦点问题。①

马克思认为：“小块土地所有制按其性质来说就排斥社会劳动生产力的发展、劳动的社会形式、资本的社会积聚、大规模的畜牧和科学的不断扩大的应用。”② 小块土地所有制抑制了生产力作用的发挥，阻碍了农业转型升级和现代化发展，而当现存的生产关系与生产力发展不相适应时，社会变革就会发生。因此，最终“资本主义的大生产将把他们那无力的过时的小生产压碎，正如火车把独轮手推车压碎一样是毫无问题的”。③ 小块土地所有制因其分散性、脆弱性必将被规模化、机械化的大生产方式所替代。按照《中华人民共和国农村土地承包法》的规定，农村土地属于农民集体所有，农户享有其承包经营权，因此马克思、恩格斯讨论的“小块土地所有制”在中国农村并不存在。但是，本文所讨论的“小规模生产”与他们所讨论的“小块土地所有制”在土地经营规模、生产工具社会化程度等方面具有相似性。在中国农业现代化过程中，分散的、生产机械化程度低的

① 贺雪峰：《为谁的农业现代化》，《开放时代》2015年第5期；〔美〕黄宗智：《农业合作化路径选择的两大盲点：东亚农业合作化历史经验的启示》，《开放时代》2015年第5期；严海蓉、陈义媛：《中国农业资本化的特征和方向：自下而上和自上而下的资本化动力》，《开放时代》2015年第5期。

② 《资本论》第三卷，人民出版社，1998，第910页。

③ 马克思：《路易·波拿马的雾月十八日》，载《马克思恩格斯选集》第1卷，人民出版社，1972年。恩格斯：《法德农民问题》，载《马克思恩格斯选集》第4卷，人民出版社，1972。

小规模经营是否会完全被规模化生产所取代，小规模农户是否真的不能适应新型农业经营体系的发展需要呢？贺雪峰从当前中国经济发展阶段和农民大量进城后缺乏可靠保障的现实出发，认为农地规模流转和新型农业经营主体培育会侵占小规模农户的生存空间，所以仍然应当确保农户对农地的承包权，如此才能为中国经济避免掉入“中等收入陷阱”提供支撑，让更多人体面而有尊严地生活。[①] 那么，在推动农地流转、发展适度规模经营、培育新型农业经营主体的过程中，小规模经营是否还有发展空间，农地规模经营是否有多样化的模式选择以及不同发展模式会对农村社会阶层结构产生怎样的影响，就成为现阶段中国农村经济社会制度变革中需要考虑的重要问题。

本文将采用多案例比较分析法，通过剖析当前农地规模经营的多元实践来考察在新型农业经营主体的培育过程中，多元利益主体的行动逻辑和相互间复杂的关联机制。中国共产党十七届三中全会决议和十八大报告中有关新型农业经营体系的内容表明，中国构建新型农业经营体系包括培育新型农业经营主体和建立新型农业社会化服务体系两个基本方面。所以，本文将农地规模经营区分为农业生产领域规模经营与农业服务领域规模经营两种模式，运用伯恩斯坦（2011）四大关键问题的理论分析框架来分别研究农业生产领域规模经营和农业服务领域规模经营的社会影响，回应农村社会阶层结构重塑的社会学命题，为当前中国的农业发展和社会转型期的乡村治理提供参考。

二 农地规模经营中的多元利益主体及其行动逻辑

（一）农地规模经营的典型案例

1. 农地合作——反租倒包

苏南善港村位于张家港经济技术开发区西大门，2012 年 4 月由原来的善港村、五新村、杨港村、严家埭村四村合并而成，全村总面积 9.07 平方公里，现辖 36 个自然村、59 个村民小组，有常住人口 7600 多人、外来人口两万多人，耕地 3700 多亩。由于地处长江三角洲地区，受市场经济的影响较早，乡镇企业发展较快，地域经济发达，从 20 世纪 90 年代开始，善港

---

① 贺雪峰：《为谁的农业现代化》，《开放时代》2015 年第 5 期。

村村民间自发流转农地的情况已经比较普遍。村内现有近200家企业，多数村民早已不再从事农业生产经营。2008年，善港村成立了善港农民专业合作社，合作社与农户签订协议，将全村农地流转到合作社，每亩农地的租金为700元/年。合作社将农地集中起来后并没有直接开展农业生产经营，而是将全村3700多亩农地分成两部分，其中约2000亩农地由善港生态农业科技有限公司经营。该公司于2013年由村集体组织与外来资本合资成立，主要从事农业技术开发，粮食作物、蔬菜、水果、苗木的种植和销售，以及水产养殖和销售。该公司现已建成1200亩有机作物农田，并建有集体农场。所生产的农产品除满足当地部分企事业单位餐饮需求外，还供游人采摘。剩余的农地由合作社对外发包，寻找新的农业经营主体，最终发包给7个分别来自浙江和安徽的种粮大户种植。这些种粮大户常年在各地承包农地，资金实力较强，农业生产经验丰富。

2. 企业经营——资本化运作

皖北黄村是典型的农业村，特殊的地理条件使当地形成了“人均一亩三分，户均不足十亩”的小规模农地经营状况。在劳动力大量外流的情况下，农业生产主要为粗放型经营。为改善这种情况并发展当地经济，地方政府计划通过整村推进农地流转来打造经济发展亮点。从2009年开始，村党支部书记以自有资产为保证金逐步将全村农地流转到自己手中，之后又将这些农地流转给外来资本，包括房地产开发商、种业公司及商贸集团。由于粮食价格较低、种粮获利空间有限，这些工商企业进入农业生产领域后多数选择种植收益较高的农作物，包括蔬菜种植和苗木繁育。这些外来资本对大规模农地的耕种达不到农户小规模经营精耕细作的程度。最终，这些外来工商企业发展出公司式农场经营模式，即以资本所有者为农场主，聘用专门的管理人员负责经营农场，技术人员负责具体业务指导，村庄代理人负责日常看管和雇工召集，雇工则负责种植和管理农作物等。但是，这种公司式农场经营模式又增加了这些外来工商企业的管理费用、监督费用和人工成本，压缩了其利润空间。此外，农业生产具有投资收益低、自然风险高等特点。在这种情况下，入驻黄村的外来工商企业大都选择退出农业生产经营，而将转入的农地转包给其他人，甚至存在多级转包的现象，黄村真正的农业生产经营者最终只有十几人。

3. 联耕联种——分阶段规模化

家庭承包经营制下形成的农地细碎化经营格局，在现阶段限制了农业机械化和现代农业的发展；同时，家庭承包经营制激发农户种植积极性的制度红利已逐步减少。为突破这一制度瓶颈，江苏省射阳县农民探索出了“联耕联种”这一农地经营管理新模式。由于收效显著，这一模式在射阳以外周边地区得到大面积推广。

联耕联种模式的探索源于秸秆还田相关政策规定与当地农户的农地占有格局之间的矛盾：在“一户多田”“一田多户”的农地细碎化经营格局下，粉碎秸秆、深翻深耕的大马力农机作业难以开展。2008 年，射阳县某村农民进行了挖除田埂、连片耕作的尝试。这既解决了秸秆还田难题，又有利于扩地增产。2013 年 8 月，射阳县开始在其他地区试点推广联耕联种。

联耕联种是在农户自愿的前提下，由村集体统一组织，以在农地两头定桩的形式划定界限，挖除原有的田埂并平整农地，然后实行统一耕种。这直接降低了农业生产成本，其增产增效成效显著。联耕联种的具体形式有多种，主要包括以下三种。一是联耕分管，即在农户自愿的基础上，由村集体或组织者负责将田埂平整，实现土地连片成块，农户协商后确定统一种植的品种，再请专业大户或合作社统一耕地播种，但水肥管理、病虫害防治及后续收割等环节仍由农户自行负责；二是联耕联管，这是联耕分管形式的升级，即在联耕的基础上再进一步，由专业大户或合作社扩大服务范围，帮助农户管理农田，但经营权仍在农户手中；三是联耕联营，这是联耕联种的高级形式，整个耕作管理和经营环节都实现统一，成本由所有农户均摊，收益也由他们均分。

（二）多元主体的行动逻辑

新型农业经营主体的培育涉及多方利益，本文将借用生计资本的五个维度来分析农地规模流转中多元主体的行动逻辑。生计资本是可持续生计框架的核心，该框架描述了农户在受市场、制度政策以及自然因素等影响的风险性环境中，如何利用权力、资本和可能的策略去提升生计水平。[①] 生计资本包括五个维度，分别是人力资本、自然资本、物质资本、金融资本和社会资本，它们都会对农户生计状况的改善产生影响。本文将立足于农地规模经营中新型农业经营主体的培育过程，扩展生计资本分析框架的适用范围，对多元利益主体的行动逻辑进行分析。在本研究中，人力资本是

---

① 苏芳、蒲欣冬、徐中民、王立安：《生计资本与生计策略关系研究——以张掖市甘州区为例》，《中国人口·资源与环境》2009 年第 6 期。

指劳动力及其所具有的知识、技能；自然资本主要是指农地；物质资本则包括道路沟渠等农业基础设施以及农药化肥等农业投入；金融资本是指相对于村庄自有资金而言的外来资金、政府项目资助、贷款、税收优惠等；社会资本即个人在农村社会中的领导力和影响力，以及信任与互助的社会关系网络。农地规模经营，既需要实在可见的较大规模的农地以及较为便利的道路沟渠，又需要内化于人的知识技能、劳动能力；既需要来自于村庄之外的项目资助、银行贷款，又需要内生于村庄的信任资源。所以，只有同时具备这五项资本时，外来经营主体才能顺利进入农村开展农地规模经营，村庄内部经营主体才有足够的能力进行农地规模经营。不过，在新型农业经营主体发育成熟前，他们并不同时拥有这些资本。而不同的利益主体通常存在资源禀赋差异，为满足各自利益，实现资本优势互补，他们相互间在客观上形成了错综复杂的“吸纳—依附”关系网络（见图1），进而形成了各自不同的行动逻辑。接下来，笔者将结合上述案例，对多元利益主体之间的交互关系及其作用机制进行详细分析。

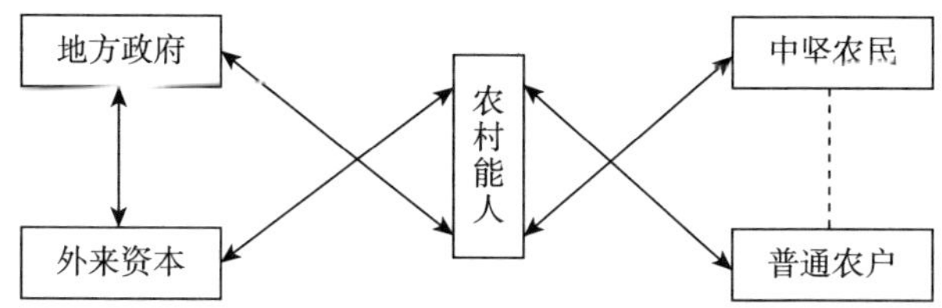

图1　农地规模流转过程中多元利益主体之间的“吸纳—依附”关系网络

注：双箭头表示存在“吸纳—依附”关系；虚线表示生计资本量无本质差异，不存在明显的“吸纳—依附”关系。

1. 农村能人

农村能人是指在农村社区中成长起来的精英群体，包括政治精英、经济精英和文化精英。他们相对于普通农民来说具有资源禀赋优势，拥有农村中正式或非正式的权力或权威，受到多数村民的尊重，具有丰富的社会资本。而要成为新型农业经营主体，除了要在农村拥有较多社会资本外，还需要具备充足的自然资本（即较大规模的农地）。但是，农村能人仅有少量的承包地。为获得自然资本，他们凭借自己的社会资本，即在村庄中的地位和威望，利用血缘和亲缘等各种关系网络，将中坚农民和普通农户的农地流转到自己手中，顺利转入较大规模农地。受农村社区中农民“自己人”意识和特殊信任结构的影响，[①] 农村能人对中坚农民和普通农户的吸纳关系很容易形成。村党支部书记作为村庄政治精英，属于农村能人中的一员，皖北黄村案例中村党支部书记之所以能将全村农地集中起来，正是因为他具有这样的身份优势。农村能人转入较大规模的农地后，或将农地再流转给外来资本经营，或自己成为种粮大户等新型农业经营主体。而规模经营农地还需要有金融资本和物质资本的支持，这就促使农村能人产生对地方政府和外来资本的依附。这是因为，地方政府拥有项目资金，同时在税收、金融政策等方面具有管理权和决策权。如果能够得到地方政府的支持，农村能人一方面可以享受政策和金融优惠，从而降低农业生产成本，增强风险抵御能力；另一方面还可以利用地方政府提供的良好基础设施等物质资本为农业生产的规模化和机械化创造条件。而农业企业等外来资本本身具有雄厚的资金实力，农村能人依附于外来资本也可获得其财力支持，解决农业规模经营中面临的资金需求量大、资金周转速度慢的问题。在成为新型农业经营主体的过程中，农村能人通过完成对中坚农民和普通农户的吸纳，并对地方政府和外来资本产生依附关系，获得了成为新型农业经营主体所需的五项资本。

2. 中坚农民

中坚农民是指农地经营规模为 20 亩左右的农业经营主体。[②] 这一群体是农村劳动力外流后自发形成的。市场经济的发展推动了农村人口向城市流动，大量农村劳动力外出务工经商，但也有部分青壮年农民出于照顾老人、孩子等多种因素的综合考虑，选择留在农村经营农业。这些农民身强力壮，家庭原有的少量承包地既难以使其劳动能力得到充分发挥，也不足以满足其家庭基本生活需要，因而他们主动转入外出农民的承包地，依托村社内部的互惠体系和家庭劳动力的自我开发，促进小规模经营的转型升级，从而使劳动生产率相对于普通农户有大幅提升，最终实现了农业生产的“去过密化”。[③] 不过，在农地规模流转和培育新型农业经营主体的过程

① 赵晓峰、付少平：《多元主体、庇护关系与合作社制度变迁——以府城县农民专业合作社的实践为例》，《中国农村观察》2015 年第 2 期。

② 贺雪峰：《中坚农民的崛起》，《人文杂志》2014 年第 7 期。

③ 张建雷、曹锦清：《中农经济的兴起：农业发展的去资本主义化及其机制——基于皖中吴村的调查》，载《中国乡村研究》第 13 辑，福建教育出版社，2016；〔美〕黄宗智：《长江三角洲的小农家庭与乡村发展》，法律出版社，2014。

中，中坚农民只经营20亩左右的农地，自然资本拥有量相对较少，并且他们拥有的社会资本也比不上农村能人，无法像农村能人那样顺利实现农地的规模流转，因此他们没有条件和能力去争取地方政府和农业企业等外来资本的支持，难以获得金融资本和物质资本。另外，外来资本为实现长期连片租种农地，愿意支付较高的农地租金，土地租金的高企迫使一些中坚农民退出农业生产，其生存空间大受挤压。[①] 最终他们只能将自家仅有的承包地流转出去，或成为农业雇工，出让自己的人力资本；或进入城市，寻找谋生之道。在上述案例中，农地实现规模流转后的苏南善港村和皖北黄村已经很难看到中坚农民。在出租自然资本和人力资本时，中坚农民并不直接与新型农业经营主体交易，尤其在与农业企业交易的过程中，更多的是由农村能人在其中发挥中介作用，平衡双方利益诉求，这自然导致中坚农民对农村能人的依附。

3. 普通农户

在规模流转农地、培育新型农业经营主体的过程中，普通农户与中坚农民的处境相似。普通农户相对于中坚农民来说，农地经营规模更小，且农地细碎化现象明显，因而普通农户的自然资本和人力资本不足。由于普通农户经营规模小，经济能力弱，他们主要采用“以代际分工为基础的半耕半工”的生计模式，[②] 与其他村民的联系并不密切，社会资本不足。相对于自然资本和社会资本，他们更为缺乏开展规模经营所需的资金，像中坚农民一样，他们很难在金融资本和物质资本方面获得支持。在农地规模流转中，他们只能选择转出农地。由于普通农户在农村中数量众多，利益诉求不一，农业企业等与他们打交道的交易成本过高，所以农业企业等多会选择通过农村能人来与普通农户间接交涉农地流转等事宜。普通农户将承包地委托给农村能人，农地租金、农业打工收入等也通过农村能人去交涉，这直接导致普通农户对农村能人的依附。外来工商资本在黄村流转到土地后，将转入农地上的部分生产活计交由普通雇工（即召集来的普通农户）完成。但是，这些普通雇工的召集和劳务工资的发放并非由承包大户直接

---

① 孙新华：《再造农业——皖南河镇的政府干预与农业转型（2007～2014）》，华中科技大学博士学位论文，2015年。

② 贺雪峰：《关于“中国式小农经济”的几点认识》，《南京农业大学学报》（社会科学版）2013年第6期。

进行，而是由其在黄村选择的代理人来做，普通雇工对这些代理人具有很强的依附倾向。

4. 地方政府

自 2008 年以后土地流转速度加快，而土地流转加速的主要原因之一便是地方政府的行政推动。[①] 无论是苏南善港村还是皖北黄村，无论农地的经营主体是合作社、种粮大户，还是农业企业，地方政府都在农地规模流转中扮演了重要角色，一些地方政府“软硬兼施”，甚至动用“混混儿”等非正式力量，强制推进农地流转。[②] 地方政府积极推动农地规模流转的原因是：一方面在“压力型体制”的结构性力量作用下，“晋升锦标赛”成为地方政府的行动动力。[③] 皖北黄村整村推进农地流转正是地方政府出于发展地域经济、营造政绩亮点的考虑。另一方面地方政府成功培育新型农业经营主体后，可以增加财政收入，甚至还可以利用身份便利获得灰色收入。[④] 在这两种因素的作用下，地方政府往往成为规模流转农地、培育新型农业经营主体的积极推动者。

税费改革尤其是取消农业税后，农村公共品的供给主要由国家以财政转移支付的形式承担，而转移支付则多以项目制形式开展。地方政府通常是这些项目的审批人或是项目层层下放后的再发包主体，同时它还拥有对地方税收和金融政策的管理权和决策权。地方政府作为本文所说的金融资本的管理者，其行动逻辑直接关系到新型农业经营主体的发展。而涉农项目很多都与农业基础设施建设有关，这些项目落地后，地方政府可以帮助村庄修缮沟渠、扩宽机耕道、平整农田，还可凭借其身份优势提供先进和必要的农资、农技。但是，地方政府作为行政主体，无法像市场主体那样经营农业，在这种情况下，它会选择培育经营能力和抵御风险能力强的农业企业等外来资本成为农业经营主体，由此形成对外来资本的吸纳关系。但是，外来资本毕竟是村庄以外的力量，与分散的村民打交道存在交易成

① 赵阳：《城镇化背景下的农地产权制度及相关问题》，《经济社会体制比较》2011 年第 2 期。

② 孙立平、郭于华：《“软硬兼施”：正式权力非正式运作的过程分析》，《清华社会学评论（特辑）》，鹭江出版社，2000 年；冯小：《资本下乡的策略选择与资源动用——基于湖北省 S 镇土地流转的个案分析》，《南京农业大学学报》（社会科学版）2014 年第 1 期。

③ 周黎安：《中国地方官员的晋升锦标赛模式研究》，《经济研究》2007 年第 7 期。

④ 赵晓峰、付少平：《多元主体、庇护关系与合作社制度变迁——以府城县农民专业合作社的实践为例》，《中国农村观察》2015 年第 2 期。

本过高的问题，所以地方政府在培育新型农业经营主体时，除了考虑外来资本，也需要培育村庄内部力量。而农村能人由于在村庄中拥有正式或非正式的权力或权威，社会资本丰富，关系网络发达，成为村庄内部力量的合适人选。因而，地方政府会主动吸纳农村能人，利用他们培育新型农业经营主体，或直接将他们培育为新型农业经营主体的经营者。苏南善港村在引进种粮大户和成立农业公司前，首先通过由村庄能人组建的合作社将全村耕地集中起来，实现了农地集中成片；近年来，当地政府和村集体又不断修缮水利设施、扩宽机耕道，这为新型农业经营主体的成长提供了较完善的基础设施条件。

5. 外来资本

在产能过剩的情况下，资本的逐利本性驱动其不断开拓新领域，进驻新行业。当前，工商资本投资农业的现象屡见不鲜。皖北黄村集中起来的耕地就多数由外来的工商企业租种。虽然多数外来资本拥有较为充裕的资金储备，但是农业经营尤其是农业规模经营易受气象灾害影响，经营风险较大，且农业经营的投资回报链条较长，因而外来资本期望通过政府渠道获得农业项目，争取财政支持、税收减免和金融扶持等方面的优惠政策。同时，为了能够开展大规模的机械化生产，这些企业还需要有良好的道路、水利设施等基础设施条件。由于地方政府对涉农项目决策拥有主动权，为了在金融资本和物质资本方面获得支持，使外来资本对地方政府形成了依附关系。善港生态农业科技有限公司在发展过程中争取到政府600万元的财政补助，建成160多个冬暖式大棚，一些种粮大户也争取到“星火计划”等项目共计100多万元的财政支持，这些项目大大降低了外来资本开展农业生产经营的成本。

外来资本要实现农业规模经营，除了需要在金融资本和物质资本方面获得支持外，还需要自然资本和人力资本，同时也需要得到广大村民的认可，否则将会陷入各种困境。例如，善港生态农业科技有限公司种植的水果和蔬菜就经常遭到盗窃。最为严重的一次是公司从日本引进优质葡萄苗，价格昂贵、成本极高，刚栽种到果园里就被村民偷偷挖走。公司不得不报警，并在果园里安装了更多摄像头，但收效甚微。而农村能人在农村威望较高，社会资本丰富，对村庄各户的情况比较了解。雇佣他们做农业公司的管理人员，不仅可以降低生产中的监督成本，还可以很好地缓解外来资本与村民之间的矛盾。正是看到农村能人的这种优势，外来资本积极吸纳农村能人，并通过他们获得农地规模经营所需的自然资本和人力资本。利用农村能人发达的社会关系网络，外来资本可以很好地处理转入分散农户的承包地后可能遇到的各种问题，降低交易成本，并在劳动力需求量较大时通过农村能人迅速雇用到农业工人。

总之，对地方政府的依附和对农村能人的吸纳为外来资本成为新型农业经营主体和开展规模化的现代农业生产创造了各种有利条件。

三　农村社会阶层结构重塑

（一）农村社会阶层结构重塑机制

通过以上讨论，可以得到一个基本图景：在新型农业经营主体的培育过程中，多元化的行动主体存在多样化的利益诉求，为实现资源优势互补，最终结成了“吸纳—依附”关系网络。这个关系网络使农村能人通过对地方政府和外来资本的依附集中到金融资本、物质资本，并凭借其本身所有的社会资本优势吸纳中坚农民和普通农户，从而获得自然资本和人力资本。而中坚农民和普通农户在这个关系网络中只能处于依附地位，转出农地后，他们主要依靠人力资本，以打工为其收入来源。错综复杂的“吸纳—依附”关系网络塑造了农村社会阶层的金字塔结构。其中，农村能人居于金字塔的顶端，获得极大份额的农业收入；中坚农民和普通农户生计资本更加不足，成为弱势阶层，处于金字塔的底层。中坚农民和普通农户人数众多，弱势阶层规模庞大，其命运会深深地影响着农村社会的发展和未来形态，乃至影响整个社会的稳定和发展。因而，讨论农地规模流转和新型农业经营主体培育过程中农村社会阶层结构重塑机制具有重要的现实意义。

伯恩斯坦在讨论农业政策变迁时认为，政治经济学有四大关键问题：在生产与再生产中谁拥有什么？谁从事什么？谁得到了什么？他们用获得物做了什么？[①] 接下来，本文将通过伯恩斯坦的这四大关键问题的理论框架来考察农村社会阶层结构重塑机制，分析新型农业经营主体培育过程中农村能人、中坚农民和普通农户分别表现出怎样的生活状态。

1. 谁拥有什么

这是有关生产资料如何分配的问题。《中华人民共和国农村土地承包

---

① 〔英〕亨利·伯恩斯坦：《农政变迁的阶级动力》，汪淳玉译，社会科学文献出版社，2011。

法》规定，农民拥有土地的承包经营权。农地规模流转把承包权和经营权进行了分离，承包地的所有权仍在集体手中，直接承包权还在农户手中，而经营权则由规模经营主体主导。“资源的所有权只是对资源所有者的法律规定，它必须通过使用过程才能实现。对资源的支配权、使用权及其生产出的利益的享用权——我们可以合称为‘所用权’，是所有权的最重要的实现形式。完整的所有权是法律规定的所有权与实际的所用权的有机结合。‘所有’只是手段，‘所用’才是目的。”① 农地规模流转后，虽然中坚农民和普通农户仍拥有土地的直接承包权，但是，他们已经没有了土地的经营权。“所用”才是目的，所以农地规模流转事实上导致中坚农民和普通农户与土地资源的直接利益关系大为削弱。而一些新型农业经营主体在转入成千甚至上万亩农地后，如果难以进行有效经营，多会选择将农地转包，案例中皖北黄村甚至存在多级转包的情况。农地多次转包后，农业收益被与新型农业经营主体联系密切的主体所分享，中坚农民和普通农户则被排挤出利益分享体系，只能获得农地租金和农业打工收入。

农村能人在村庄中拥有丰富的社会资本，凭借其发达的社会关系网络，他们可以顺利转入中坚农民和普通农户的承包地，实现规模经营，转型升级为家庭农场主或种粮大户等新型农业经营主体。他们也可能承包农业企业或其他新型农业经营主体倒包的农地，这些规模较大的农地构成了他们的自然资本，被排斥出农业生产经营领域的中坚农民和普通农户同时也为农村能人提供了人力资本。通过对地方政府和农业企业的依附，农村能人获得了金融资本和物质资本。在新型农业经营主体的形成过程中，农村能人丰富的资本占有状况与中坚农民和普通农户的资本不足状况形成了鲜明对比。

2. 谁从事什么

这是有关社会分工的问题，是由社会关系决定的。② 新型农业经营主体的培育将增强农产品的商品性，农地规模流转将推动农村社会形成新的社会分工。拥有较丰富社会资本的农村能人进入新型农业经营体系后，逐渐脱离农民群体，在外来资本的扶持下，或利用金融资本、物质资本来流转、

---

① 鲁品越：《生产关系理论的当代重构》，《中国社会科学》2001 年第 1 期。

② 〔英〕亨利·伯恩斯坦：《农政变迁的阶级动力》，汪淳玉译，社会科学文献出版社，2011。

整合中坚农民和普通农户的自然资本，转入较大规模的农地，成为新型农业经营主体；或帮助外来资本整合转入后的农地，并将新型农业经营主体引入自己所在村庄，自己帮助其管理农业工人，监督工人劳动，成为新型农业经营主体在村庄的代理人。外来资本进入皖北黄村后就发展出了公司式农场模式，雇佣农村能人负责农场的日常管理。一些学者还发现，当发生外来资本退出农业生产领域并将农地倒包的情况时，农村能人往往能直接变身为大户，“精英俘获”的现象大量存在。[①] 农村能人在对地方政府和农业企业形成依附时，其利益取向逐渐脱离农村社区，与中坚农民、普通农户的利益关系减弱，村庄内部阶层结构出现了分化。普通农户和中坚农民的承包地面积较小，相对于农村能人来说社会资本不足，在新型农业经营主体的形成过程中只能将农地流转出去，在农村社会阶层结构重塑机制中自然成为农村的弱势阶层。他们或进入新型农业经营主体的农场中工作，成为农业雇工；或进入城市中薪金低、劳动强度大、社会保障不健全的“非正规经济部门”。[②] 由此，村庄社会中农村能人与中坚农民和普通农户的阶层分化逐步明显，农村社会阶层结构逐步得以重塑。

3. 谁得到了什么

这是关于“劳动成果”分配的问题，它不仅针对货币收入，还指向其他各种形式的“劳动成果”。在农地规模流转发生前，中坚农民是重要的农业经营主体，农业是其家庭收入的主要来源，他们通过农业生产经营获得家庭再生产所需的生活资料以及农业再生产所需的生产资料。同时，中坚农民是维护农村基层政治和社会秩序稳定的重要力量，他们受到其他村民的尊重，获得荣誉感和归属感。普通农户虽然不是农业经营最重要的主体，但其数量庞大，在农业经营体系中也占据相当位置，他们采取“以代际分工为基础的半工半耕”的兼业化生计模式。虽然可以从非农产业中获得货币收入，但农业生产对他们来说依然相当重要，细碎农地上少量瓜果蔬菜的种植和牲畜家禽养殖在物价高涨和货币性支出增多的背景下对他们而言

---

① 田先红、陈玲：《“阶层地权”：农村地权配置的一个分析框架》，《管理世界》2013 年第 9 期；蒋永甫、何智勇：《资本下乡与现代农业发展中的农民组织化路径》，《云南行政学院学报》2014 年第 5 期。

② 〔美〕黄宗智：《超越左右：从实践历史中探寻中国农村发展出路》，法律出版社，2014。

意义重大。此外，农户在农产品生产、经营、消费、交换环节仍具有自主性，他们从农业中获得的不仅有实实在在的收成，还包括自主支配劳动成果的满足感和尊严感。

但是，在农地规模流转、培育新型农业经营主体的背景下，中坚农民和普通农户将农地流转出去后，在农村中只能成为农业雇工，他们获得的不再是最初的农产品，而是凭自然资本和人力资本得到的农地租金和劳动工资，农地经营的大多数收益被新型农业经营主体截留下来。[①] 在新型农业经营主体的培育过程中，农村弱势阶层的集体成员权也间接受到了影响。集体成员权源于中国农村社会特殊的制度安排，村民委员会是村民自治组织，代表的是农民的集体利益，所有农民都可凭借自己的村社成员身份分享村庄公共利益。但是，农地等自然资本由新型农业经营主体主导后，农业利益被农村能人等获利阶层控制，村民自治组织已很难成为多数农民的利益代表，村庄公共品、村庄荣誉等都被与弱势阶层割裂，中坚农民和普通农户的集体意识和集体荣誉感遭到削弱。在这种情况下，村庄的良性运行已部分丧失了社会基础。而农村能人却凭借其资源优势，依附于地方政府及外来资本，或成为新型农业经营主体，或成为这些外来资本在农村的代理人，与其他新型农业经营主体结为利益共同体，获得较高的农业经营收益，并在此过程中获得经济能力和地位提升带来的荣誉感和自豪感。

4. 他们用获得物做了什么

这一问题主要关注生产与再生产中不同社会关系如何决定社会产品的分配与使用。[②] 在传统农业中，农民的劳动产品多数用于自家消费，少部分用于交换，农民不仅可以从农地经营中获得口粮，还可以散养家禽、家畜，以及在农地边角上种植蔬菜瓜果。[③] 这些“隐性获得物”虽不被计算在土地收入内，但它们在农民生活中占据重要地位，维持着农民成本低、自足性强的乡村生活。农地大规模流转出去后，由于在农村难以找到获得较高收

① 孙新华：《再造农业——皖南河镇的政府干预与农业转型（2007－2014）》，华中科技大学博士学位论文，2015。

② 〔英〕亨利·伯恩斯坦：《农政变迁的阶级动力》，汪淳玉译，社会科学文献出版社，2011。

③ 孙新华：《强制商品化：“被流转”农户的市场化困境——基于五省六地的调查》，《南京农业大学学报》（社会科学版）2013 年第 5 期。

入的来源，多数中坚农民和普通农户只能进入城市务工，他们需要从本来就不多的现金收入中拿出一部分用于这些“隐性获得物”的消费。收入并未增加，在物价上涨的背景下，支出却大为增加，这使他们的生活成本高企，自主性被削弱。中坚农民和普通农户将农地流转给新型农业经营主体后，他们只能获得农地租金，部分农户可以获得农业打工收入和股金分红。但是，由于没有自然资本、物质资本和金融资本，他们的投资能力和风险承担能力极低，仅有的收入主要用于建房、嫁娶支出和家庭日常消费。也就是说，弱势阶层只能依靠农业工资收入或在城市的打工收入满足其基本生活需求。通过成为新型农业经营主体或对其他新型农业经营主体形成依附，农村能人获得了经营较大规模农地的收入或其他新型农业经营主体支付的管理工资，这些收入相对于其生活所需来说仍有大量剩余。这些剩余资金在多数情况下被农村能人用于继续转入农地、购买农机农资、增强土壤肥力，提高农地生产效率，进行扩大再生产。在新型农业经营主体的培育过程中，农村能人与中坚农民和普通农户不同的获得物利用模式使他们对各自的阶层地位产生路径依赖，农村社会阶层结构重塑机制不断得到强化。

（二）农村社会阶层结构重塑的两种模式

在新型农业经营主体的培育过程中，不同利益主体的资源禀赋和行动能力存在异质性，这就使多元主体形成了各自特殊的行动逻辑，最终产生了复杂的“吸纳—依附”关系网络，进而使农村出现了利益结构重组和社会阶层结构重塑。值得注意的是，中国共产党十七届三中全会和十八大报告提出的构建新型农业经营体系，包括培育新型农业经营主体和建立新型农业社会化服务体系两个方面。而实现农业规模经营既可以将土地集中起来直接在生产领域进行规模经营，也可以通过社会化服务体系的构建在服务领域进行间接的规模经营。[①] 基于农村调查经验以及江苏省射阳县“联耕联种”的案例，笔者发现，农村社会阶层结构重塑也存在两种模式，即除了前文所讨论的农业生产领域规模经营模式外，还包括农业服务领域规模经营模式（见表 1），而后一种模式促使农村社会形成一种农村能人、中坚农民和普通农户共享农业发展收益的阶层结构。

---

① 张红宇：《关于深化农村改革的四个问题》，《农业经济问题》2016 年第 7 期。

表1 农业生产领域规模经营模式与农业服务领域规模经营模式的农村社会阶层结构重塑机制比较

模式	村庄有关主体	谁拥有什么	谁从事什么	谁得到了什么	他们用获得物做了什么
农业生产领域规模经营	农村能人	社会资本 自然资本	开展农业规模生产 作为外来资本的代理人	农产品销售收入 代理人工资	农业扩大再生产
	中坚农民 普通农户	人力资本	农业雇工	农地租金、 雇工工资	家庭再生产
农业服务领域规模经营	农村能人	社会资本 物质资本	农业全链条服务	服务收入	服务环节扩大再生产
	中坚农民 普通农户	自然资本、 人力资本	农业生产	农产品销售收入	生产环节扩大再生产

1. 农业生产领域规模经营模式

农业生产领域的规模经营主要表现为对农地这一自然资本的集中经营。在农地自发流转的背景下，中坚农民依靠村庄中的熟人关系可以低成本地转入农地，开展适度规模经营，既可获得相对充足的经济收入，又可获得较为体面的社会地位。普通农户则凭借以性别分工或代际分工为基础的“半耕半工”的兼业化生计模式维持农业的再生产，他们既可从小规模农业经营中获得粮食、蔬菜等生活资料，也可通过非农产业就业获得货币收入以满足家庭支出，并在此过程中获得较为自足的内心体验。但是，在农业生产领域规模经营模式下，中坚农民和普通农户由于缺乏社会资本，在新型农业经营主体的培育过程中遭到排斥；农村能人则凭借资源禀赋优势得到地方政府和农业企业的吸纳和扶持，双方资本优势互补，形成“吸纳—依附”的关系网络，农村能人进入外来资本的利益体系中。最终，中坚农民和普通农户只剩下人力资本，只能获得农地租金和雇工工资，其所获得的仅够糊口的工资被用来进行农业的再生产，成为弱势阶层。而农村能人凭借社会资本转入其他农户的农地，通过与外来资本形成“吸纳—依附”关系网络，进入新型农业经营主体的利益体系中，获得农业经营收益或代理人工资，并为其扩大农业再生产积累资本。

新型农业经营主体生成后，农地成为农业能人扩大再生产的基本资料。他们通过农地规模经营，获得经济收入、政策收益以及其他资本积累。一些新型农业经营主体通过与地方政府合谋，对政策规定变通操作，或多次转包农地，变为农地食利者阶层；或发展观光农业，转变农地用途，牟取暴利。在农业生产领域规模经营的过程中，农村社会阶层分化状况逐渐明显，农村社会阶层结构重塑机制不断得到强化。

2. 农业服务领域规模经营模式

在农业生产中，家庭经营因其公认的自我监督等特性而具有其他经营方式难以达到的效率，但是在大多数情况下，这种经营方式仍然需要通过合作和社会化服务来弥补其不足。① 而在农业服务领域存在政府失灵、资源配置无效、供求错位等问题的情况下，需要培育多元化的农业服务供给主体，发挥市场的作用。② 农业社会化服务体系是指为农业生产经营各环节提供服务的各类机构和个人构成的网络，其涵盖面广，包括物资供应、生产服务、技术服务、信息服务、金融服务、保险服务以及农产品的包装、运输、加工、贮藏、销售等各个方面。③ 随着现代农业的发展和社会分工的加强，农业社会化服务体系建设的必要性也日益凸显。本文所讨论的农业服务领域规模经营模式主要表现为地方政府或村级组织引导外来资本或合作社在产前、产中、产后各环节提供系统性的社会化服务，农业生产则由中坚农民和普通农户负责，农地的承包权和经营权仍掌握在农户手中。这种规模化的路径不是简单地由外来资本提供服务、普通农户开展农业生产，否则农业收益仍将被外来资本攫取。在农业服务领域规模经营模式下，村级组织的集体统筹作用需要被激活。村集体一方面组织中坚农民和普通农户平整农地、调整农业种植结构；另一方面辅助成立合作社等组织，并引导有条件的外来资本提供农业服务。最终，生产环节和流通环节的农业收益仍被保留在村庄中。现代农业生产因此具备了必要的资金、技术和人力资源。

江苏省射阳县由政府组织农地平整后，在农户自愿的前提下，村集体组织农民开展联耕联种，而联耕联种的具体实践包括联耕分管、联耕联管和联耕联营三种形式。这三种形式的区别在于政府资助建立的合作社所提供的农业服务程度的不同。在这三种逐步升级的形式中，合作社等社会化服务组织的服务内容由耕地播种扩展到病虫害防治、水肥管理，再进一步扩展到农资、农技提供和农产品经营销售，服务内容不断丰富，服务范围

---

① 陈锡文：《加快发展现代农业》，《求是》2013 年第 2 期。

② 苑鹏：《农民专业合作组织与农业社会化服务体系建设》，《农村经济》2011 年第 1 期。

③ 孔祥智、楼栋、何安华：《建立新型农业社会化服务体系：必要性、模式选择和对策建议》，《教学与研究》2012 年第 1 期。

不断扩大。中坚农民和普通农户在这个过程中既可在经营农地时享受到由政府引导所形成的社会化服务组织及合作社提供的播种、收割等服务，也可根据自家的实际情况将农业经营的部分环节交给合作社负责，由合作社与农产品收购商谈判，组织农产品的集中销售，降低交易成本，从而获得更高的农业收入。

农业服务领域的规模经营也重塑了农村社会阶层结构，但是它不会造成农业生产领域规模经营带来的意外影响，而是会促使农村社会阶层分化为农业生产环节的中坚农民、普通农户和农业服务领域的农村能人。事实上，农业生产领域规模经营模式与农业服务领域规模经营模式的不同之处在于农户是否与生产资料分离，即农户是否仍然在“所用”层面拥有农地等生产资料，而根本差异在于农户是否被排斥在农业利益体系之外。伯恩斯坦认为，在四大关键问题中，产权问题，即谁拥有什么，是首要的问题，它决定了社会分工和社会分配。[①] 在农业生产领域规模经营模式下，中坚农民和普通农户的自然资本被农村能人吸纳，没有了赖以生活的生产资料，在城市务工又无法完全融入城市生活；而农业服务领域的规模经营则有效保障了中坚农民、普通农户与生产资料之间的关系，即真正保障了他们通过土地承包权享有对农业生产收益的索取权。这种对农业生产利益的索取权并不是只凭借农民对农地的经营权才能得到保障，本文强调的是农民合作社或社会化服务组织为农户提供农业服务，农户则根据自身情况自愿选择服务内容的多少，最终农户在农业生产中仍有决策权，他们并未被排斥在农业利益体系之外。

在农业服务领域规模经营模式中，政府将主要扶持对象由农业生产领域规模经营模式下的外来资本转变为村庄内部的主体，引导和资助农村能人带头成立合作社等农民合作组织。钟真等研究发现，经营管理者的本地人特征，即基于地缘关系的社会网络所带来的社区认同感对新型农业经营主体发挥农业社会化服务功能具有明显的正向影响。[②] 成长于村庄社区的农村能人借助其社会资本成立合作社，组建农业服务组织，利用其物质资本，为农户提供农技、农机服务，开展农业全链条服务，获得相应收益，并在

---

① 〔英〕亨利·伯恩斯坦：《农政变迁的阶级动力》，汪淳玉译，社会科学文献出版社，2011。

② 钟真、谭玥琳、穆娜娜：《新型农业经营主体的社会化服务功能研究——基于京郊农村的调查》，《中国软科学》2014 年第 8 期。

此基础上增强其农业服务能力。而中坚农民和普通农户则仍在“所用”层面拥有农地等生产资料，最主要的是他们仍处于农业利益体系之中，他们凭借家庭生产的优势，充分开发其自然资本和人力资本，提高农业生产效率，并利用农村能人提供的农业服务，增加现代性要素投入，进行农业扩大再生产。双方优势互补，最终在农村形成利益共享的阶层结构，农村社会各阶层都参与农业生产经营的相关环节中，所得的农业收益和农业技术推广所产生的发展成果由农户共同分享，农村社会因此形成良性的社会分工和优化的阶层结构，农民对村社的归属感和认同感也得以增强。

四　结论与讨论

通过对农地规模流转的几种典型案例的分析，可以看到农村社会阶层结构重塑包括两种模式，即农业生产领域规模经营模式和农业服务领域规模经营模式。在农业生产领域规模经营模式下，多元利益主体因存在资源禀赋上的差异，从而形成不同的行动逻辑：拥有资本实力的外来主体凭借地方政府的支持，拥有较多的金融资本和物质资本，但它们缺乏进入农村和农业的社会资本和自然资本；而成长于村庄熟人社会的农村能人，由于拥有正式或非正式的权力或权威，相对于普通农民，他们的社会资本更为丰富，借此能够顺利地集中转入较大规模的农地，即获得自然资本，但他们缺乏金融资本和物质资本。基于资本间的优势互补，地方政府、外来资本和农村能人间形成“吸纳—依附”关系。而农地规模流转中的另外一些主体，即中坚农民和普通农户，则因为资本占有量少，且缺乏社会资本，因而无法直接与地方政府、外来资本形成“吸纳—依附”关系，最终只能将农地流转出去。在此过程中，农村能人是流转农地的主体，中坚农民和普通农户对农村能人产生依附。这种错综复杂的“吸纳—依附”关系网络重塑了农村社会阶层结构，形成了一种金字塔式的社会阶层结构，即农村能人处于塔尖，中坚农民与普通农户处于底部，成为弱势阶层。

在农业服务领域规模经营模式下，村级组织的集体统筹作用得到发挥。农村能人主要提供农业服务，为中坚农民和普通农户提供技术指导、农地耕作、水肥管理、农产品销售等服务。中坚农民和普通农户仍在“所用”层面拥有农地等生产资料，他们可凭此获得农业收益，最重要的是，他们仍处于农业利益体系之中。此时，农村社会阶层结构被重塑为生产环节的中坚农民、普通农户和服务环节的农村能人。农村能人利用其在村庄之外的社会资本，争取到村庄短缺的金融资本和物质资本，并通过合作社等组织形式将这些资本输入农业生产经营领域，以农业服务内容为载体发挥金融资本和物质资本的效用，提高农业生产经营水平；而中坚农民和普通农户则利用农村能人提供的农业服务扩大农业生产。在这种模式下形成的阶层结构，整合了不同阶层的多样化资本，最终使农业利益得到充分开发后所得的收益留存于农村社区，农民的村社集体意识被激活。这种让农村各阶层共享农业收益和经济发展成果的制度安排更加公平有效，也是维持农村社会秩序良性发展的可靠途径。而这种模式下的农村社会阶层结构重塑形式也发展了马克思主义经典作家对“小块土地所有制”的讨论。在他们看来，“小块土地所有制”使农业生产规模偏小，难以适应现代化发展，在社会化大生产的背景下，是一种过时的生产形态。[①] 在本文所讨论的农业服务领域规模经营模式中，小规模经营在生产技术应用等方面已不同于这种“小块土地所有制”，农业也可以在农户小规模经营的基础上实现机械化、标准化和规模化生产。这表明，在合理的农村社会分工体系下，普通农户和中坚农民仍可在“所用”层面拥有农地等生产资料，他们仍应处于农业利益体系之中。借助于农业服务组织，小规模经营同样可以实现农业现代化，实现农地和劳动力资源的优化配置，从而使农村社会各阶层共享农业发展成果。这也说明，在社会化大生产的背景下，政府引导下的“社会化服务组织＋农户”模式使农业小规模经营依然具有生命力和竞争力。

---

① 马克思：《路易·波拿马的雾月十八日》，载《马克思恩格斯选集》第1卷，人民出版社，1972；恩格斯：《法德农民问题》，载《马克思恩格斯选集》第4卷，人民出版社，1972。

资本下乡：农业中的隐蔽雇佣关系与资本积累*

陈义媛**

摘要 农业产业化的快速发展，是中国农业转型的一个重要部分。本文以一家农业龙头企业为例，探讨企业如何将农户整合进其产业链来获利。研究发现，尽管农业龙头企业与所整合进来的代管户之间没有直接的劳动雇佣关系，然而代管户的种植收益仅等于其所投入劳动的工资；而企业通过控制土地等重要的生产条件，分别从农业生产的上游和下游获取利润，这一利润的来源实际上正是代管户劳动生产的剩余。因此，企业与农户之间事实上形成了隐蔽的雇佣关系，家庭农业在这个意义上已经被改造了。

关键词 资本下乡 隐蔽的雇佣关系 资本积累 农业产业化 家庭农业

一 问题的提出

新型农业经营主体的兴起，是当前中国农业转型和农业现代化问题讨论中的核心议题。无论是家庭农场、专业大户、合作社还是农业龙头企业，都是对小农农业的突破和改造，尽管有一定规模的种养殖专业户从分田到户之初就开始逐渐出现，但这类规模经营主体的大量涌现是在2006年以后。中国农业的规模化转型发生在我国工业化的中后期，即工业的早期积累已经完成后的时期，这与工业化早期的农业转型有根本的不同。工业化早期的国家，如欧洲诸国，其农业转型在很大程度上是应对这些国家工业发展的原始积累需求。与之相异，中国当下的农业转型不是为工业提供原始积

* 本文原载《开放时代》2016年第5期，收入本书时进行了修订。

** 陈义媛，中国农业大学人文与发展学院讲师，主要研究方向为农政变迁和农业转型。

累，而是发生在城市工商业资本过剩的背景下。就中国自身而言，农业转型也意味着农业经营基础的变迁和农村社会结构的变化，它关涉中国的工业化进程和农村发展，因此新型农业经营主体如何影响目前在数量上仍占大多数的普通小农，两者如何互动，就值得密切关注。

官方数据显示，至2014年底，农村耕地流转面积已经占全国承包地面积的28.8%[①]，伴随迅速扩大的农村土地流转，关于中国农业转型的讨论日益受到关注，其中尤为令人瞩目的是农业龙头企业的发展。2004～2013年，农业龙头企业数量从不到5万家增加到12万家以上，年均增长10.63%，带动了全国40%的农户；到2013年底，龙头企业辐射带动的种植业生产基地面积约占全国农作物播种面积的60%，各地还涌现出一些大型、特大型农业龙头企业集团（销售收入超过10亿元、30亿元、100亿元的龙头企业）。[②] 尤其值得关注的是近几年农业龙头企业通过土地流转建生产基地的现象。有统计数据显示，2009～2012年流转进工商企业的土地面积增长了115%；至2012年底工商企业流转进的土地面积为2800万亩，至2014年底，这一面积达到3882.5万亩，约占全国农户承包地流转总面积的10%，短短两年内，工商企业流转的土地面积就增加了1000多万亩，年均增速超过17.7%。[③] 工商企业下乡流转土地，也被称为“资本下乡”。

农业龙头企业的快速发展引发了学界和政策界的讨论，并产生两种不同的倾向。一种倾向是积极支持农业龙头企业的发展，认为它能缩小城乡差距、提高农民的组织化程度、建立小规模生产与大市场的连接机制、实现公司与农户的双赢，其核心在于：农业龙头企业与农户在一种“双赢”关系中。[④] 第二种倾向认为企业种地不可能竞争过小农，政府需要给企业提

① 于文静、齐中熙：《陈锡文：全国土地流转面积占承包耕地总面积28.8%》，新华网，http://news.xinhuanet.com/fortune/2015-03/06/c_1114552428.htm，2015年3月6日。

② 中国社科院、国家统计局：《中国农村经济形势分析与预测（2014～2015）》，社会科学文献出版社，2015。

③ 《工商资本进入农业　农村土地流转合同纠纷增多》，《人民日报》2015年6月8日；《工商企业流转土地问题值得警惕》，人民网，http://house.people.com.cn/n/2014/0211/c164220-24319450.html，2014年2月11日。

④ 厉以宁：《缩小城乡收入差距促进社会安定和谐》，《北京大学学报》（哲学社会科学版）2013年第1期，第7～9页；郑风田、程郁：《从农业产业化到农业产业区》，《管理世界》2005年第7期，第64～73页；万俊毅：《准纵向一体化、关系治理与合约履行》，《管理世界》2008年第12期，第93～102页。

供补贴，或者企业从农业上游或下游的经营中拿出一部分补贴农业种植领域的亏损，无论哪一种都不划算；而且资本下乡还会侵占农民利益，因此政府应该限制资本下乡，而支持小农家庭经营。[①]

以上两种看法都有需要进一步探讨的问题。一方面持支持态度的一方缺乏对农业龙头企业和农户之间关联的具体机制分析，对企业与农户在什么情况下能实现“双赢”，以及处于“双赢”中的企业和农户关系的本质是什么还不明晰。另一方面持批判态度的一方过于强调政府的作用，认为资本下乡本质上是由政府推动的，希望政府对此有所限制，而忽视了农业龙头企业背后的资本积累的动力。龙头企业究竟如何盈利、如何“带动”农户，尤其在农业龙头企业与农户之间关联如此紧密的情况下，农业龙头企业与农户之间的联结机制是需要深入探讨的，这是理解农业产业化的核心内容。笔者将通过湘南一家农业龙头企业的案例分析，从讨论资本下乡后如何获得利润入手，对争论的核心问题进行进一步探索：下乡的企业资本为什么没有以直接雇工的形式组织生产？农业企业与当地农户之间的关系应当如何理解，小农家庭经营是否仍可以存活下来？

本研究的材料来源于笔者的实地调查[②]，2012 年 12 月到 2013 年 6 月底在为期 8 个月的时间里，笔者在湘南的水稻种植大县平晚县对当地一家下乡流转土地的省级农业龙头企业 A 公司进行了考察。该企业于 2009 年开始在平晚县进行土地流转试点，此后逐年扩大土地流转面积。A 公司的前身是平晚县生产资料供应公司（原属于供销社系统），2004 年改组以后，成为一家私营农资生产、经营企业，因农资行业竞争激烈，A 公司逐步探索出通过土地流转来带动农资销售的策略。A 公司流转土地的面积从 2012 年的 1200 多亩扩大到 2013 年的近 3 万亩，所有土地都以 5 年为流转期从平晚县农户手中流转过来。在最初的两年摸索期之后，A 公司发展出一种有效的土地经营策略，使之得以良性运转并不断扩大土地规模。

---

① 贺雪峰：《小农立场》，中国政法大学出版社，2013；温铁军：《“三农”问题与制度变迁》，中国经济出版社，2009；〔美〕黄宗智：《中国的新时代小农场及其纵向一体化：龙头企业还是合作组织?》，载《中国乡村研究》第 8 期，福建教育出版社，2010，第 11～30 页。

② 文中所涉及地名和人名均已经过匿名处理。

二 龙头企业的土地经营策略调整：从横向一体化到纵向一体化

（一）横向一体化的土地经营策略

2009 年，A 公司以每年 200 元/亩的流转价格在平晚县一个乡流转了近 1200 亩地，开始进行规模经营的试验，流转期为 5 年。这一年，A 公司投资 190 多万元用于购置各类农机具，并成立了专门的耕作部，2 名经理主要负责制定农事规划，3 名耕作管理员负责安排农机手和十多名农业雇工完成耕作。农机手按每月 1200 元底薪加提成的方式支付工资；农业雇工负责一切田间管理工作，每生产 100 斤稻谷，雇工可得 15 元。这种土地经营方式类似于一般意义上以雇工为基础的大农场：公司拥有或购买了土地、机械、农资等一系列生产资料，并依靠雇工和监工进行生产，这种以土地集中为特征的经营方式，可以称为“横向一体化”的经营策略。

然而，这种经营方式出现了诸多问题。一是由于缺乏经验，劳动力成本远远超出预算。二是劳动监督面临重重困难，耕作部的一位经理抱怨，当地农户“素质”太低，把公司的化肥、农药等偷偷拿回家；喷洒农药时为了图省事，喷洒不均匀，导致病虫害难以有效控制；收割时，偷偷背稻谷回家；不仅如此，周边的其他农户也以“捡稻谷”为名，偷公司的稻子。三是灌溉无法有效管理，由于灌溉水源不足，公司的雇工常常睁一只眼闭一只眼，让本村其他农户先灌溉，不愿意因外来的老板而得罪了本村村民，公司的土地往往灌溉不足，直接导致减产。在种种经营困境下，A 公司在 2009 年亏损了 20 多万元，从而不得不调整经营策略。

2010 年，A 公司对土地经营方式进行了重大调整，公司彻底退出种植环节。所有土地被外包出去，给“代管户”耕作；农机被承包或折价卖出。但土地经营权在名义上仍然是 A 公司的，公司通过控制农业种植的上游和下游环节（农资供应和稻谷收购）来实现对种植环节的整合。这种方式可以看作是“纵向一体化”的形式。

（二）纵向一体化的经营策略：公司 + 代管户 + 耕作户

自 2010 年开始，A 公司开始将土地划分成若干个 200 ~ 1000 亩的地块，分块外包给代管户，代管户与公司签订土地代管协议，支付土地流转费每年 200 元/亩，并必须购买公司提供的农资“套餐”（包括种子、农药、化肥、机耕、机插、机收六项），此外代管户需在收割后将稻谷卖给 A 公司。

不过，这类代管户往往缺乏农作经验，其主业通常在非农领域，例如建筑业或自营小商铺等，土地经营对他们而言只是一种尝试，如果能有收益就继续干，如果不能，就随时退出。这类代管户需要雇用“耕作户”进行田间管理，也按每生产 100 斤稻谷 15 元的价格付酬。A 公司称这些代管户为“穿着皮鞋种地的人”，他们被宣传为“新农民”，并制造出一种幻象，似乎农业既轻松又赚钱。而真正从事田间劳作的耕作户则是农村的中老年人（50 岁左右或更高），他们因种种原因无法外出务工，从而成为农业雇工。

陆某满是 A 公司在 2011 年最大的代管户，从 A 公司承包了 800 亩地，并雇用了 22 名耕作户来管理。陆某满本人是平晚县的一个建筑业包工头，还做一些运输生意，家住在县城。他平时主要在建筑工地上，农事安排由他自己决定，并电话通知耕作户。由于常年不在田间，陆某满从耕作户中找了一位秘密监工，以私下付工资的方式请他监督其他耕作户，以保证他们按时、按量完成工作。但这种监管方式并不十分有效，加之每个耕作户负责的土地面积较多，无法精耕细作，当年陆某满只勉强维持了种植上的收支平衡。

显然，这种方式并不理想。由于代管户的主业并非农行业，他们并不参加劳作，甚至不参加劳动监督，却要分取一部分农业利润，也就是说在“公司 + 代管户 + 耕作户”结构中出现了公司和代管户两个不劳而获的食利阶层。然而，种植环节的低利润无法维持两个食利阶层的同时存在。一旦收益达不到他们的预期，代管户的流失率就很高，A 公司不得不花更多的成本去寻找新的代管户。因此，一年以后，这种模式也被放弃。

（三）纵向一体化模式的调整：公司 + “代管户”（兼“耕作户”）

2011 年末，A 公司在寻找下一年的代管户时，将原定的 200 ~ 1000 亩承包单位缩小到 100 ~ 200 亩，并明确要求代管户必须亲自管理土地，不鼓励雇用耕作户。新的代管户不再是“穿着皮鞋种地的人”，而是“穿着草鞋种地的人”。他们不再是那些在非农行业领域做生意的老板，而是在村庄多年从事农业的农户。这类代管户除了在农忙季节雇工外，自己从事耕作，因此能保持相对高的产量。如此，代管户队伍也相对稳定，A 公司也能从农资套餐和稻谷贸易中获取稳定的利润。

需要说明的是，这些代管户之所以从 A 公司承包土地，而不自行流转土地，有两个原因。一是 A 公司有现成的连片土地，这些土地的流转有地方政府的大力帮助，如果由农户自行去流转土地，需要一家一户去谈，尽管并非不可能，但显然从 A 公司承包土地是一条捷径。二是从 A 公司承包土地能减少现金压力，因为农资的费用由 A 公司垫付，代管户只需要在收割后与公司结算就行，对于缺乏资金，但又希望能够承包土地的农户来说，这是有吸引力的。

至此，A 公司已经发展出相对稳定的土地经营模式。其变迁过程表明，就大规模土地经营而言，横向一体化的生产组织形式并不适用，大规模雇工生产的方式最终被放弃了。也就是说，当资本进入农业领域，并不是像英国圈地运动中劳动力与生产资料分离，相反，A 公司的策略恰恰是使劳动力与生产资料“重新结合”——尽管这种“结合”是被改造过的。这是否意味着，企业资本介入农业生产不会影响当地的普通农户，也不会影响村庄内部的分化呢？下面将从 A 公司和代管户之间的关系入手，考察代管户被整合进公司的产业链后，如何促进公司盈利，并进一步探讨 A 公司与代管户之间关系的实质。

三　农业中的资本积累：农业龙头企业在农业上游和下游环节的盈利

尽管 A 公司直接退出了水稻种植环节，但仍然通过控制农业生产的外部条件主导了整条产业链。一方面与 A 公司签订土地代管协议的代管户必须从公司购买农资套餐，另一方面代管户需将稻谷卖给 A 公司。通过控制农业生产环节，A 公司从整个产业链的上游和下游获取利润。所谓“上游”，指的是农业生产的必要条件，“下游”则是指农产品的加工、流通和销售。

A 公司的一位负责人介绍，公司在每亩地的“农资套餐”中，获得的利润大约是 130 元。这是公司从水稻生产的“上游”环节获取的利润。如这位负责人所说，“只要土地在我公司名下，我就会保证这块土地上的所有农药、种子、化肥都用我公司的，我流转了土地，这块土地的使用权就是我的。其他公司想把农资卖到我的土地上，那绝对不可能!”这也解释了为什么 A 公司如此急切地想要扩大土地规模，因为它控制的土地面积越大，从农资套餐中获得的利润就越高，而这部分利润几乎不用承担风险。

土地流转成为 A 公司垄断农资销售的一种方式，不仅使它获得一般利润，更让它获取了超额利润。在访谈代管户时，几乎所有人都表示，A 公司在农资套餐中赚了他们的钱，因为套餐中的农资价格比市场上同种农资的价格要高。根据代管户们的计算，在每亩地的套餐中，农药、种子、化肥三项价格比市场价要高出大约 50～80 元。如果我们认为，普通农资经销商按一般市场价格销售农资，能获得一般利润的话，则 A 公司通过控制土地形成垄断，从农资套餐中获得了每亩 50～80 元的超额利润。代管户明知如此，仍然要从 A 公司购买农资，否则他们无法从 A 公司获得土地。

除了从农资销售中获取利润外，A 公司还从稻谷贸易中赚取利润。由于代管户的农资费用是由 A 公司垫付的，到稻谷收割时再统一结算，因此 A 公司通常要求代管户将稻谷卖到公司。代管户也愿意如此，因为他们的种植规模通常在百亩以上，收割回来的稻谷如何晾晒，是一个大问题。对于一家一户不足 10 亩地的稻谷，只需在自家门前屋后的晒场晾晒即可，而大面积种植的粮食却没有足够的地方晾晒，且晾晒季节往往多暴雨，风险极大。2011 年，A 公司在县政府的支持下，建成了平晚县第一个稻谷烘干中心，将稻谷卖给 A 公司，尽管需要支付烘干费，却能避免风险。

除烘干中心外，A 公司还自建及租了县里的几个大粮库，其粮库收储量可达 5 万吨。在具备了粮食烘干和收储能力后，A 公司得以通过稻谷贸易赚取差价，从稻谷产业链的“下游”获取利润。当代管户在收割季节将稻谷卖给 A 公司时，是一年中稻谷大量上市、价格最低的时候，A 公司通过烘干储存，将稻谷留存到下一年清明前后卖出，此时正是青黄不接，是一年中稻谷价格最高的时候，平均每 100 斤稻谷的差价能达到 10 元左右。如果按照每亩地 1000 斤稻谷的平均产量计算，则 A 公司通过稻谷贸易，每亩地能获得的利润是 100 元。

由此，A 公司通过农资销售和稻谷贸易，从每亩地上获得的利润能达到 230 元，这部分利润的获得并不需要公司承担任何风险，而风险最大的环节已经外包给了从事种植的代管户。值得指出的是，A 公司能从上、下游获取利润的关键就是对土地的控制。这种控制使 A 公司尽管不介入直接的水稻种植，却能确保代管户购买公司的农资套餐，以及将稻谷卖给公司。如果发现代管户违约，公司可以将土地收回。这是建立基地的农业龙头企业与只从事订单的农业龙头企业（不涉及土地流转）的重要差异，订单农业在国内的高违约率，已经在不同研究中体现出来。[①] 为了减少违约率，控制土

① 刘凤芹：《不完全合约与履约障碍——以订单农业为例》，《经济研究》2003 年第 4 期，第 22～30 页。

地是最直接的方法。

值得指出的是，笔者于2012年在湖北一个稻米种植大县调查时，也接触到一个大型稻谷加工企业C，其经营策略的转变与A公司有极大的相似之处。C企业原本只从事稻谷加工，每年从全国各地收购稻谷，一年的运输费用达约2000万元。由于收购稻谷时常常要与中小型加企业抢购，耗时耗力，因此C企业决定将每年的运输费用建立自己的粮食生产基地。2010年初，C企业在湖北签订了1万亩的土地流转协议，流转期为18年。最初，C企业也依靠雇工来经营大规模土地，但遭遇了类似A公司挫折，此后也同样将土地分成不同地块外包出去。尽管A公司以农资经销为主业，C企业为稻谷加工企业，但两者分别将产业链从上、下游两个方向延伸至种植环节，在本质上，两者都是通过控制土地，从而控制农业种植环节，并从农业的上、下游获取利润。

在“公司+代管户”的框架下，龙头企业并不直接介入农业种植环节，但通过控制土地和种植的外部条件，在产业链中起主导作用。尽管种植环节被外包，但这一环节却是龙头企业连接上、下游的关键点。

四　农业资本连构“家庭农场”：隐蔽雇佣关系的形成

A公司的代管户大部分是由中农[①]转化而来。在平晚县，中农的种植规模大约在20~50亩，他们除了种植自家承包地之外，还从外出务工的亲友处低价或免费流转来一部分土地，通过扩大土地规模，他们充分利用家庭劳动力，并能从农业中逐渐形成一部分积累。正因为中农逐渐形成的积累，他们有潜力，也有动力进一步扩大经营规模。阻碍中农扩大规模的障碍主要有两方面，一是连片流转土地的困难，二是规模经营带来的资金压力。即便一些人脉广泛的中农能通过不懈努力获得土地，但资金压力也是他们的大难题。显然，与公司合作是中农扩大经营规模的一条捷径，既能获得大片土地，也能通过公司垫付资金减轻现金压力。2013年，A公司在平晚县的代管户共有40户，根据盈利状况，可将代管户分为三种类型。

① 关于中农的研究，详见贺雪峰：《取消农业税后农村的阶层及其分析》，《社会科学》2011年第3期，第70~79页；林辉煌：《江汉平原的农民流动与阶层分化：1981~2010》，《开放时代》2012年第3期，第47~70页；杨华：《“中农”阶层：当前农村社会的中间阶层》，《开放时代》2012年第3期，第71~87页；陈柏峰：《中国农村的市场化发展与中间阶层》，《开放时代》2012年第3期，第31~46页。

类型一：主要依靠家庭劳动力获利的代管户

马某民（1965 年生），从 2013 年开始与 A 公司签订了 50 亩的土地代管协议。2013 年前，A 公司只从马某民所在村流转了一小部分土地，马某民耕种的 20 亩土地（大部分从外出务工的亲友处免费流转来）不在其中；由于 A 公司在 2013 年扩大流转面积，马某民无法再免费耕种原来的土地。但他借此机会，与 A 公司“合作”，将经营面积扩大到 50 亩。马某民也坦言，如果不与 A 公司合作，他不可能种这么多地。为了节省成本，绝大多数农活由马某民夫妇自己做，只在除草和背稻谷时雇工，其每亩地的成本见表 1。

表 1　代管户马富民的水稻种植成本（早稻）

支出项目	成本	支出项目	成本
土地流转费	150	灌溉水费	0
农资套餐	463	人工除草	60
追加的农资投入	0	施肥	0（依靠家庭劳动力）
育秧	0（依靠家庭劳动力）	喷洒农药	0（依靠家庭劳动力）
插秧	0	灌溉管理	0（依靠家庭劳动力）
灌溉电费	40	背稻谷	40
总计：753			

当初，马某民的收入并不如他想象的那么理想，平均每亩地每季的产量只有 700 斤左右，不及其预期的 800 斤。但由于 2013 年的稻谷收购价格还在上涨，他的稻谷平均出售价格为 2.60 元/公斤，因此 2013 年他每亩水稻单季的纯收入为 157 元，两季合计为 314 元，加上地方政府提供的 150 元/亩的双季稻补贴，每亩双季稻的总收入达到 464 元。马某民夫妇在每亩双季稻上投入的劳动力大约为 4～5 个工①，按照每亩的纯收入计算，马某民夫妇每个工的收入为 100 元左右，这与当地一个普通建筑工的日工资相当。

① 一个劳动力劳动一天称一个“工”。对于“工”的计算，有必要加以说明。农业的季节性特征，使农户家庭在日常劳作中需要做出独特的劳动安排。当今，绝大部分农户都不仅仅从事农业，到了农闲时节还从事其他的经济活动，如开货车、在附近工地打零工等。因此，代管户在每亩地上所投入的“工”时，应在此基础上理解。马某民夫妇在每亩地上投入的“工”，穿插在他们其他的经济活动中，比如养殖、到建筑工地上当泥水匠等，其家庭劳动力合计在一天的劳动安排中可能只有 1/3～1/2 的时间在水稻种植上，马某民将每亩水稻种植中所投入的“工”单独计算，得出每亩投入 4～5 个工的估算值。因本研究重点关注水稻生产状况，因此仅就水稻生产一项来计算其收益状况。

类型二：主要依靠机械出租获利的代管户

刘某才（1960 年生），从 2011 年开始与 A 公司签订土地代管协议，面积为 110 亩，种植单季稻。刘某才所代管的土地就在他本村。每亩地的成本见表 2。

表 2 代管户刘俊才的水稻种植成本（单季稻）

单位：元/亩

支出项目	成本	支出项目	成本
土地流转费	200	灌溉水费	0
农资套餐	488	人工除草	30
追加的农资投入	15	施肥	10
育秧	20	喷洒农药	0（依靠家庭劳动力）
插秧	135	灌溉管理	0（依靠家庭劳动力）
灌溉电费	30	背稻谷	30
总计：958			

刘某才在 2012 年的平均亩产量是 1100 斤（他因为这样的高产而在当年被 A 公司评为“种粮能手”），稻谷的平均销售价格为 2.50 元/公斤。他在水稻种植方面的每亩纯收益为 417 元，种植方面的总收益达到 45870 元。刘某才夫妇在每亩水稻上投入的工大约为 2.0～2.5 个，也就意味着每个工的收益为 160～210 元，相当于当地一个技术工的日工资。

需要指出的是，刘某才因为自有大中型农机（1 台大型收割机，2 台中小型犁田机，共花费 72000 元），因此在所代管的 110 亩土地上犁田、收割均由刘某才自己完成，A 公司付给他 180 元/亩（犁田、收割分别为 90 元/亩）。除去机械作业在每亩地的燃油费、机械磨损费（50 元/亩，刘某才的估算）刘某才在农机械作业方面的纯收入是 14300 元。

刘某才除了在代管的这 110 亩地上使用机械作业外，刘某才也通过机械出租赚取利润，即给没有农机的农户犁田、收割，犁田的收费是 100 元/亩，收割的收费为 90 元/亩。其中，开犁田机作业的成本为 20 元/亩（包括燃油费和机械损耗），开收割机作业的成本为 30 元/亩（燃油费和机械损耗）。2012 年，刘某才的犁田机作业面积 150 亩，收割机的作业面积为近 1300 亩（均包括代管的 110 亩）。因此，在机械作业方面，刘某才的纯收入达到 88900 元（包括了代管 110 亩地的机械作业收入 14300 元）。显然，对于代管户刘某才而言，机械作业的收入远高于他从种植水稻上获取的收入。但代管土地对他来说十分重要，他需要保证一定量的机械作业面积，尤其是在当地的农机拥有率越来越高的情况下。

以上两个代管户是在 A 公司的所有代管户中经营成功的两类代表。第一类代管户，如马某民，家中只有小型农机，他们也只与公司签订相对小面积的土地代管协议，主要依靠最大限度地投入家庭劳动力而获得收益，只在农忙季节少量雇工。值得注意的是，这类代管户从每亩土地上获得的收益，仅等于所投入劳动力的日工资。按照马某民的计算，他们夫妇在每亩水稻上投入 4 ~ 5 个工，每个工的收益仅在 100 元左右，这与当时一个普通建筑工人的工资相当。对这一点，马某民也非常清楚，“我们赚的就是个劳力钱”。

第二类代管户，如刘某才，他的家庭收益主要来自机械租赁收益，而不是水稻种植。刘某才的机械租赁收益几乎达到他种植收益的两倍。这类代管户通常拥有大中型农机，并且有极大的动力来扩大机械作业面积。市场上农业机械更新换代的速度极快，两三年就有更新、性能更好的机器出现，快的甚至每年都有新机器，而农机价格通常又很高，在农机占有率大幅提高的情况下，农机手们急切需要以最短的时间收回购机成本，并获得收益。因此，一些农机手试图以流转土地的方法保证一定量的作业面积，这正是刘某才这类农机手与 A 公司签订土地代管协议的原因。刘某才与马某民的不同之处还在于，前者雇用的劳动多于后者，这不难理解，刘某才在机械作业方面投入了更多的劳动，机械作业的利润显然更高。若仅从水稻种植方面看，刘某才夫妇在每亩水稻上投入的工为 2.0 ~ 2.5 个，每亩纯收益为 417 元，即每个工的收益为 160 ~ 210 元。这个收益高于马某民，但只等同于当地一个技术工的日工资。鉴于刘某才在农业方面的丰富经验和所获得的高产量，可以认为刘某才在农业种植方面也是“熟练工”。因此，就种植层面而言，刘某才和马某民并没有本质差别，他们所获得的种植收益都仅仅是所投入劳动的日工资。刘某才对此也有抱怨，认为公司通过农资套餐拿走的利润太多，他提到曾和 A 公司的老总有过当面争执：“你们（指 A 公司）吃饭，我们这么多人（指代管户）也得喝点稀饭吧!”即便刘某才的状况在所有代管户中已经算不错的了，但他仍然认为公司“剥削”得太多，并表示等再过几年就从 A 公司退出，自己想办法流转土地来经营。

代管户们之所以反复强调自己赚的只是“劳力钱”，这可以从他们与普通农户的种植收益对比中来理解。对平晚县一个普通水稻种植户来说，除掉农资投入和其他成本，农户每亩水稻（指单季稻，当地农户种植双季稻的已经极少）2013 年的收益大约在 800～900 元由于种植面积小，普通农户的产量往往更高，但他们投入的劳动力也更多，远高于代管户的纯收益（以同样方式计算的代管户刘某才的单季稻亩收益为 417 元）。也就是说，如果去除劳动力成本（按劳动力工资计算），平晚县的普通稻农仍然能获得每亩 300～400 元的收益，而代管户则几乎没有任何剩余。对比国家统计数据，2013 年全国水稻种植的平均亩现金收益为 734.74 元（每亩“总产值”减去“物质和服务费用”“雇工费用”“土地流转租金”），即使除去劳动力成本（家庭劳动力折价），每亩仍有 303.96 元的剩余。[①] 而对代管户来说，扣除了劳动力成本后，他们就没有剩余了，他们的收益仅仅是劳动投入的日工资。但并不是所有代管户都能获得收益，那些既缺乏劳动力，又没有农机的代管户，就基本处于亏损状态。

类型三：既无劳力，又无农机，亏损经营的代管户

万某恒（1953 年生），2012 年与 A 公司签订了 260 亩土地代管协议，种植单季稻。由于所代管的土地不在居住地，万某恒夫妇需要在耕地和居住地之间来回奔波。表 3 展示了他们夫妇在 2012 年的种植成本。

表 3　代管户万某恒的水稻种植成本（单季稻）

单位：元/亩

<table>
<tr><th>支出项目</th><th>成本</th><th>支出项目</th><th>成本</th></tr>
<tr><td>土地流转费</td><td>200</td><td>灌溉水费</td><td>20</td></tr>
<tr><td>农资套餐</td><td>488</td><td>人工除草</td><td>40</td></tr>
<tr><td>追加的农资投入</td><td>0</td><td>施肥</td><td rowspan="4">150</td></tr>
<tr><td>育秧</td><td>30</td><td>喷洒农药</td></tr>
<tr><td>插秧</td><td>130</td><td>灌溉管理</td></tr>
<tr><td>灌溉电费</td><td>26</td><td>背稻谷</td></tr>
<tr><td colspan="4">总计：1084</td></tr>
</table>

由于万某恒是“外人”，夫妇俩在承包地的种植中遇到了种种困难（与 A 公司在第一年经营时遇到的困难有一定的相似处）。结果，2012

① 国家发改委价格司：《全国农产品成本收益资料汇编 2015》，中国统计出版社，2015。

年，他们的平均产量只有 850 斤/亩，当年的水稻收购价格为 2.50 元/公斤，他们的每亩总收入为 1062.5 元，抵不上他们在每亩地上的成本投入。

万某恒的事例与前两个不同，由于他们夫妇当时都年近六旬，缺乏足够的劳动力，因此在很多环节不得不依靠雇工来完成，他们在雇工上的支出几乎是马某民的两倍（即便不计插秧费用）。他们在种植上的亏损几乎是可预见的。而这对夫妇也没有农业机械，缺乏机械租赁的收入，尽管在 2013 年为了还债，这对夫妇依然与 A 公司签订了土地代管协议，并努力试图改进管理，但效果依然不佳。

万某恒这类代管户的亏损，也使 A 公司在选择代管户时更加谨慎，因为代管户的亏损也使公司在粮食贸易上的收益减少。更关键的是，这种亏损状态会导致代管户流失，使公司不得不重新寻找新的代管户来接管这片土地。因此在 2013 年，A 公司一位负责人明确表示，未来不再和 50 岁以上的农户签代管协议。公司更愿意与刘某才这类有农机的农户签订代管协议，因为其能从农机租赁中获得收益，因此更为稳定，可以减少公司的管理成本。当然，这也意味着未来要成为代管户的门槛会越来越高。

在以上三个案例来考察代管户与公司的关系可以发现，代管户与 A 公司之间并没有直接的劳动雇佣协议，只有土地代管协议，也就是说，A 公司与代管户之间并没有直接的雇佣关系。不仅如此，代管户在表面上还维系了一定的自主性：生产资料全部由代管户购买，从土地流转费到全部农资、农业机械服务费，都由代管户支付；最终产品由代管户按市场价格卖给 A 公司，而不是像工厂工人一样，产品为公司所有，并由公司支付工资；代管户掌控整个种植过程，农事安排由代管户自己决定，投入自家劳动力还是雇工，也取决于代管户自身。也就是说，“家庭经营”的外壳仍然保留着。正是在这个意义上，公司与代管户之间的关系，在当事人的日常表述中，常常以“合作”来指称。

然而，从以上不同类型代管户的收益来看，他们从种植中所获得的仅等于所投入劳力的日工资（以劳动力市场上的工资为参照）。如果认为，工业领域的雇佣工人所得到的工资是被企业资本攫取了剩余价值后的工资，那么代管户从农业中所获得的收益，也同样是被农业企业占取了剩余价值后的所得，从这个意义上讲，工业雇工与这种看似“自主的”家庭经营者并无本质区别，无论是工业领域的雇佣工人，还是农业领域的代管户，都为各自所从属的企业资本提供了剩余价值。这些剩余价值，正是龙头企业从农业生产上游（农资销售）和下游（农产品贸易）所得利润的根本来源。而代管户本身对他们被占取的剩余价值是很清楚的，在表述上体现为代管户们常常无奈说起的“我们赚的只是劳力钱”，以及如刘某才这样的代管户对公司拿走太多利润的抱怨。因此，尽管在公司和代管户之间没有直接、显著的雇佣关系，但公司资本却能通过将种植环节外包的方式获取代管户的剩余劳动。在这个意义上，代管户与A公司之间的关系只能从“资本—劳动关系”来理解，代管户表面的“独立性”“自主性”掩盖了他们被占取剩余劳动的事实，因此笔者称之为“隐蔽的雇佣关系”。农业中的这种隐蔽雇佣关系，在中国农业转型的过程中已经有所发展，这种将种植（或养殖）环节外包给农户的生产安排并不少见，在很大程度上，这种安排下的农户所得仅为其劳动力工资，而企业则占取了农户的剩余劳动。

五　结论

本文的重点是讨论企业与当地农户之间的关系，并据此讨论家庭农业是否被改造。在A公司的案例中，代管户与A公司之间并没有直接的劳动雇佣关系，两者的关系更像是公司将水稻种植环节“外包”给了代管户。公司提供土地、农资、垫付资金给代管户；代管户负责种出水稻，并将稻谷卖给公司。从一定意义上说，生产者并没有和生产资料分离，因为他们购买了所有的生产资料，所以他们不能被看作是无产化劳工。然而，从代管户所得收益可以发现，即便保持着“家庭农业”的形态，有一定的“自主性”，他们从农业中获取的收益却仅是所投入劳动的日工资，而没有如普通农户一样获得一定的农业剩余，代管户生产的剩余价值事实上被企业占取了，而这些剩余价值正是企业在上、下游所得利润的来源。也就是说，龙头企业对代管户剩余价值的占取并没有发生在直接的雇佣关系中；而是通过将种植环节外包，农业企业将这种雇佣关系变得更加隐蔽。在农业产业化下，劳动力在形式上没有被雇用，却处于隐蔽的雇佣关系中。通过控制农业生产条件，将家庭农业连构进自己的产业链，龙头企业得以通过更隐蔽的方式占取生产者的剩余价值。在这个过程中，“家庭农业”已经被改造了，他们徒留了“家庭经营”的外壳，但获取的只是劳动力工资。

图书在版编目（CIP）数据

华中村治研究. 2018年. 第1期：总第4期 / 赵晓峰主编. -- 北京：社会科学文献出版社，2018.5
ISBN 978-7-5201-2629-8

Ⅰ. ①华… Ⅱ. ①赵… Ⅲ. ①农村-群众自治-研究-中国②农村问题-研究-中国 Ⅳ. ①D638②F32

中国版本图书馆CIP数据核字（2018）第084924号

华中村治研究（2018年第1期 总第4期）
农业治理研究

主　　编 / 赵晓峰

出 版 人 / 谢寿光
项目统筹 / 任文武
责任编辑 / 高　启　高振华

出　　版 / 社会科学文献出版社·区域发展出版中心（010）59367143
地址：北京市北三环中路甲29号院华龙大厦　邮编：100029
网址：www.ssap.com.cn
发　　行 / 市场营销中心（010）59367081　59367018
印　　装 / 三河市龙林印务有限公司

规　　格 / 开　本：787mm×1092mm　1/16
印　张：19.25　字　数：319千字
版　　次 / 2018年5月第1版　2018年5月第1次印刷
书　　号 / ISBN 978-7-5201-2629-8
定　　价 / 48.00元

本书如有印装质量问题，请与读者服务中心（010-59367028）联系